主　　编　曹士兵　国家法官学院副院长
副 主 编　关　毅　国家法官学院科研部主任
　　　　　刘　畅　国家法官学院科研部副主任
主编助理　边疆戈　国家法官学院科研部编辑
　　　　　苏　烽　国家法官学院科研部编辑

《中国法院年度案例》编辑人员（按姓氏笔画）
边疆戈　朱建伟　刘　畅　关　毅　苏　烽
罗胜华　孟　军　赵丽敏　袁登明　徐一楠
唐世银　曹士兵　曹海荣　梁　欣　程　瑛

本书编审人员　程　瑛

# 中国法院
# 2018年度案例

国家法官学院案例开发研究中心 ◎ 编

## 道路交通纠纷

中国法制出版社
CHINA LEGAL PUBLISHING HOUSE

## 《中国法院年度案例》通讯编辑名单

| | | | |
|---|---|---|---|
| 刘书星 | 北京市高级人民法院 | 杨　治 | 浙江省高级人民法院 |
| 刘晓虹 | 北京市高级人民法院 | 李相如 | 福建省高级人民法院 |
| 董　扬 | 天津市高级人民法院 | 李春敏 | 福建省高级人民法院 |
| 陈希国 | 山东省高级人民法院 | 陈九波 | 广东省高级人民法院 |
| 王　佳 | 河北省高级人民法院 | 贺利研 | 广西壮族自治区高级人民法院 |
| 马　磊 | 河南省高级人民法院 | 唐　洁 | 广西壮族自治区高级人民法院 |
| 李　玮 | 内蒙古自治区高级人民法院 | 李周伟 | 海南省高级人民法院 |
| 刘芳百 | 黑龙江省高级人民法院 | 豆晓红 | 四川省高级人民法院 |
| 李慧玲 | 吉林省高级人民法院 | 游中川 | 重庆市高级人民法院 |
| 周文政 | 辽宁省高级人民法院 | 尤　青 | 陕西省高级人民法院 |
| 牛晨光 | 上海市高级人民法院 | 袁辉根 | 陕西省高级人民法院 |
| 马云跃 | 山西省高级人民法院 | 施辉法 | 贵州省贵阳市中级人民法院 |
| 孙烁犇 | 江苏省高级人民法院 | 杨　聃 | 云南省高级人民法院 |
| 戴鲁霖 | 江苏省高级人民法院 | 冯丽萍 | 云南省昆明市中级人民法院 |
| 沈　杨 | 江苏省南通市中级人民法院 | 饶　媛 | 云南省昆明市中级人民法院 |
| 周耀明 | 江苏省无锡市中级人民法院 | 石　燕 | 新疆维吾尔自治区高级人民法院 |
| 胡　媛 | 江西省高级人民法院 | 王　琼 | 新疆维吾尔自治区高级人民法院生产建设兵团分院 |
| 黄金波 | 湖北省宜昌市中级人民法院 | | |
| 唐　竞 | 湖南省高级人民法院 | 韦　莉 | 青海省高级人民法院 |
| 庞　梅 | 安徽省高级人民法院 | 孙启英 | 青海省高级人民法院 |
| 曹红军 | 安徽省高级人民法院 | | |

# 序

法律的生命在于实施，而法律实施的核心在于法律的统一适用。《中国法院年度案例》丛书出版的价值追求，即是公开精品案例，研究案例所体现的裁判方法和理念，提炼裁判规则，为司法统一贡献力量。

《中国法院年度案例》丛书，是国家法官学院于2012年开始编辑出版的一套大型案例丛书，之后每年年初定期出版，由国家法官学院案例开发研究中心具体承担编辑工作。此前，该中心坚持20余年连续不辍编辑出版了《中国审判案例要览》丛书近90卷，分中文版和英文版在海内外发行，颇有口碑，享有赞誉。现在编辑出版的《中国法院年度案例》丛书，旨在探索编辑案例的新方法、新模式，以弥补当前各种案例书的不足。该丛书2012～2017年已连续出版6套，一直受到读者的广泛好评，并迅速售罄。为更加全面地反映我国司法审判的发展进程，顺应审判实践发展的需要，响应读者需求，2014年度新增3个分册：金融纠纷、行政纠纷、刑事案例，2015年度将刑事案例调整为刑法总则案例、刑法分则案例2册，2016年度新增知识产权纠纷分册，2017年度新增执行案例分册。现国家法官学院案例开发研究中心及时编撰推出《中国法院2018年度案例》系列丛书，将刑事案例扩充为4个分册，共23册。

总的说来，当前市面上的案例丛书百花齐放，既有判决书网，可以查询各地、各类的裁判文书，又有各种专门领域的案例汇编书籍，以及各种案例指导、案例参考等读物，十分活跃，也各具特色。而《中国法院年度案例》丛书则试图把案例书籍变得"好读有用"，故在编辑中坚持以下方法：一是高度提炼案例内容，控制案例篇幅，每个案例基本在3000字以内；二是突出争议焦点，剔除无效信息，尽可能在有限的篇幅内为读者提供有效、有益的信息；三是注重对案件裁判文书的再加工，大多数案例由案件的主审法官撰写"法官后语"，高度提炼、总结案例的指导价值。

同时,《中国法院年度案例》丛书还有以下特色:一是信息量大。国家法官学院案例开发研究中心每年从全国各地法院收集到的上一年度审结的典型案例超过10000件,使该丛书有广泛的选编基础,可提供给读者新近发生的全国各地的代表性案例。二是方便检索。为节约读者选取案例的时间,丛书分卷细化,每卷下还将案例主要根据案由分类编排,每个案例用一句话概括裁判规则、裁判思路或焦点问题作为主标题,让读者一目了然,迅速找到需求目标。

中国法制出版社始终全力支持《中国法院年度案例》的出版,给了作者和编辑们巨大的鼓励。2018年新推出数据库增值服务。购买本书,扫描前勒口二维码,即可在本年度免费查阅使用上一年度案例数据库。我们在此谨表谢忱,并希望通过共同努力,逐步完善,做得更好,真正探索出一条编辑案例书籍、挖掘案例价值的新路,更好地服务于学习、研究法律的读者,服务于社会,服务于国家的法治建设。

本丛书既可作为法官、检察官、律师等司法实务工作人员的办案参考和司法人员培训推荐教程,也是社会大众学法用法的极佳指导,亦是教学科研机构案例研究的精品素材。当然,案例作者和编辑在编写过程中也不能一步到位实现最初的编写愿望,可能会存在各种不足,甚至错误,欢迎读者批评指正,我们愿听取建议,并不断改进。

曹士兵

# 目 录
## Contents

### 一、交通事故中的主体问题

1. 公共道路妨碍通行责任纠纷相关法律问题分析 ·················· 1
   ——杨开放诉北京通达京承高速公路有限公司公共道路妨碍通行责任案
2. 交管部门未查清事故成因时应如何划分双方责任比例 ·················· 5
   ——张飞飞等诉王瑞威等机动车交通事故责任案
3. 是乐于助人还是侵权行为，法官自由心证的运用 ·················· 9
   ——张允英诉来睿机动车交通事故责任案
4. 租车公司出租车辆发生事故后损害赔偿责任的承担 ·················· 13
   ——陈惠燕诉徐森仁等机动车交通事故责任案
5. 恶劣天气醉驾发生事故能否免除道路管理者的责任 ·················· 18
   ——解发莲、王如军诉东台市唐洋镇人民政府、东台市唐洋镇张灶村村民委员会公共道路妨碍通行损害案
6. 如何认定出借人在出借车辆时已尽到合理审查义务 ·················· 21
   ——魏运乐诉曾志勇等机动车交通事故责任案
7. 未成年人私驾他人机动车发生交通事故的责任承担 ·················· 25
   ——曹德海诉孙某辰等机动车交通事故责任案
8. 未成年侵权人成年后可追加为被执行人承担侵权责任 ·················· 29
   ——冯某轩诉周某明、廖某香机动车交通事故责任案

9. 禁止行驶的机动车被多次转让后发生交通事故造成损害的责任主体
   如何认定 ················································································· 33
   ——周仁柒诉蒙家成等机动车交通事故责任案

10. 超载行为的责任认定 ································································· 37
    ——崇海侠、杜玉莹诉李庆吉、中国平安财产保险股份有限公司鸡西中
    心支公司机动车交通事故责任案

11. 无意思联络的数人侵权赔偿责任的确定及交强险的分配 ············· 40
    ——王某诉丁某等机动车交通事故责任案

12. 孕妇发生交通事故后所分娩新生儿的诉讼主体资格 ···················· 44
    ——郑玉青诉魏志博、中国人民财产保险股份有限公司汤阴支公司机动
    车交通事故责任案

13. 无证据表明车辆是否与行人发生碰撞时的责任认定 ···················· 47
    ——文清艳等诉李镇清、中国人寿财产保险股份有限公司萍乡市中心支
    公司机动车交通事故责任案

14. 交警部门在未得到法律授权的情形下无权向交通事故侵权方主张赔偿 ········· 52
    ——淄博市公安局交通警察支队诉巩克成、阳光财产保险股份有限公司
    淄博中心支公司机动车交通事故责任案

15. 肇事车辆系家庭共有财产情形下的赔偿责任主体应如何认定 ················· 56
    ——钱常毅诉周孟玉等机动车交通事故责任案

16. 交通事故认定书没有为部分侵权人划分责任，在赔偿受害人损失时
    是否承担责任 ··········································································· 61
    ——赛力克·吉乌阿尼汗诉中国人民财产保险股份有限公司伊犁哈萨克
    自治州分公司等机动车交通事故责任案

17. 被挂靠人对车辆转让但未变更挂靠合同发生交通事故仍承担连带责任 ······ 67
    ——熊某涵诉王朝华等机动车交通事故责任案

18. 车上乘客车祸后被甩出车外是否应当认定为第三者 ···················· 71
    ——孙江鹏诉中国平安财产保险股份有限公司曲靖中心支公司机动车交
    通事故责任案

## 二、交通事故损害赔偿

19. 被扶养人生活费是否参照扶养人标准计算 …………………… 74
    ——于林英等诉中国人寿财产保险股份有限公司承德中心支公司等机动车交通事故责任案

20. 非工作时间发生交通事故是否属于职务行为 …………………… 79
    ——赵立江诉董京华等机动车交通事故责任案

21. 如何认定网约车的运营承包金损失及误工损失 ………………… 82
    ——王纳维诉周孟伟、太平财产保险有限公司北京分公司机动车交通事故责任案

22. 外国国籍人在机动车交通事故责任纠纷中的赔偿标准 ………… 85
    ——肖天辉诉宋永刚、中国人民财产保险股份有限公司北京市分公司机动车交通事故责任案

23. 因违章停放车辆致人死亡的侵权责任认定 ……………………… 90
    ——马芝等诉赵红新、安盛天平财产保险股份有限公司北京分公司机动车交通事故责任案

24. 营运车辆停运损失的裁判标准 …………………………………… 94
    ——北京博瑞泰达运输有限公司诉北京鼎盛嘉业汽车租赁有限公司、中国人民财产保险股份有限公司孝义支公司机动车交通事故责任案

25. 承运人对因交通事故造成伤亡的乘客承担赔偿责任后，可依据事故责任认定向事故责任人追偿 …………………………………… 98
    ——丰顺县益丰交通汽车有限公司诉杨青青等交通事故责任案

26. 交通事故中受害人诉前死亡，残疾赔偿金如何赔偿 …………… 102
    ——王小泉诉王尚某、中国人民财产保险股份有限公司固安支公司机动车交通事故责任案

27. 机动车交通事故责任案中受害者是否可以向承担刑事责任的肇事司机主张精神抚慰金 ………………………………………… 106
    ——艾树群诉陈显艳机动车交通事故责任案

28. 机动车交通事故电动车性质认定及侵权责任比例划分 ………………… 110
   ——邱带娣诉葛小明、葛八宝机动车交通事故责任案

29. 好意同乘是否能作为免除或减轻侵权责任的抗辩理由 ……………… 113
   ——周春桃诉杨林兵、中国大地财产保险股份有限公司新建支公司机动车交通事故责任案

30. 人身侵权类纠纷中如何界定城镇标准中的"城镇" ……………………… 116
   ——黄七秀诉刘秀清、平安财产保险股份有限公司赣州市中心支公司机动车交通事故责任案

31. 受害人体质状况对损害后果的影响是否属于减轻侵权人责任的情形 ……… 119
   ——赵新利诉王营、中国平安财产保险股份有限公司淄博中心支公司机动车交通事故责任案

32. 未接触也能导致交通事故 …………………………………………………… 123
   ——孙超超诉卢峰、中国太平洋财产保险股份有限公司陕西分公司机动车交通事故责任案

33. 车祸获单位一次性工亡补助后不影响权利人向肇事方索赔 …………… 128
   ——王芝容等诉张家雄等机动车交通事故责任案

34. 多车连环相撞交通事故中无责车赔付问题 ……………………………… 131
   ——申红兵诉段莉波等机动车交通事故责任案

35. 及时返回现场积极救助伤者不应认定为逃逸 …………………………… 134
   ——何春平诉陈晨、中国人民财产保险股份有限公司成都市分公司机动车交通事故责任案

36. 流产与交通事故的因果关系及赔偿金额的认定 ………………………… 139
   ——王瑞诉宋海龙、中国太平洋财产保险股份有限公司北京分公司机动车交通事故责任案

37. 车辆贬值损失是否应当赔偿 ……………………………………………… 143
   ——陈茂臣诉李成镇机动车交通事故责任案

## 三、交通事故损害赔偿程序

38. 机动车交通事故责任纠纷赔偿案件中诊疗机构作为第三人参加诉讼的法律依据及处理 …… 146
    ——王兰英等诉师华、安盛天平财产保险股份有限公司北京分公司机动车交通事故责任案

39. 两次鉴定费负担主体的认定标准 …… 150
    ——陈晓英诉张文婧、安邦财产保险股份有限公司北京分公司机动车交通事故责任案

40. 调解协议的效力认定问题 …… 153
    ——徐某等诉蔡某等机动车交通事故责任案

41. 挂靠单位没有参与调解的调解协议是否必然无效 …… 160
    ——覃日德诉华安财产保险股份有限公司来宾中心支公司等机动车交通事故责任案

42. 机动车交通事故多个被侵权人的诉讼时效与赔偿 …… 165
    ——何兆贤诉廖义峰等机动车交通事故责任案

43. 受害人单方委托鉴定机构作出鉴定意见书的证据效力问题 …… 170
    ——周桂芝诉阳光财产保险股份有限公司滦南支公司等机动车交通事故责任案

44. 侵权人诉求的竞合能否在同一案件中合并处理以及处理方式 …… 173
    ——于树怀诉曹孔明等机动车交通事故责任案

45. 法律事实认定中法官的自由裁量权 …… 176
    ——肖载而等诉张善久等机动车交通事故责任案

46. 法院可根据事故具体情况对有争议的交警部门的事故认定书重新认定责任 …… 178
    ——刘汉顺等诉土继春机动车交通事故责任案

47. 刑事案件中止审理的民事部分是否可以不受先刑后民的限制单独进行审理 ………………………………………………………… 181
　　——黄显书等诉黄河等机动车交通事故责任案

## 四、交通事故保险理赔

48. 保险责任中保险标的危险程度显著增加事实的认定 …………… 186
　　——张爱荣诉刘景然等机动车交通事故责任案

49. 被侵权人医疗费中超出医保范围用药的赔付问题 ……………… 191
　　——李凤诉卫洪印等机动车交通事故责任案

50. 侵权人驾驶证过期保险公司是否应当赔偿商业险 ……………… 195
　　——吕国珠、孙翠红诉王红彬、中国人民财产保险股份有限公司如皋支公司机动车交通事故责任案

51. 未投保交强险机动车发生交通事故时登记车主的责任认定 …… 198
　　——佟雪竹等诉王连智等机动车交通事故责任案

52. 保险公司格式条款效力及解释 …………………………………… 202
　　——赵林飞等人诉中国人寿财产保险股份有限公司阜阳市中心支公司机动车交通事故责任案

53. 交通肇事后逃逸能否成为保险公司绝对免责事由 ……………… 207
　　——林秋凤诉浙商财产保险股份有限公司揭阳中心支公司等机动车交通事故责任案

54. 保险公司能否以车主雇佣的司机没有营运资格证为由拒绝在商业险范围内赔偿 …………………………………………………… 211
　　——高福生、林辉诉王淑艳等机动车交通事故责任案

55. 责任保险中保险公司在责任人未向受害人理赔的情况下不能将保险理赔款直接支付被保险人 ……………………………………… 214
　　——刘杰诉中国人民财产保险股份有限公司宜昌市分公司营业部等机动车交通事故责任案

56. 以家庭自用名义投保的车辆从事网约车活动的保险赔偿问题 …………… 218
　　——程春颖诉张涛、中国人民财产保险股份有限公司南京市分公司机动
　　车交通事故责任案

57. 保险条款中零时生效法律效力问题之分析 ……………………………… 221
　　——吴本勤诉邬光明、中国平安财产保险股份有限公司枝江支公司机动
　　车交通事故责任案

58. 交通事故发生在投保人缴费之后和保险合同约定的保险期间之前保
　　险公司应否承担保险赔偿责任 …………………………………………… 226
　　——李爱秀诉中华联合财产保险股份有限公司淄博中心支公司、孙飞机
　　动车交通事故责任案

59. 特种机动车作业时发生事故造成损害保险公司应否在交强险限额内
　　承担赔偿责任 ……………………………………………………………… 230
　　——李洪伟诉安邦财产保险股份有限公司淄博中心支公司等机动车交通
　　事故责任案

60. 无法查明死因的交通事故保险公司是否应免责 ………………………… 234
　　——伍汉英等诉丁科文等机动车交通事故责任案

61. 保险公司查勘定损数额的证据效力问题 ………………………………… 238
　　——胡明飞诉柏树彬等机动车交通事故责任案

# 一、交通事故中的主体问题

## 1

### 公共道路妨碍通行责任纠纷相关法律问题分析
——杨开放诉北京通达京承高速公路有限公司公共道路妨碍通行责任案

**【案件基本信息】**

1. 裁判书字号

北京市第三中级人民法院（2016）京03民终字第8009号民事裁定书

2. 案由：公共道路妨碍通行责任纠纷

3. 当事人

原告（上诉人）：杨开放

被告（被上诉人）：北京通达京承高速公路有限公司（以下简称京承高速公司）

**【基本案情】**

2016年1月9日23时40分许，在怀柔区京承高速怀柔出口，原告杨开放驾驶的小客车单方撞上砖头，导致原告杨开放所驾车辆变速箱及左前摆臂损坏。北京市公安局怀柔分局交通支队交通事故认定书认定，原告杨开放负事故全部责任。庭审中，原告提交照片显示在事发地点有砖头，原告未提交证据证明事发路段出现的砖头系被告京承高速公司所为；被告京承高速公司称事故发生地点处于其管理路段，被告京承高速公司提交的路产巡视记录载明，2016年1月9日，该公司就道路情况、控制区、安全设施、专项情况等进行路产巡视，当日该公司工作人员于10点

29分、15点33分、22点15分三次路产巡视至怀柔站并行经事发地点,当日巡视班次仅于18时28分接报进京K×××一辆大货车追尾一辆小货车,该公司工作人员于18时54分到达现场,事故占用右侧两条行车道,小客车上1人受伤,无路损,21时处理完毕,除此之外,该公司未接报要求处理路产案件的情况,该日班次路产巡视未见异常。被告京承高速公司提交的日常养护巡视记录载明:2016年1月9日8时至12时对京承高速路段养护巡视一次,清扫车:作业无扬尘;保洁:保洁人员逆向拾捡。

## 【案件焦点】

本案主要涉及公共道路妨碍通行责任主体、责任性质、归责原则以及公路管理者的过错认定等相关法律问题。

## 【法院裁判要旨】

北京市密云区人民法院经审理认为:因在道路上堆放、倾倒、遗撒妨碍通行的物品造成他人损害的,有关单位或者个人应当承担侵权责任。因在道路上堆放、倾倒、遗撒物品等妨碍通行的行为,导致交通事故造成损害,当事人请求行为人承担赔偿责任的,应予支持。道路管理者不能证明已经按照法律、法规、规章、国家标准、行业标准或者地方标准尽到清理、防护、警示等义务的,应当承担相应的赔偿责任。京承高速公司系事发路段的管理人,其负有按照规定的技术规范和操作规程对高速公路进行管理以及保证高速公路处于安全畅通良好状态的义务,同时在接到清障、救援信息后,应当立即通知有关人员赶赴现场处理,并及时清障。原告未向本院提交事发之前的合理期间曾有请求救援清障信息的证据,且京承高速公司对于路面障碍物的清理义务系及时清障义务,而非随撒随清义务。根据京承高速公司提交的路产巡视记录,证实事故当天该公司曾对事故路段进行三次路产巡视、一次养护巡视,履行了管理、养护职责,符合了公路管理技术规范的要求,不应承担相应民事赔偿责任。故对原告杨开放要求被告京承高速公司赔偿车辆修理费及其他损失的诉讼请求,本院不予支持。综上所述,北京市密云区人民法院依据《中华人民共和国侵权责任法》第八十九条、《最高人民法院关于审理道路交通事故损害赔偿案件适用法律若干问题的解释》第十条之规定,判决如下:

驳回原告杨开放的诉讼请求。

上诉人杨开放因与被上诉人京承高速公司公共道路妨碍通行责任纠纷一案，不服北京市密云区人民法院（2016）京0118民初字第1984号民事判决，向北京市第三中级人民法院提起上诉。北京市第三中级人民法院于2016年6月30日受理后，依法组成合议庭，于2016年7月12日公开开庭进行了审理。北京市第三中级人民法院在审理此案过程中，上诉人杨开放向本院申请撤回上诉。

北京市第三中级人民法院经审查认为：上诉人杨开放申请撤回上诉，符合法律规定，应予准许。依照《中华人民共和国民事诉讼法》第一百五十四条第一款第（五）项、第一百七十三条、第一百七十五条之规定，裁定如下：

准许上诉人杨开放撤回上诉，双方当事人均按一审法院判决执行。

**【法官后语】**

公共道路妨碍通行责任属于物件致害责任的一种，属于特殊侵权责任，其法定构成要件具有特殊性，审判实践中也存在很多疑难问题。

1. 公共道路妨碍通行责任的责任主体分析

《中华人民共和国侵权责任法》第八十九条规定："在公共道路上堆放、倾倒、遗撒妨碍通行的物品造成他人损害的，有关单位或者个人应当承担侵权责任。"实践中，受害者举证证明妨碍通行的直接行为人很难，道路管理者负有保障道路安全的义务，所以公共道路妨碍通行责任主体应当包括：在公共道路上实施堆放、倾倒、遗撒妨碍通行物品的行为人以及上述妨碍物品或者公共道路的所有者或者对道路具有管理义务的单位或者个人。

2. 公共道路妨碍通行责任的归责原则

关于公共道路妨碍通行责任纠纷的归责原则，应对实施堆放、倾倒、遗撒妨碍通行物品的人实行无过错归责原则，基于公众安全的考虑，必须苛以严格的责任；对公共道路所有者或管理者适用过错推定归责原则。《最高人民法院关于审理道路交通事故损害赔偿案件适用法律若干问题的解释》第十条规定："因在道路上堆放、倾倒、遗撒物品等妨碍通行的行为，导致交通事故造成损害，当事人请求行为人承担赔偿责任的，人民法院应予支持。道路管理者不能证明已按照法律、法规、规章、国家标准、行业标准或者地方标准尽到清理、防护、警示等义务的，应当承担相应的赔偿责任。"如果依法审查道路管理者已经按照法律、法规、国家标准、行业标准或者地方标准尽到清理、防护、警示等义务，道路管理者即无须承担赔偿责任。

3. 公共道路妨碍通行责任性质认定

关于公共道路妨碍通行责任的性质属于补充责任，即在堆放、倾倒、遗撒妨碍通行物品行为人无法确定或者无力全额赔偿情况下，由道路管理单位或者个人承担相应的补充责任。本案中，在被侵权人无法举证实施堆放、倾倒、遗撒妨碍通行物品行为人的情况下，应当审查道路管理者是否履行了法定管理职责。如果道路管理者依法履行了法定职责则，就无须承担补充赔偿责任；如果道路管理者未按照法律规定履行职责，即存在过错，就应当承担相应的补充责任。

4. 道路管理者是否履行了法定职责的认定问题

根据《北京市公路收费运营监督管理办法》第三十条的规定："市公路管理机构、收费公路经营管理者分别建立收费公路的路政巡查制度和路产巡视制度。路政巡查每天至少1次，路产巡视每天不少于3次，并安排一定的步行巡查、巡视路段。重点路段、特殊天气或节假日等应加大巡查、巡视密度。巡查巡视后要做好巡查巡视记录，并妥善保存，保存期限不少于5年。市公路管理机构和收费公路经营管理者的路政巡查、路产巡视应相互协调、配合。收费公路巡查、巡视人员出巡时，必须保证2人以上，佩戴标志和证件，保持仪容严整，举止端庄。"道路管理者对遗撒妨碍通行物品的清理义务系及时清理义务，而非随撒随清义务。本案中，高速公路管理者已经按照相关规定履行了现有技术条件下的管理和养护职责，故在道路上的砖头遗撒行为人不确定的情况下，道路管理者无须承担相应的补充责任。

编写人：北京市密云区人民法院　代祖勇

## 2

# 交管部门未查清事故成因时应如何划分双方责任比例

## ——张飞飞等诉王瑞威等机动车交通事故责任案

【案件基本信息】

1. 裁判书字号

北京市西城区人民法院（2016）京 0102 民初字第 31935 号民事判决书

2. 案由：机动车交通事故责任纠纷

3. 当事人

原告：张飞飞、周昊东、周来苟、周小梅

被告：王瑞威、任海志、北京市鑫安达防腐保温有限公司（以下简称鑫安达公司）、英大泰和财产保险股份有限公司北京分公司（以下简称英大泰和保险公司）

【基本案情】

原告张飞飞、周昊东、周来苟、周小梅诉称：四原告系本案受害人周某的近亲属。2016 年 6 月 9 日 3 时 21 分许，被告王瑞威驾驶的车牌号京 AN××××号混凝土搅拌车行至北京市朝阳区京哈高速辅路王四营桥西陶庄路 020 号电线杆处时，发生交通事故将周某碾轧，造成周某受伤。事故发生后周某被送往北京朝阳急诊抢救中心救治并因抢救无效于 2016 年 6 月 9 日死亡。事后交管部门对此次交通事故出具交通事故证明书，证明王瑞威驾驶车辆将周某碾轧，但认定此次事故成因无法查清，无法确认双方的责任比例。四原告不认可此次交通事故无法查清的结论，认为被告王瑞威应该承担事故全部责任。经查被告王瑞威与被告任海志存在雇佣关系，被告鑫安达公司系车辆所有人，王瑞威驾驶车辆在英大泰和保险公司投保有交强险及商业险。四原告为受害人周某的法定继承人，有权主张周某因此次交通事故产生的赔偿权益。四原告与四被告因赔偿问题协商未果，为维护原告的合法权益，故四原告诉至法院请求判令四被告赔偿：医疗费 3419.47 元、死亡赔偿金 1057180 元、被抚养人生活费219852元、丧葬费42516元、精神损害抚慰金100000元、误工费14000元、伙食费5000元、住宿费2000元、尸检费3390元、交通费6929元、财产损失费500元。诉讼费由被告承担。

被告王瑞威、任海志、鑫安达公司辩称：对事故发生的时间地点无异议。因交通事故证明书无法认定责任事故，故不同意原告的全部诉讼请求。尸检报告没有确定死者的死亡与事故本身有直接因果关系。不认可周某与我公司车辆有直接接触，尸检结果也没有发现致死性损伤，难以明确死者的死亡原因。被告任海志与被告鑫安达公司之间有车辆租赁合同，合同约定，发生交通事故与被告鑫安达公司无关。被告任海志与被告王瑞威是雇佣关系。如果法院判决被告承担责任，应当由被告王瑞威与被告任海志承担，被告鑫安达公司不应该承担责任。

被告英大泰和保险公司辩称：对于原告所述事故发生的时间、地点无异议。王瑞威驾驶车辆在我公司投保有交强险及商业三者险50万元，含不计免赔，事故发生在保险期间内。因交通事故证明书无法认定责任事故，故不同意原告的全部诉讼请求。

## 【案件焦点】

交管部门未查清事故成因，应如何划分双方责任比例。

## 【法院裁判要旨】

北京市西城区人民法院经审理认为：原告张飞飞系本案受害人周某之妻、周昊东系受害人周某之子、周来苟系受害人周某之父、周小梅系受害人周某之母。2016年6月9日3时21分许，在北京市朝阳区京哈高速辅路王四营桥西陶庄路020号电线杆处，周某饮酒后驾驶电动自行车由西向东行驶时，适有王瑞威驾驶京AN×××X中联牌重型特殊结构货车由西向东驶来，王瑞威车辆右侧车轮将倒地后的周某碾轧，造成周某受伤，周某经医院抢救无效于当日死亡。交管部门对本次交通事故，因无法确定周某倒地原因，故此次事故成因无法查清，未划分双方责任比例。

原告主张的医疗费提供急诊病历、医疗费票据、急救票据，证明原告因抢救周某花费的医疗费3419.47元。原告主张的死亡赔偿金提供居民死亡证明、司法鉴定意见书2份、户口簿、工资银行卡流水、健康检查证明卡、暂住证，证明原告长期在北京工作生活，应该按照城镇标准计算死亡赔偿金，按2015年度北京市城镇居民人均可支配收入计算 20 年。原告主张的被扶养人生活费（计入死亡赔偿金项下）提供原告周昊东出生证明及户口簿，证明周某与原告张飞飞婚后生育有一子即本案原告周昊东（出生日期 2010 年 2 月 18 日），主张按照北京市城镇标准计算。原告主张的丧葬费系按照 2015 年度北京市职工平均工资计算 6 个月。原告主张的误工费提交误工说明二份，证明因处理周某的交通事故及丧葬事宜导致的误工费。原告主张的伙食费提供餐费发票一张。原告主张的住宿费提供住宿费发票七张。原告主张的交通费提供出租车票据及火车票，证明因此事故产生的交通费。原告主张的精神损害抚慰金为估算。

另查，被告王瑞威驾驶车辆在被告英大泰和财产保险公司投保了机动车交通事故责任强制保险及商业二者险 50 万元，含不计免赔，事发时在保险期内。被告任海志与被告王瑞威存在雇佣关系，京 AN×××× 号车辆车主为被告鑫安达公司。

北京市西城区人民法院依照《中华人民共和国道路交通安全法》第七十六条，《中华人民共和国侵权责任法》第六条、第八条、第十六条、第十八条、第十九条、第二十条、第二十二条、第二十六条、第四十八条，《最高人民法院关于审理道路交通事故损害赔偿案件适用法律若干问题的解释》第十六条，《最高人民法院关于审理人身损害赔偿案件适用法律若干问题的解释》第十七条、第十八条、第十九条、第二十条、第二十二条、第二十七条、第二十八条、第二十九条之规定，判决如下：

一、本判决生效之日起十五日内，被告英大泰和保险公司在机动车交通事故责任强制保险规定的责任限额内，赔偿原告张飞飞、周昊东、周来苟、周小梅医疗费三千四百一十九元四角七分，精神损害抚慰金三万元、死亡赔偿金八万元、财产损失费五百元，以上数额共计十一万三千九百一十九元四角七分。

二、本判决生效之日起十五日内，被告英大泰和保险公司在机动车交通事故商业第三者责任保险限额内，赔偿原告张飞飞、周昊东、周来苟、周小梅交通费 1800 元、死亡赔偿金 293154 元、丧葬费 12754.8 元、误工费 1500 元、住宿费 300 元、伙食费 300 元、以上数额共计 309808.8 元。

三、本判决生效之日起十五日内，被告英大泰和保险公司在机动车交通事故商业第三者责任保险限额内，赔偿原告周昊东被扶养人生活费 65955.6 元。

四、驳回原告张飞飞、周昊东、周来苟、周小梅的其他诉讼请求。

## 【法官后语】

本案处理重点主要在于如何划分双方责任比例。

机动车发生交通事故造成人身伤亡、财产损失的，先由承保交强险的保险公司在责任限额范围内予以赔偿，不足部分，由承保商业三者险的保险公司根据保险合同予以赔偿，仍有不足的，依照道路交通安全法和侵权责任法的相关规定由侵权人予以赔偿。道路交通安全法规定，机动车与非机动车驾驶人、行人之间发生交通事故，非机动车驾驶人、行人没有过错的，由机动车一方承担赔偿责任；有证据证明非机动车驾驶人、行人有过错的，根据过错程度适当减轻机动车一方的赔偿责任。

具体到本案中，交管部门依据监控录像、检验报告、司法鉴定意见书、司法咨询意见书，对本次交通事故发生的时间地点、当事人情况及调查得到的事实依法作出交通事故证明书，交通事故证明书认定依据客观、双方当事人对证明书所涉及的事实的真实性均无异议。法院依据交通事故证明书记载的事发情况，考虑事发时间在凌晨、具体地点在机动车道内、受害人驾乘交通工具为电动车及受害人酒后驾驶等因素，结合鉴定书认定的王瑞威车辆右侧车轮对周某存在碾轧并导致其受伤死亡的事实，认定周某违反道路安全管理法规酒后驾驶电动车驶入机动车道内，倒地后被王瑞威驾驶车辆碾轧。周某违反道路安全管理法规是造成事故发生的主要原因，应承担本次交通事故的主要责任，被告王瑞威承担未尽到充分的注意义务导致碾轧的发生是事故发生的次要原因，应该承担本次交通事故的次要责任。依据上述认定，周某承担本次交通事故的70%的责任，被告王瑞威承担本次交通事故的30%的责任。四原告作为周某的直系亲属，有权主张因周某交通事故死亡产生的相关赔偿权利。因王瑞威驾驶车辆在英大泰和保险公司投保有交强险及商业三者险，被告王瑞威应该承担的责任，由其所属车辆的保险公司即英大泰和保险公司在交强险项下先予以赔偿，不足部分按照双方的责任比例在商业险项下赔偿。被告应该承担的责任，超过保险范围的赔偿数额及不属于保险公司理赔范围的部分，因被告王瑞威与被告任海志存在雇佣关系，应由被告任海志承担赔偿责任。本次交通事故中，鑫安达公司作为事故车辆所有人，不存在过错，故原告主张车主被告鑫安达公司承担赔偿责任的诉讼请求，无法律依据，不予支持。

编写人：北京市西城区人民法院　边江峰

## 3

## 是乐于助人还是侵权行为，法官自由心证的运用

### ——张允英诉来睿机动车交通事故责任案

**【案件基本信息】**

1. 裁判书字号

北京市第二中级人民法院（2016）京02民终字第2382号民事判决书

2. 案由：机动车交通事故责任纠纷

3. 当事人

原告（被上诉人）：张允英

被告（上诉人）：来睿

**【基本案情】**

2015年5月19日，在北京市丰台区泰富兴综合市场内，来睿在支车过程中，车辆失控，导致张允英倒地受伤。事故发生后，来睿将张允英送到医院。樊家村派出所先受理了此事，并于2015年5月25日将此事件移交给丰台交通支队丰北大队处理。事故经交通管理部门查证：来睿驾驶非机动车未确保安全发生交通事故，是发生事故的原因，有现场路况图、现场路况勘查笔录、当事人及证人笔录、监控录像为证，故确定来睿负全部责任，张允英为无责任。张允英要求来睿支付医疗费51526.26元、护理费26481.6元、营养费9000元、残疾赔偿金43910元、鉴定费4350元、精神损害抚慰金20000元、交通费465元。来睿辩称，张允英倒地地点与其推车行走轨迹至少有一米的距离，客观上不可能接触原告，更谈不上撞倒。从始至终，其都是好意帮助。交通事故责任认定，属于技术鉴定范畴，归为诉讼证据的一种。本案的事故认定，没有任何技术手段可言，是不真实、不客观的认定，认为应驳回张允英的诉讼请求。

## 【案件焦点】

侵权人对于交通事故发生情况不予认可，主张本人为助人为乐行为，法院在缺乏直接证据证明侵权人侵权的情况下，应如何认定法律事实。

## 【法院裁判要旨】

北京市丰台区人民法院经审理认为：当事人对自己提出的诉讼请求所依据的事实有责任提供证据加以证明，没有证据或者证据不足以证明当事人主张的，由负有举证责任的当事人承担不利后果。事故经交通管理部门查证，来睿在支车过程中，车辆失控，导致张允英倒地受伤。来睿驾驶非机动车未确保安全发生交通事故，是发生事故的原因，有现场路况图、现场路况勘查笔录、当事人及证人笔录、监控录像为证，故确定来睿负全部责任，张允英无责任。来睿对责任认定不予认可，但是其未能提供充足的证据证明其主张，本院对来睿的辩解意见不予采信。张允英主张来睿承担赔偿责任，于法有据，本院予以支持。

北京市丰台区人民法院依照《中华人民共和国民法通则》第一百一十九条、《中华人民共和国侵权责任法》第十六条之规定，作出如下判决：

一、被告来睿于本判决生效后十日内赔偿原告张允英医疗费50893.26元、营养费5400元、精神损害抚慰金10000元、残疾赔偿金20226元、护理费10800元、鉴定费4350元、交通费300元。

二、驳回原告张允英的其他诉讼请求。

三、驳回被告来睿的反诉请求。

被告来睿持原审起诉意见提起上诉。北京市第二中级人民法院经审理认为：本案的争议的焦点系来睿是否应当为张允英的损害后果承担侵权责任。本案事故经交通管理部门查证并作出《交通事故认定书》：来睿驾驶非机动车未确保安全发生交通事故，是发生事故的原因并确定来睿应当承担事故全责。来睿虽对该认定书有异议，但并未依法提出申请复核，且并未提供确实充分的相反证据，故本院对该《交通事故认定书》的证据效力予以确认。驾驶人应当安全驾驶，确保自身以及路人的安全。众所周知，在行人较为密集的综合市场内，其所驾驶车辆在瞬时发生速度以及加速度的改变，极易导致他人的损伤。结合《交通事故认定书》以及来睿在二审中关于车辆"突然往前窜""可能贴了老人一下"的自认，足以认定来睿的车辆在事故发生时出现了暂时失控的状态，并导致了张允英受伤。来睿虽提供了证人，但

一、交通事故中的主体问题 | 11

该证据的证明力不足以推翻以上认定。故原审法院判决来睿对张允英的损害结果承担侵权责任,有法律和事实依据,并无不当。来睿的上诉请求缺乏事实依据,本院不予支持。故原审法院判决认定事实清楚、适用法律正确,本院予以维持。

北京市第二中级人民法院根据《中华人民共和国民事诉讼法》第一百七十条第一款第(一)项之规定,作出如下判决:

驳回上诉,维持原判。

## 【法官后语】

发生交通事故后,在双方对交通事故成因及责任认定方面存在争议时,一般都是通过交通管理部门勘验现场认定事故责任。但是因为交通管理部门的认定系事后作出,会有与客观事实不符的可能,因此法院在审理双方对事故发生成因存在争议时,不能因存在交通事故责任认定而直接认定被告就是侵权人。本案被告即主张其系助人为乐,对于原告主张的侵权行为不予认可。应当如何认定双方责任,主要有两种观点:

第一种观点认为,不应认定被告承担侵权责任。根据现有证据无法确定被告驾驶机动车碰撞到原告。交通管理部门认定车辆失控导致原告倒地受伤,但是根据监控录像没有双方碰撞的情况发生,原告受伤在人多车多的市场中,可能有各种因素发生,交通管理部门的认定是一种事后主观性较强的判断。原告没有完成其举证责任。

第二种观点认为,根据现有证据可以认定被告系侵权人,被告主张其为助人为乐的行为,但是报警的情况反映他存在驾驶问题,未能保证他人的安全,虽然没有碰撞的发生,但是其车辆失控的行为也对他人安全通行造成了影响,符合侵权责任中的因果关系。

助人为乐的行为是社会应当积极倡导和弘扬的行为,法律亦应当对此进行积极的正面评价。但是随着社会快速的发展,人们出于各种考虑常常不会如实陈述事故发生成因,有"碰瓷"的,有侵权人为了逃避责任隐瞒的,有受害人为了减少损失故意诬陷他人的。当这些交织在一起时,这类案件常常就成了社会的热点问题。对于如何区分助人为乐还是侵权行为,笔者认为应当注意以下几点:

一、对于客观事实与法律事实的认识。事实是客观存在的,人们要认识事实就需要通过自己的主观理性。人对于事实的认识能力是有限的，依据有限的证据认定的事实不可能总是符合事实真相。法律适用的首要步骤就是认定法律事实，法律事实是进行裁判活动的逻辑起点。法律事实是法官依法认定的事实。法律事实虽然很难与客观事实完全一致，但总是以发现客观事实为目标的，并且通常能贴近客观事实。

二、对于证据规则的运用。举证责任制度要解决的是事实真伪不明时如何裁决，即确定不利后果的归属问题。民事纠纷中常常无法做到如刑事案件一样排除所有的合理怀疑，法官要根据双方现有证据进行裁判，高度盖然性则是法官要常常适用的标准。"盖然性占优势"的标准在比较双方所提供的证据进而确认某一事实时，不是简单地比较双方所提供的证据在数量上的多少，或者证据的表面形式是否丰富，而是比较双方所提供的证据在质上的证明力。故法官运用自由心证成了一项很重要的能力。心证为相对真实，而非绝对真实，心证有强弱，在程度上存在差异，因此产生相应的盖然性。法官要根据占有的证据材料，通过分析证据之间的内在联系，从而达到对于"法律真实"的内心确信。

三、注意交通事故的特性。交通事故的发生时常常是瞬间的事情，因此查证交通事故发生前及交通事故发生后也是一项可以帮助法官认定法律事实的重要方法。当事人的行走路线、驾驶车辆时的精神状态、发生事故后的第一反应、事故现场的客观环境等常常会对事故认定起到重要作用。

根据本案双方的陈诉及法院查明的事实，一审及二审法院的判决结果是正确的。

编写人：北京市丰台区人民法院　李志峰

# 4

## 租车公司出租车辆发生事故后损害赔偿责任的承担

——陈惠燕诉徐森仁等机动车交通事故责任案

【案件基本信息】

1. 裁判书字号

福建省厦门市湖里区人民法院（2016）闽0206民初字第169号民事判决书

2. 案由：机动车交通事故责任纠纷

3. 当事人

原告：陈惠燕

被告：徐森仁、北京神州汽车租赁有限公司厦门分公司（以下简称神州汽车租赁厦门分公司）、太平财产保险有限公司上海徐汇支公司（以下简称太平洋财保上海徐汇支公司）

【基本案情】

2015年5月14日16时许，徐森仁驾驶闽D7××××号小型轿车行驶至坂上社时，车辆右前轮碾轧行人陈惠燕的脚部，造成陈惠燕受伤的损害后果。事故发生后，徐森仁驾驶闽D7××××号小轿车送陈惠燕到厦门市中医院检查。同日，陈惠燕被送往中国人民解放军第一七四医院治疗，该医院当日出具疾病诊断证明书，载明诊断意见：1.左足第5趾近节趾骨骨折；2.妊娠（6月）25周。2015年5月21日，陈惠燕前往厦门大学附属第一医院就诊，该医院于2015年5月25日出具出院记录，载明："入院时间2015年5月21日，出院日期2015年5月25日，住院天数4天，患者以停经27周、自觉胎动消失5天为主诉入院，出院诊断：1.G2P1孕27周胎死宫内；2.左足骨折；随访指导：可生活自理，可适量下地活动，如无特殊说明请参照出院带药，无特殊医嘱可正常饮食。"陈惠燕花费医疗费8742.34元。后陈惠燕于2016年2月至3月前往厦门市妇幼保健院就诊，花费医疗费1960.71

元；于2016年5月31日、2016年6月13日前往龙海市中医院就诊，花费医疗费640.77元。上述医疗费共计11343.82元。

2015年5月18日，厦门市公安局湖里分局交警大队作出道路交通事故认定书，认定徐森仁承担该事故的全部责任，陈惠燕无责任。

2015年11月18日，厦门市公安局湖里分局交警大队出具1份情况说明，载明事故发生后，陈惠燕当时向交警陈述其怀有身孕，被闽D7××××号小型轿车撞到腰部和脚部，肚子一直很痛，警方让其到医院再次检查，六日后，陈惠燕到第一医院检查时发现妊娠已终止。

2016年5月5日，福建鼎力司法鉴定中心厦门分所出具[2016]临鉴字第332号鉴定意见书，评定：1.被鉴定人陈惠燕的损伤尚未构成伤残等级；2.被鉴定人陈惠燕出院后的护理期评定为90天，误工期评定伤后180天；3.被鉴定人陈惠燕目前暂无存在必然发生的后续治疗费用；4.被鉴定人陈惠燕G2P1孕27周胎死宫内与本次交通事故损害存在因果关系，外伤参与度拟为80%~85%为宜。陈惠燕支付鉴定费6500元。

闽D7××××号小型轿车的登记所有人系神州汽车租赁厦门分公司。本次交通事故发生时，该车辆在太平财保上海徐汇支公司处投保机动车交通事故责任强制保险、机动车商业第三者责任险（保险金额/赔偿限额50000元）、车上人员责任险（司机）（保险金额/赔偿限额10000元）。该车辆为神州汽车租赁厦门分公司对外出租车辆，本次交通事故发生时，徐森仁为该车辆的承租人。

庭审中，陈惠燕确认徐森仁为其垫付3000元款项，同意在其诉求中予以抵扣。

**【案件焦点】**

神州汽车租赁厦门分公司应否就本次事故损害承担责任。

**【法院裁判要旨】**

福建省厦门市湖里区人民法院经审理认为：

一、对陈惠燕主张的各项赔偿项目及金额的认定。1.医疗费：陈惠燕主张因本次交通事故共支付医疗费11342.82元。2.住院伙食补助费：陈惠燕因本次交通事故共住院4天，其主张按100元/天标准计算住院伙食补助费，未超过厦门市国家机关一般工作人员的出差伙食补助标准，本院予以照准，据此认定陈惠燕的住院伙食补助费为400元（100元/天×4天）。3. 营养费：营养费应参照医疗机构的意见确定。陈惠燕未提供证据证明医嘱需加强营养，亦未证明实际发生的必要营养费用，其主张营养费3000元，本院不予支持。4. 交通费：交通费应当以正式票据为凭，相关凭据应当与就医地点、时间、人数、次数相符合。陈惠燕未提供证据证明实际发生的交通费，结合其就诊次数，本院酌定陈惠燕的交通费为100元。5. 误工费：福建鼎力司法鉴定中心厦门分所［2016］临鉴字第332号鉴定意见书评定陈惠燕的误工期为伤后180天。陈惠燕未举证证明其从事职业及收入状况，其主张按5061元/月标准计算误工费，无相关依据，本院不予支持。参照2015年厦门市城镇非私营单位从业人员工资（农林牧渔业）46301元/年标准，本院认定陈惠燕的误工费为22833.37元（46301元/年÷365天/年×180天）。6. 护理费：陈惠燕因本次交通事故共住院4天，经鉴定其出院后的护理期评定为90天。陈惠燕主张按100元/天标准计算护理费，无相关依据，本院不予支持。参照厦门市护工劳务报酬70元/天标准，本院认定陈惠燕的护理费为6580元（70元/天×94天）。7. 精神损害抚慰金：鉴定结论显示，陈惠燕的损伤尚未构成伤残等级，但其G2P1孕27周胎死宫内与本次交通事故损害存在因果关系，外伤参与度拟为80%～85%。本次交通事故对陈惠燕造成了精神上的痛苦和损害，本院酌定陈惠燕的精神损害抚慰金为5000元。8. 鉴定费：陈惠燕主张鉴定费6500元，并有厦门增值税普通发票为证，本院予以认定。综上所述，陈惠燕因本次交通事故造成的损失为52756.19元。

　　二、各方当事人对陈惠燕各项损失的赔偿责任承担问题。公民享有生命健康权，任何人不得侵害。根据《最高人民法院关于审理道路交通事故损害赔偿案件适用法律若干问题的解释》第十六条的规定，同时投保机动车第三者责任强制保险和第三者责任商业保险的机动车发生交通事故造成损害，当事人同时起诉侵权人和保险公司的，人民法院应当按照下列规则确定赔偿责任：先由承保交强险的保险公司在责任限额范围内予以赔偿；不足部分，由承保商业三者险的保险公司根据保险合同予以赔偿；仍有不足的，依照道路交通安全法和侵权责任法的相关规定由侵权人予以赔偿。肇事车辆闽D7××××号小型轿车在太平财保上海徐汇支公司处投保机动车交通事故责任强制保险、机动车商业第三者责任险（不计免赔保险金额/赔偿限额50000元）、车上人员责任险（司机）（不计免赔保险金额/赔偿限额10000元），太平财保上海徐汇支公司应在保险限额内对陈惠燕的损失承担赔偿责任。本次交通事故经责任认定，徐森仁负全部责任，故徐森仁对陈惠燕因本次事故造成的损失超过太平财保上海徐汇支公司赔偿部分承担赔偿责任。本案中，无证据证明存在《最高人民法院关于审理道路交通事故损害赔偿案件适用法律若干问题的解释》第一条规定的机动车所有人或者管理人应该承担赔偿责任的情形，故神州汽车租赁厦门分公司作为车辆的所有人，依法无须承担赔偿责任。

综上所述，根据机动车交通事故责任强制保险条款，医疗费用赔偿限额为10000元，太平财保上海徐汇支公司应在交强险医疗费用赔偿限额项下赔偿陈惠燕医疗费、住院伙食补助费共计10000元；死亡伤残赔费赔偿限额为110000元，太平财保上海徐汇支公司应在交强险死亡伤残赔费赔偿限额项下赔偿陈惠燕交通费、误工费、护理费、精神损害抚慰金共计34513.37元。陈惠燕医疗费用损失中超过交强险赔偿限额的部分为1742.82元，太平财保上海徐汇支公司主张在机动车商业第三者责任险中扣减非医保费用，本院认为，由于用药是医院的专业行为，非专业人员无法明确判断医保内医疗费及非医保医疗费，太平财保上海徐汇支公司未提供证据证明非医保医疗费的金额，本院对太平财保上海徐汇支公司的此项主张不予支持，陈惠燕的上述损失1742.82元应由太平财保上海徐汇支公司在机动车商业第三者责任险限额范围内进行赔偿。根据保险条款，陈惠燕支付的鉴定费6500元不属于保险理赔范围，应由徐森仁赔偿。徐森仁已先行垫付款项3000元，应在徐森仁需支付给陈惠燕的赔偿款项中予以扣除。上述款项相互抵扣后，太平财保上海徐汇支公司应赔偿陈惠燕46256.19元（交强险医疗费用限额内10000元＋交强险死亡伤残赔偿限额内34513.37元＋机动车商业第三者责任险限额范围内1742.82元），徐森仁应赔偿陈惠燕3500元（6500元－3000元）。神州汽车租赁厦门分公司、太平财保上海徐汇支公司经本院合法传唤，无正当理由未到庭参加诉讼，依法缺席审理并判决。

福建省厦门市湖里区人民法院依照《中华人民共和国民法通则》第九十八条、第一百一十九条，《中华人民共和国侵权责任法》第十五条第一款第（六）项、第十六条、第二十二条、第四十八条、第四十九条，《最高人民法院关于审理道路交通事故损害赔偿案件适用法律若干问题的解释》第一条，《中华人民共和国道路交通安全法》第七十六条第一款第（二）项，《机动车交通事故责任强制保险条例》第三条，《最高人民法院关于审理人身损害赔偿案件适用法律若干问题的解释》第十七条第一款、第十八条第一款、第十九条、第二十条、第二十一条第一款、第二十一条第二款、第二十二条、第二十三条第一款、第二十四条、第三十五条,《最高人民法院关于确定民事侵权精神损害赔偿责任若干问题的解释》第八条第二款、第十条,《中华人民共和国民事诉讼法》第六十四条第一款、第一百四十四条规定,判决如下:

一、太平财产保险有限公司上海徐汇支公司应于本判决生效之日起十日内赔偿陈惠燕46256.19元。

二、徐森仁应于本判决生效之日起十日内赔偿陈惠燕3500元。

三、驳回陈惠燕的其他诉讼请求。

## 【法官后语】

本案处理重点在于,租车公司出租车辆发生事故后如何认定机动车所有人与使用人的损害赔偿责任。

《中华人民共和国侵权责任法》第四十九条规定,因租赁、借用等情形机动车所有人与使用人不是同一人时,发生交通事故后属于该机动车一方责任的,由保险公司在机动车强制保险责任限额范围内予以赔偿。不足部分,由机动车使用人承担赔偿责任;机动车所有人对损害的发生有过错的,承担相应的赔偿责任。由此可知:(1)租借机动车发生交通事故,机动车方在事故中负有责任的,该责任由使用人承担;(2)使用人承担责任的范围为超过保险限额的部分;(3)机动车所有人只有在有过错的情形下才承担责任;(4)机动车所有人承担的责任不超过其过错的责任范围;(5)机动车所有人承担的责任为过错责任,非连带责任。故机动车方承担责任的顺序依次为:(1)投保交强险的保险公司在交强险范围内赔偿;(2)赔偿超过交强险范围的由使用人赔偿;(3)机动车所有人有过错的适当分担。实践中,判断机动车所有人的过错责任应依据《最高人民法院关于审理道路交通事故损害赔偿案件适用法律若干问题的解释》第一条所规定的情形。

本案的特殊性在于,肇事车辆出租方为专业从事多种汽车租赁业务的汽车租赁公司,故应注意查明徐森仁与神州汽车租赁厦门分公司之间的租车合同性质。若神州汽车租赁厦门分公司只向徐森仁提供机动车辆,在约定的期间里由徐森仁占有、使用和收益,并向神州汽车租赁厦门分公司支付租金,即为光车租赁合同;若神州汽车租赁厦门分公司向徐森仁提供约定由该公司配备驾驶员的机动车辆，按徐森仁要求从事运输任务，由徐森仁支付租金，则为运次租赁合同。本案中并不存在租车公司配备驾驶员情形，事故车辆驾驶者为承租人，应当认定为光车租赁关系。针对光车租赁关系，还需进一步查明出租人和承租人之间的关系，以确定二者承担责任的方式。若承租人以自己的名义对外经营，其同出租人间存在简单的民事租赁关系，则应当由承租人承担责任，并依据《中华人民共和国侵权责任法》第四十九条、《最高人民法院关于审理道路交通事故损害赔偿案件适用法律若干问题的解释》第一条规定，确定出租人是否承担过错责任；若承租人以出租人的名义对外经营，则出租人和承租人对外承担连带责任。

编写人：福建省厦门市湖里区人民法院　陈慧琳

# 5

## 恶劣天气醉驾发生事故能否免除道路管理者的责任

——解发莲、王如军诉东台市唐洋镇人民政府、东台市唐洋镇张灶村村民委员会公共道路妨碍通行损害案

【案件基本信息】

1. 裁判书字号

江苏省盐城市中级人民法院（2016）苏09民终字第5183号民事判决书

2. 案由：公共道路妨碍通行损害责任纠纷

3. 当事人

原告（被上诉人）：解发莲、王如军

被告（上诉人）：东台市唐洋镇人民政府（以下简称唐洋镇政府）

被告：东台市唐洋镇张灶村村民委员会（以下简称张灶村村委会）

【基本案情】

2015年7月11日，东台市境内发生"灿鸿"强台风、暴雨。当日20时20分

许，受害人王卫东醉酒后无证驾驶无号牌的普通二轮摩托车，沿东台市唐洋镇张灶村五七路由西向东行驶，撞上被台风刮倒在地斜横在道路上的树木，当场死亡。后死者母亲解发莲与死者儿子王如军将唐洋镇政府、张灶村村委会诉至法院，认为唐洋镇政府、张灶村村委会对该道路负有管护责任，对解发莲、王如军因其近亲属王卫东死亡所产生的损失应予赔偿。东台市鑫昌新能源科技有限公司出具的证明显示，王卫东在案涉事故发生前在该公司工作。

张灶村水泥路收费统计凭证、五七路筹建工作计划和村民代表会议的决议、张灶村村委会与村民梅崇银签订的《承包农村公共服务设施承包协议书》等证据显示，张灶村五七路系农村村道，由张灶村村民自筹自建、村民自行管理。唐洋镇政府、张灶村村委会则认为案涉道路系农村村道，与唐洋镇政府无关；且在事发当天，张灶村村委会已安排村民梅崇银对案涉路段巡查至下午18时左右，已尽到了安全注意义务，不存在过错，相反事故发生是由于死者王卫东自身严重过错所致。

## 【案件焦点】

案涉道路的管理主体问题、道路管理人的过错程度及责任比例问题。

## 【法院裁判要旨】

江苏省东台市人民法院经审理认为：公民的生命健康权受法律保护。本案是一起树木倾倒、折断引发的公共道路妨碍通行损害责任纠纷。案涉东台市唐洋镇张灶村五七路为村道，作为县级人民政府的唐洋镇政府应对其承担管理、养护义务。事发当日案涉道路管护人梅崇银对该路段巡查至18时左右，表明唐洋镇政府尽到了一定的管护义务。但2015年7月10日至12日期间，东台受台风的影响，出现大到暴雨及大风的恶劣天气。唐洋镇政府未在上述特殊时期加强对案涉路段的管护和巡查，未及时清理斜横在道路上的树木，致受害人王卫东撞上倒地斜横在案涉道路上的树木死亡，对王卫东的死亡具有一定过错。受害人王卫东醉酒后无证驾驶，对事故的发生存在重大过错，应自担90%的责任；唐洋镇政府具有一定的过错，酌定由其承担10%的赔偿责任。事故发生前受害人王卫东在东台市鑫昌新能源科技有限公司工作，其死亡赔偿金应当按照城镇标准计算。

江苏省东台市人民法院依照《中华人民共和国侵权责任法》第十六条、第八十九条，《最高人民法院关于审理道路交通事故损害赔偿案件适用法律若干问题的解释》第十条,《最高人民法院关于审理人身损害赔偿案件适用法律若干问题的解释》第十七条、第二十条、第二十二条、第二十七条、第二十八条、第二十九条、第三十五条,作出如下判决:

一、被告唐洋镇政府于本判决生效之日起10日内赔偿原告解发莲、王如军因王卫东死亡所造成的各项损失合计54692.46元(已扣除垫付款30000元);

二、驳回原告解发莲、王如军的其他诉讼请求。

唐洋镇政府对案涉道路的管理养护主体的认定、过错的认定、死亡赔偿金的适用标准等问题存在异议,在上诉期内向江苏省盐城市中级人民法院提起上诉。江苏省盐城市中级人民法院经审理认为:公民的健康权依法应受法律保护。唐洋镇政府具体负责该道路的建设、养护工作,一审法院据此认定唐洋镇政府为案涉公路的管理者并无不当;王卫东系因撞上倒地斜横在案涉道路上的树木死亡,因该树木倒地倾斜系发生在"灿鸿"台风期间,唐洋镇政府作为案涉路段的管理人,在该特殊期间并未加大巡查和管护力度,存在一定的过错,同时一审法院考虑到王卫东自身的过错,酌定由唐洋镇政府承担10%过错并无明显不当;结合东台市鑫昌新能源科技有限公司出具的证明,可以认定王卫东在案涉事故发生前在该公司工作,故一审法院按照城镇标准认定各项损失并无不当。综上所述,唐洋镇政府的上诉请求均不能成立,应予驳回;一审判决认定事实清楚,适用法律正确,应予维持。

江苏省盐城市中级人民法院依照《中华人民共和国民事诉讼法》第一百七十条第一款第(一)项之规定,作出如下判决:

驳回上诉,维持原判。

## 【法官后语】

关于本案村道管理、养护责任主体问题。《江苏省农村公路管理办法》确定乡(镇)人民政府负责本行政区域乡道、村道的建设、养护工作,而未将村委会确定为管理主体。这一方面为调动农民自筹自建村道的积极性,另一方面是基于村委会的实际赔偿能力考虑。本案中,张灶村村委会虽参与了案涉村道的建设,但赔偿能力有限,且由村委会承担责任会挫伤农村基层群众自治组织的积极性,损害农民利益。故根据法律规定及现实因素考虑,案涉村道管理、养护责任主体应当为唐洋镇政府。

关于道路管理人应承担多大比例的责任问题。本案事故主要是由于受害人王卫东醉酒无证驾驶所致,那么道路管理人是否仍要承担责任?一般情况下,道路管理人应当尽到普通的注意义务,即一般人在通常情况下的注意义务,其范围为可预见的危险范围,此为最低标准的注意义务。随着路况、天气等危险因素的增加,道路管理人对恶劣环境导致事故风险增加应当有所预见,其管护亦应随之加强。本案中,案涉路段由梅崇银进行日常管护,事发当日梅崇银对该路段巡查至18时左右,表明唐洋镇政府尽到了一定的管护义务。但在案发时段,东台受台风"灿鸿"的影响,出现大到暴雨,并伴有陆上7~8级,沿海海面9~10级大风。唐洋镇政府应该预见到树木、堆放物可能被台风刮倒,导致妨碍通行情况发生。但该政府未在上述特殊时期未加强对案涉路段的管护和巡查,对倒地倾斜的树木进行及时清理,遂对交通事故的发生负有一定的过错。故综合全案,受害人王卫东在台风恶劣天气下醉酒无证驾驶,对事故的发生存在重大过错,应自担90%的责任;唐洋镇政府在上述特殊时期未加强对案涉路段的管护和巡查存在一定过错,应酌情承担10%的赔偿责任。

编写人:江苏省东台市人民法院　王艳

# 6

## 如何认定出借人在出借车辆时已尽到合理审查义务

### ——魏运乐诉曾志勇等机动车交通事故责任案

【案件基本信息】

1. 裁判书字号

广东省广州市中级人民法院(2017)粤01民终字第2613号民事判决书

2. 案由:机动车交通事故责任纠纷

3. 当事人

原告(被上诉人):魏运乐

被告（上诉人）：曾志勇

被告（被上诉人）：周平雁、段绪元、中国太平洋财产保险股份有限公司广州市花都支公司（以下简称太平洋保险公司）

**【基本案情】**

2015年6月25日1时许，周平雁驾驶粤AN××××号小轿车在两道路交叉路口转弯时，遇魏运乐驾驶无号牌两轮摩托车搭载王庆艳，双方发生碰撞，造成魏运乐、王庆艳两人受伤及两车部分损坏的交通事故，周平雁肇事后驾车逃逸。经过交警部门调查，认定周平雁未依法取得机动车驾驶证驾驶机动车、造成交通事故后逃逸、通过无交通信号灯控也没有交警指挥的交叉路口，转弯的机动车未让直行的车辆先行，承担此事故的全部责任，魏运乐、王庆艳不承担此事故责任。周平雁驾驶的粤AN××××号小轿车的车主是段绪元，段绪元将车借给了曾志勇，后曾志勇又转借给周平雁使用。该车在太平洋保险公司投保了交强险、商业第三者责任险。事故另一受害人王庆艳在原审法院诉讼中明示将全部交强险限额分配给魏运乐。

**【案件焦点】**

曾志勇是否尽到合理的审查义务，对事故的发生是否应承担赔偿责任。

**【法院裁判要旨】**

广东省广州市花都区人民法院经审理认为：段绪元将其所有的车辆借给曾志勇使用，曾志勇具备相应的驾驶资格，肇事车辆处于检验有效期内且依法投保了保险，段绪元对本案交通事故的发生没有过错，不承担赔偿责任。曾志勇将处于其实际控制下的车辆借给周平雁使用，没有认真核实其有无驾驶资格，对本案交通事故的发生具有一定过错，酌定其承担30%的补充清偿责任。依照《中华人民共和国民法通则》等相关法律，判决如下：

一、被告太平洋保险公司在交强险责任限额内向原告魏运乐赔偿120000元，于本判决发生法律效力之日起十日内付清；

二、被告周平雁向原告魏运乐赔偿610165元，于本判决发生法律效力之日起十日内付清，被告曾志勇承担30%的补充清偿责任；

三、驳回原告魏运乐的其他诉讼请求。

宣判后，上诉人曾志勇不服上述判决，提起上诉。

广东省广州市中级人民法院经审理认为：案涉车辆是上诉人向车辆所有人段绪元借用后，又出借给没有驾驶资格的周平雁驾驶，进而导致案涉交通事故的发生。上诉人作为车辆实际管理人，其在出借车辆时，应对借车人是否具备驾驶资格尽到合理的审查义务。结合交警部门对当事人所作的询问笔录、上诉人在一审庭审中的陈述及证人刘贤富、刘松的证言，虽然上诉人在出借车辆时有询问周平雁是否有驾驶证，但上诉人并没有认真核实周平雁出示的驾驶证是否为其所有、人证是否一致，上诉人辩称其在借车时不知周平雁的全名，那么上诉人在不知道借车人全名、无法核实驾驶证是否为其所有的情况下，就将车辆出借给他人，显然更没有尽到合理的审查义务。据此，原审法院认定上诉人对案涉事故的发生具有一定的过错，合理有据，本院予以确认。广东省广州市中级人民法院依照《中华人民共和国侵权责任法》第四十九条、《最高人民法院关于审理道路交通事故损害赔偿案件适用法律若干问题的解释》第一条第（三）项的规定认为，原审法院酌定上诉人对周平雁应承担的赔偿责任承担30%的补充清偿责任，并无不当，应予以维持。遂依照《中华人民共和国民事诉讼法》第一百七十条第一款第（一）项、第一百七十五条之规定，判决如下：

驳回上诉，维持原判。

**【法官后语】**

在日常生活中，我们经常会遇到熟人或通过熟人借车的情形，车辆借出后如果发生了交通事故，车辆所有人或实际管理人是否应承担赔偿责任，取决于其对于损害的发生有无过错。

《最高人民法院关于审理道路交通事故损害赔偿案件适用法律若干问题的解释》第一条规定："机动车发生交通事故造成损害，机动车所有人或者管理人有下列情形之一，人民法院应当认定其对损害的发生有过错，并适用侵权责任法第四十九条的规定确定其相应的赔偿责任：（一）知道或者应当知道机动车存在缺陷，且该缺陷是交通事故发生原因之一的；（二）知道或者应当知道驾驶人无驾驶资格或者未取得相应驾驶资格的；（三）知道或者应当知道驾驶人因饮酒、服用国家管制的精神药品或者麻醉药品，或者患有妨碍安全驾驶机动车的疾病等依法不能驾驶机动车的；（四）其他应当认定机动车所有人或者管理人有过错的。"本案中，车辆所有人段绪元将车辆出借给具备相应的驾驶资格的曾志勇使用，且肇事车辆处于检验有效期内并依法投保了保险，可认定车辆所有人对本案交通事故的发生没有过错，不应承担赔偿责任。而车辆实际管理人曾志勇将车辆另行转借给没有驾驶资格的周平雁使用时，如何认定出借人已经尽到合理的审查义务？

笔者认为，该合理的审查义务应是一般理性人在正常的审查能力及理解范围内即可知悉、确定的内容。具体到本案中，曾志勇作为车辆实际管理人，其在出借车辆时，应对借车人是否具备驾驶资格尽到合理的审查义务。虽然曾志勇称其在出借车辆时有询问周平雁是否有驾驶证并要求其出示驾驶证，但曾志勇并没有认真核对驾驶证上核准的驾驶人名字是否是周平雁、人证是否一致，这些都是只要通过对驾驶证进行形式上的审查即能确定的内容，但曾志勇未能发现驾驶证上的名字并非周平雁本人；曾志勇辩称其与周平雁是老乡，借车时并不知道他的全名，退一步说，如果如曾志勇所述，那么其在出借车辆时连借车人的真实姓名都不知道，那么不管周平雁出示何人的驾驶证，曾志勇都无法核实该驾驶证上的名字是否为实际借车人，显然更没有尽到合理的审查义务。由于法律对于车辆驾驶人需具备相应的驾驶资格有强制性的法律规定，且驾驶人是否具备驾驶资格对于行车安全、公共安全具有重大的影响，故该审查义务应要求更为严谨，要求比一般人给予更高的注意力，但同时又不应过分苛责。如本案中，如果借用人出示的是显示其名字的假驾驶证，那么出借人在核对名字一致后并未发现驾驶证是假的情况下，能否就此认定出借人已经尽到合理的审查义务？笔者认为，此时应当结合假驾驶证的真伪程度是否为一般人可辨认的程度、当事人的陈述及具体案情进行综合分析，再判断是否达到一般人给予较高的注意力即可知悉和确定，而不宜一刀切作出统一认定。

综上，车辆所有人或者管理人在出借车辆上，应给予更高的注意力，确保车辆处于检验有效期内并依法投保，并认真、谨慎地对借用人的驾驶资质进行合理的审查义务，才能避免承担不必要的赔偿责任。

编写人：广东省广州市中级人民法院　王碧玉　谭琛铧

# 7

## 未成年人私驾他人机动车发生交通事故的责任承担

——曹德海诉孙某辰等机动车交通事故责任案

**【案件基本信息】**

1. 裁判书字号

北京市密云区人民法院（2016）京0118民初字第6725号民事判决书

2. 案由：机动车交通事故责任纠纷

3. 当事人

原告：曹德海

被告：孙某辰、孙明广、焦金有、北京新月联合汽车有限公司（以下简称新月联合公司）、中国人民财产保险股份有限公司北京市朝阳支公司（以下简称人保财险朝阳支公司）

**【基本案情】**

2016年4月7日15时17分许，在北京市密云区穆家峪镇北穆家峪村，孙某辰（未成年人）无证驾驶"北京现代"牌小型轿车（车牌号为京BT××××）由北向南行驶，适遇曹德海驾驶"王派"牌电动两轮车由北向南行驶，小型轿车右前部与电动两轮车左侧后部接触，致曹德海受伤，两车损坏。事发后，孙某辰驾车逃逸，后因车辆右前轮爆胎，孙某辰弃车逃逸。本次交通事故经北京市公安局密云分局交通大队认定，孙某辰承担此事故全部责任，曹德海无责任。事故发生后，曹德海被送往北京市密云区医院进行治疗，伤情被诊断为腓骨干骨折、肋骨骨折、多处皮肤浅表挫伤、头部损伤、膝内侧半月板伴副韧带损伤（左）、膝关节前十字韧带损伤（左）等，累计住院7天。

京BT××××事故车辆的所有权人系新月联合公司，焦金有系该车辆的承包人，事发当天正值焦金有当班，其系该车辆的使用权人。焦金有事发当天与孙某辰同行去水库边钓鱼,其将京BT××××事故车辆停在离钓鱼位置步行有一段距离的路边,并将该车车钥匙放在身边约两米的地上。在焦金有钓鱼时,孙某辰私自拿走车钥匙,并以出去溜达为名私自驾驶该车辆,驾驶过程中发生了上述交通事故。京BT×××× 事故车辆在人保财险朝阳支公司投保了机动车交通事故责任强制保险,事故发生在保险期间内。

【案件焦点】

未成年人私自驾驶他人机动车发生交通事故,作为事故车辆的驾驶人、驾驶人的法定代理人、所有权人、使用权人以及交强险保险公司,五被告中应由哪些主体承担事故责任以及责任承担的具体方式。

【法院裁判要旨】

北京市密云区人民法院经审理认为:驾驶人应当自觉遵守道路交通安全法的规定,注意交通安全。未经允许驾驶他人机动车发生交通事故造成损害的,当事人请求由机动车驾驶人承担赔偿责任的,人民法院应予支持。机动车所有人或者管理人有过错的,承担相应的赔偿责任。限制民事行为能力人造成他人损害的,由监护人承担侵权责任。本案中,孙某辰未经允许在未取得驾驶资格的情况下驾驶机动车上路行驶且未确保安全,导致此事故发生,造成原告曹德海受伤,北京市公安局密云分局交通大队认定,孙某辰负事故全部责任,本院予以确认。孙某辰事发时系限制民事行为能力人,曹德海要求孙某辰及其法定代理人孙明广承担赔偿责任的诉讼请求,本院予以支持。新月联合公司系事故车辆的所有权人,在本次交通事故中没有过错,不应承担赔偿责任;焦金有系事故车辆的使用权人,在保管车钥匙及看管限制民事行为能力人行为方面未尽到必要的注意义务,给孙某辰私自驾驶机动车创造了一定的机会,本院结合实际情况酌情确定其过错程度为10%。

机动车驾驶人发生交通事故后逃逸,该机动车参加强制保险的,由保险公司在机动车强制保险责任限额范围内予以赔偿。驾驶人未取得驾驶资格导致第三人人身损害,当事人请求保险公司在交强险责任限额范围内予以赔偿,人民法院应予支持,但按照《机动车交通事故责任强制保险条例》第二十二条第二款的规定,财产损失除外。本案涉案事故车辆已在被告人保财险朝阳支公司投保了机动车交通事故责任强制保险,人保财险朝阳支公司应当按照上述原则在交强险限额内承担曹德海的合理损失。

北京市密云区人民法院依据《中华人民共和国侵权责任法》第十六条、第三十二条、第四十八条、第五十三条,《中华人民共和国道路交通安全法》第七十六条第一款第(二)项,《最高人民法院关于审理道路交通事故损害赔偿案件适用法律若干问题的解释》第二条、第十八条之规定,判决如下:

一、被告人保财险朝阳支公司于本判决书生效之日起十日内,在机动车交通事故责任强制保险限额内给付原告曹德海医疗费 8700 元、住院伙食补助费 400 元、营养费 900 元、误工费 3325.99 元、护理费 4433 元及交通费 200 元,以上合计 17958.99 元。

二、被告孙明广、孙某辰于本判决书生效之日起十日内,赔偿原告曹德海医疗费 2788.19 元及财产损失 990 元,以上合计 3778.19 元。

三、被告焦金有于本判决书生效之日起十日内,赔偿原告曹德海医疗费 309.8 元及财产损失 110 元,以上合计 419.8 元。

四、驳回原告曹德海其他诉讼请求。

**【法官后语】**

本案处理重点主要在于各被告之间责任承担的法律依据。

按照《中华人民共和国道路交通安全法》第七十六条的规定,机动车之间发生交通事故的,由有过错的一方承担赔偿责任;双方都有过错的,按照各自过错的比例分担责任。本案是机动车之间的事故责任,适用一般过错责任原则。

1. 事故车辆的驾驶人是交通事故损害后果的行为人。

事故车辆的驾驶人一般情况下是事故责任的当然直接承担者。本案事故车辆的驾驶人是孙某辰。但因孙某辰事发时系未满十八周岁的限制民事行为能力人,故孙某辰的监护人孙明广应对孙某辰的行为承担责任。

2. 事故车辆的所有人或者管理人承担侵权责任的法律依据

《中华人民共和国侵权责任法》第四十九条规定:"因租赁、借用等情形机动车所有人与使用人不是同一人时,发生交通事故后属于该机动车一方责任的,由保险公司在机动车强制保险责任限额范围内予以赔偿。不足部分,由机动车使用人承担赔偿责任;机动车所有人对损害的发生有过错的,承担相应的赔偿责任。"同时

《最高人民法院关于审理道路交通事故损害赔偿案件适用法律若干问题的解释》第一条规定了机动车所有人或者管理人对损害的发生有过错的具体情况。故本案中新月联合公司作为事故车辆的所有人和管理人没有过错，不应当承担责任。

3. 事故车辆的使用权人承担法律责任的认定依据

本案中，事故车辆系新月联合公司的出租车，焦金有系该车辆的承包人，其作为该车辆的使用人应对使用车辆负有保管的义务。焦金有事发当天是与孙某辰同行去水库钓鱼，在钓鱼过程中孙某辰私自拿走事故车辆的车钥匙并私自驾驶该车辆，焦金有对此是存在一定疏忽的，特别是在保管车钥匙及看管限制民事行为能力人行为方面未尽到必要的注意义务，给孙某辰私自驾驶机动车创造了一定的机会，结合实际情况酌情确定了10%的过错程度。

4. 交强险保险公司能否因事故车辆的驾驶人的偷开行为、无证驾驶行为以及事发后的逃逸行为而免除责任

本案中，孙某辰私自驾驶机动车的行为经北京市密云区公安局侦查后，未对孙某辰进行处罚，不同于盗窃、抢劫或者抢夺的机动车发生交通事故造成损害的情形，交强险保险公司不能因驾驶人系未经允许的驾驶人而当然免除对第三者的赔偿责任。关于无证驾驶情形，依据《最高人民法院关于审理道路交通事故损害赔偿案件适用法律若干问题的解释》第十八条的规定，驾驶人未取得驾驶资格或者未取得相应驾驶资格的，导致第三人人身损害，当事人请求保险公司在交强险责任限额范围内予以赔偿，人民法院应予支持。而就驾驶人逃逸的情形，《中华人民共和国侵权责任法》第五十三条亦有明确规定，即机动车驾驶人发生交通事故后逃逸，该机动车参加强制保险的，由保险公司在机动车强制保险责任限额范围内予以赔偿。

编写人：北京市密云区人民法院　陈乐

## 8

## 未成年侵权人成年后可追加为被执行人承担侵权责任

——冯某轩诉周某明、廖某香机动车交通事故责任案

【案件基本信息】

1. 裁判书字号

广东省广州市南沙区（2016）粤0115执异字第12号执行裁定书

2. 案由：机动车交通事故责任纠纷

3. 当事人

异议人（申请执行人）：冯某轩

被执行人：周某明、廖某香

第三人：周某誉

【基本案情】

2011年9月13日，周某誉（时年14岁）无证驾驶无号牌二轮摩托车不慎将冯某轩（时年12岁）撞倒，致冯某轩左胫、腓骨中段粉碎性骨折，经鉴定为十级伤残。公安机关认定，周某誉对交通事故负全部责任。冯某轩向广州市南沙区人民法院提起赔偿诉讼。

2012年，广州市南沙区人民法院一审作出（2012）穗南法少民初字第2号民事判决，认定周某誉侵害冯某轩人身健康权，因其为未成年人，其侵权赔偿责任由其父母周某明、廖某香承担，判决周某明、廖某香向冯某轩支付87274.45元。

一审宣判后，周某誉、周某明、廖某香不服，向广东省广州市中级人民法院提起上诉。因周某誉、周某明、廖某香未在法定期限内预交二审案件受理费，广东省广州市中级人民法院作出（2012）穗中法少民终字第171号民事裁定，裁定按周某誉、周某明、廖某香自动撤回上诉处理。

周某明、廖某香未履行支付义务，经冯某轩申请强制执行，广州市南沙区人民

法院受理立案（2012）穗南法执字第2078号。执行过程中，法院划拨了廖某香银行存款7820元发还冯某轩；但未发现周某明、廖某香有其他可供执行财产，遂于2012年12月20日裁定该案终结，本次执行结案。

2016年3月，冯某轩向广州市南沙区人民法院提出周某明、廖某香一直没有履行赔偿义务，现周某誉已经年满十八岁，应当承担赔偿义务，申请追加周某誉为该案的被执行人。

周某誉于1997年1月16日出生，现已年满十八周岁。

## 【案件焦点】

未成年侵权人成年后，能否被追加为被执行人，以其本人财产向被害人承担损害赔偿责任。

## 【法院裁判要旨】

广东省广州市南沙区人民法院经审理后认为：责任自负是现代侵权行为法的基本原则。依照《中华人民共和国侵权责任法》第三十二条第二款的规定，有财产的无民事行为能力人、限制民事行为能力人造成他人损害的，应首先从本人财产中支付赔偿费用，不足部分由监护人赔偿。由此可见，无民事行为能力人、限制民事行为能力人造成的侵权，亦应优先以其本人财产承担赔偿责任。本案中，受害人冯某轩因侵权行为致残，完全丧失劳动能力。周某誉的监护人周某明、廖某香赔偿能力有限，经查，已无可供执行的财产，故而长期未能足额履行赔偿义务。而实际侵权人周某誉现已成年，且有稳定的经济收入。追加周某誉为被执行人符合《中华人民共和国侵权责任法》第三十二条第二款对于限制行为能力人以其本人财产优先承责的规定，亦符合法律的公平性要求。综上所述，广东省广州市南沙区人民法院依照《中华人民共和国侵权责任法》第三十二条第二款，《最高人民法院关于执行案件立案、结案若干问题的意见》第九条第（四）项、第十条第（二）项的规定，裁定如下：

追加第三人周某誉为（2012）穗南法执字第2078号案被执行人。第三人周某誉应在本裁定生效之日起十日内向异议人（申请执行人）冯某轩清偿（2012）穗南法执字第2078号案的债务。

## 【法官后语】

本案的核心焦点在于，在已有生效判决明确判令监护人承担赔偿责任，而现有法律、司法解释又未明确规定未成年侵权人成年后可以被追加为被执行人参与责任承担的情况下，申请执行人的申请能否得到支持？

我们认为，责任自负是现代侵权法的基本原则，无民事行为能力人、限制民事行为能力人的侵权责任亦遵循本人承责优先原则。当监护人赔偿能力有限致被害人无法得到足额赔偿时，未成年侵权人成年后应加入承担债务，以其本人财产向被害人承担损害赔偿责任。理由在于：

1. 侵权行为人本人承责，是现代侵权责任法的基本原则

首先，侵权行为人是承担侵权责任的一般原则。按照现代侵权法，特别是英美侵权法中的"理性人假设"（hypothesis of rational man），每个人作为决策主体，都应当是理智的，应对自己的行为后果进行合理预期，并承担由此导致的责任。《中华人民共和国侵权责任法》第六条第一款亦将行为人过错责任，作为侵权责任法的一般归责原则。

其次，监护人的替代责任并不排除未成年人本人担责。通说理论认为，监护人对无民事行为能力人或限制民事行为能力人侵权所承担的赔偿责任，属于"替代责任"（vicarious liability），即基于某种特定关系，而使一方对他人的侵权行为所承担的法律责任。这种责任的产生，是基于特定关系存在的事实，而非责任人自身的行为或过错。因此，替代责任的承担并不排除行为人本身所应负之法律责任，即监护人对未成人对外侵权行为承担的替代责任并不排除未成年人以其本人财产承担责任。

最后，未成年人以本人财产优先承责，得到侵权责任法的确认。监护人承担替代责任的基础预设是：未成年人一般不具备完全行为能力和独立经济能力，因而不具备责任财产和赔偿能力。但现实生活中，未成年人因继承、接受赠予等多种情形拥有一定财产的情况并不鲜见。此时，即应以未成年人本人财产优先承责。这一点也得到了《中华人民共和国侵权责任法》第三十二条第二款的明确确认。然而，司法实践中，被侵权人因对法律规定不了解，或难以查明未成年人的财产状况，往往直接依据《中华人民共和国侵权责任法》第三十二条第一款的规定，仅将监护人列为被告，鲜少将未成年人一并作为被告主张责任。从而导致监护人可供执行的财产不足时，即使未成年人当前或成年后有财产，也很难根据生效判决在执行程序中将

其纳入被执行人范围,从而在现实上削弱了《中华人民共和国侵权责任法》第三十二条第二款的适用效果。

2. 侵权人成年后承担责任符合社会公平正义感受

如前所述,侵权人自负其责符合社会公众对公平正义的普遍认知。当侵权人尚未成年且无责任财产时,由监护人承担替代赔偿责任,既符合法律对监护人监护责任的要求,又有利于最大程度上弥补受害人的损失,具有合理性。但当侵权人成年后,以其劳动收入为主要生活来源,具有较强的经济能力和独立的责任财产,而受害人遭受严重损害,却因监护人无可供执行的财产而多年未获赔偿时,仅以监护人的替代责任豁免侵权人本人的赔偿义务,似乎就缺乏了公平性。尤其在本案被害人因侵权致残完全丧失劳动能力的极端情形下,司法介入对赔偿承责主体作出调整就显得更为迫切和必要。

3. 部分省市的审判指导意见已经对追加成年后的侵权人作为被执行人进行了有益探索

虽然现有法律、法规和司法解释尚未对追加成年后的侵权人作为被执行人作出明确规定,但国内部分省份的审判指导意见已对此作出了有益尝试。例如,《广东省高级人民法院关于办理执行程序中追加、变更被执行人案件的暂行规定》(粤高法发〔2009〕19号)第二条第(一)项,以及《广东省高级人民法院关于合理配置执行权的规定(试行)》(粤高法发〔2009〕69号)第十条第(五)项,均已将"因未成年人侵权引起的民事责任,而执行依据将未成年人的监护人确定为被执行人,在该未成年人成年后,申请追加其为被执行人的"列为追加被执行人的事由之一。

值得注意的是,在案件执行程序中将已成年的侵权人追加为被执行人参与债务承担,只能是一种"补救"途径,且往往面临裁判风险。毕竟,执行权的行使应受权利边界的限制。执行机构在执行程序中裁定追加、变更被执行人,应尊重作为执行依据的生效文书的既判力,不能超越生效法律文书判定的执行范围和法律、司法解释的明确规定,在法定情形之外任意追加被执行人。因此,本案中,虽然生效法律文书已明确判定未成年人的行为已构成侵权,但并未判令其承担侵权赔偿责任。而现有法律、法规、司法解释亦未明确规定未成年侵权人成年后可予追加为被执行人。此时,仅以省法院的指导性意见为参考,在执行程序中裁定追加,难免依据不足，容易招致超越执行权限、剥夺侵权人诉讼抗辩权等质疑。

为避免这种困境，根本的解决办法在于，在侵权案件审判程序中，法院既可主动向原告释明增列未成年侵权人为共同被告，也可根据《中华人民共和国侵权责任法》第三十二条第二款的规定，在生效文书中判令未成年侵权人在本人财产内承担赔偿责任，监护人承担补充清偿责任。如此，案件进入执行程序后，即可依次启动对未成年侵权人及其监护人的财产查控、处分，使未成年侵权人在本人财产范围内承担赔偿责任。若经查控、处分财产措施仍不能满足执行完毕条件，则可待侵权人成年后依申请对其重启执行程序，无须另行追加其为被执行人。

编写人：广东省广州市南沙区人民法院　刘方　赵丽

## 9

## 禁止行驶的机动车被多次转让后发生交通事故造成损害的责任主体如何认定

——周仁柒诉蒙家成等机动车交通事故责任案

【案件基本信息】

1. 裁判书字号

广西壮族自治区桂林市雁山区人民法院（2016）桂0311民初字第37号民事判决书

2. 案由：机动车交通事故责任纠纷

3. 当事人

原告：周仁柒

被告：蒙家成、刘刚、黄新铁

【基本案情】

2014年2月7日18时45分许，周仁柒在办完事后回到非机动车道内准备驾驶摩托车离开时，被由南往北行驶的桂GK××××号两轮摩托车撞倒，造成周仁柒受伤，两车不同程度损坏的交通事故。事故发生后，桂GK××××号两轮摩托车驾驶员弃车逃离现场，至今尚未查获。周仁柒受伤后，被送往医院救治。交警出具事故证明，该车车辆登记证书载明的所有人为蒙家成；蒙家成不是案发时该车的驾驶员。机动车信息查询结果显示，该摩托车初次登记时间系2003年7月14日，检验有效期至2008年7月31日，保险终止日期2007年10月19日，强制报废期至2016年7月14日。交警大队询问笔录显示，蒙家成自述其于2006年至2007年间将该车转让给黄河据。刘刚自述其于2010年间从黄河据手上购买该车，后于2014年年初将该车当废铁卖与黄新铁。黄新铁对刘刚的陈述予以确认。黄新铁自述其收购桂GK××××号两轮摩托车后，即转卖给摩托车修理店的罗仁斌，但罗仁斌对此予以否认。事故发生后，周仁柒先后二次住院治疗，因本次事故造成经济损失共100025元。遂起诉至法院要求蒙家成、刘刚、黄新铁连带赔偿其经济损失。理由是：蒙家成是桂GK××××号车的登记车主，有责为该车辆投保机动车第三者责任强制保险（以下简称交强险）但未购买交强险，应对其损失承担连带赔偿责任。刘刚和黄新铁转让桂GK××××号车，因该车不符合上路行驶条件，故三人应承担连带责任。刘刚辩称其与本次交通事故的发生没有直接关系和关联性，致使周仁柒受伤的不是刘刚，而是另有他人。且没有任何证据证实肇事摩托车符合拼装车、达到报废程度的报废车、禁止行驶的车辆等法律规定的三种情形。黄新铁辩称其不是交通事故发生的直接和间接原因，其已将该车以废铁形式卖给罗仁斌，造成周仁柒受伤的不是黄新铁，而且肇事车车主是蒙家成，其没有为肇事车辆购买交强险，应承担责任。蒙家成未作答辩。

**【案件焦点】**

1. 涉案车辆桂GK××××号两轮摩托车是否属于依法禁止行驶的机动车；2. 如果属于，本案三被告蒙家成、刘刚、黄新铁应否承担连带责任。

**【法院裁判要旨】**

根据《中华人民共和国道路交通安全法》的规定，上路行驶的机动车必须按要求进行安全技术检验，并投保交强险。桂GK××××号摩托车安全检验有效期至2008年7月31日，保险终止日期为2007年10月19日，之后该车未按规定进行安全技术检验和投保交强险,已不符合法律规定的上路行驶的条件,即为禁止行驶的车辆。被告黄新铁2014年年初从被告刘刚处购买该车,其虽辩称其收购该车后便转卖给罗仁斌,但遭罗仁斌否认,被告黄新铁亦未能提供证据对其答辩进行佐证。故本院确定其为桂GK××××号摩托车的实际所有者和管理者,系该车的交强险投保义务人。因该车未投保交强险,本案交通事故发生后,原告的损失未能在保险公司处得偿。故黄新铁对原告的损失应在交强险责任限额内承担赔偿责任。由于事故发生后,肇事司机逃逸,至今未能查获,导致交警部门未能查明本案交通事故并进行责任认定。被告黄新铁作为该车的实际所有者和管理者对此应与实际肇事司机承担连带责任,黄新铁可待查找到实际肇事司机后向其另行主张权利。被告黄新铁对原告超出交强险部分的损失,依法应承担赔偿责任。另,被告刘刚2010年从黄河据处购买得桂GK××××号摩托车,至2014年年初将该车卖于被告黄新铁,该车一直处于未进行安全检验和未投保交强险的禁止上路行驶的状态。被告刘刚对此情况应知晓,但其依然将该车当废铁卖于被告黄新铁,致使该车上路行驶,发生交通事故。被告刘刚在此过程中存在过错,根据《最高人民法院关于审理道路交通事故损害赔偿案件适用法律若干问题的解释》第六条的规定,其应与被告黄新铁承担连带责任。被告蒙家成在交警部门向其调查时自述,其已于2006年至2007年间将桂GK××××号摩托车转让给黄河据。后被告刘刚从黄河据处购得该车。被告蒙家成的说法得到印证。故,被告蒙家成已非桂GK××××号摩托车的实际所有者和控制者,其亦非该车的交强险投保义务人。原告亦未能提供证据证明被告蒙家成在本案交通事故中存在过错。根据《中华人民共和国侵权责任法》第五十条的规定,对于原告要求被告蒙家成承担赔偿责任的诉讼主张,本院不予支持。

广西壮族自治区桂林市雁山区人民法院依照《中华人民共和国民事诉讼法》第一百四十四条,《中华人民共和国侵权责任法》第六条、第十六条、第五十条,《中华人民共和国道路交通安全法》第十三条、第十七条、第七十六条,《最高人民法院关于审理人身损害赔偿案件适用法律若干问题的解释》第十九条、第二十条、第二十三条、第二十四条、第二十五条,《最高人民法院关于审理道路交通事故损害赔偿案件适用法律若干问题的解释》第五条、第十九条的规定,作出如下判决:

一、被告黄新铁赔偿原告周仁柒经济损失人民币100025元。

二、被告刘刚承担连带赔偿责任。

三、驳回原告周仁柒的其他诉讼请求。

## 【法官后语】

本案处理的重点主要在于：对"依法禁止行驶的机动车"范围的理解以及被多次转让后发生交通事故造成损害责任主体的认定。《最高人民法院关于审理道路交通事故损害赔偿案件适用法律若干问题的解释》（以下简称《道交赔偿司法解释》）第六条规定，"拼装车、已达报废标准的机动车或者依法禁止行驶的其他机动车被多次转让，并发生交通事故造成损害，当事人请求由所有的转让人和受让人承担连带责任的，人民法院应予支持"。具体到本案中，适用上述法条需要准确认定肇事摩托车是否属于"依法禁止行驶的其他机动车"，如果属于，需要承担连带责任的主体有哪些。

首先，本案肇事摩托车是否属于上述司法解释第六条规定的"依法禁止行驶的其他机动车"，这是能否认定转让人与受让人承担连带责任的前提和关键。笔者认为，应将本条中"依法禁止行驶的其他机动车"解释为特指"因不符合国家有关机动车运行安全技术条件被依法禁止行驶的机动车"。本案中，肇事摩托车具有"未进行安全检验"和"未投保交强险"两种禁止上路行驶的状态，笔者认为前者属于司法解释第六条规定的"依法禁止行驶的其他机动车"，后者则不属于。理由是交强险与机动车是否符合国家机动车运行安全技术标准无关。即便不投交强险，一般也不会放大机动车发生道路交通事故的风险。甚至在某种程度上，还可能因风险没有分散，而使得机动车所有人在驾驶时更加注意预防事故发生。因此，如果未投保交强险的机动车发生事故，不能仅以该机动车未投保交强险属于禁止上路机动车为由，判令转让人与受让人承担连带责任。本案中，之所以判令转让人与受让人承担连带责任，是因为肇事摩托车存在第一种情形即"未进行安全检验"。

其次，本案中需要承担连带责任的主体是哪些被告。1. 被告蒙家成虽为登记车主，但其已将该车转让，根据物权法规定，受让人才是该车所有权人，因此蒙家成不是该车交强险的投保义务人，再者，无证据表明蒙家成在转让该车时存在"依法禁止行驶"的情形。综上，蒙家成无须承担责任。2. 被告刘刚是否应承担责任？本案中，有证据证明被告刘刚在将涉案摩托车卖与黄新铁时未按规定进行安全检验，属依法禁止行驶的车辆，根据《道交赔偿司法解释》第六条的规定，被告刘刚应和受让人承担连带责任。3. 被告黄新铁被推定为该摩托车的最后受让人，即为该车的所有权人，是投保交强险的义务人，而其未投保，应在交强险责任限额范围内予以赔偿，不足部分，其也依法承担赔偿责任。值得注意的是，本案肇事司机逃逸，至今未能查获，各被告在承担赔偿责任后可待查找到实际肇事司机后向其另行主张权利。

编写人：广西壮族自治区桂林市雁山区人民法院　农玉慧

## 10

## 超载行为的责任认定

——崇海侠、杜玉莹诉李庆吉、中国平安财产保险股份有限公司鸡西中心支公司机动车交通事故责任案

**【案件基本信息】**

1. 裁判书字号

黑龙江省密山市人民法院（2016）黑0382民初字第394号民事判决书

2. 案由：机动车交通事故责任纠纷

3. 当事人

原告：崇海侠、杜玉莹

被告：李庆吉、中国平安财产保险股份有限公司鸡西中心支公司（以下简称平安财险鸡西支公司）

**【基本案情】**

2015年10月2日18时20分许，杜明财驾驶一辆车牌号为黑R4××××号丰田牌小型吉普车，沿密兴公路由南向北行驶至17km+600m处时，与被告李庆吉驾驶的车牌号为G7××××号由北向南行驶的金杯牌轻型普通货车相撞，造成了杜明财当场死亡的重大交通事故。后经密山市公安交警大队认定，杜明财当时是醉酒驾驶

机动车辆，并且未保持安全车速，驶入道路左侧是导致此起交通事故发生的主要原因，李庆吉驾驶的机动车超载是导致此起交通事故发生的次要原因。因此，认定杜明财负本起交通事故的主要责任，李庆吉负本起交通事故的次要责任。李庆吉驾驶的车辆在被告平安财险鸡西支公司投保了交强险。因就赔偿事宜双方多次协商未果，故崇海侠、杜玉莹诉至法院，要求平安财险鸡西支公司赔偿死亡赔偿金110000元，李庆吉按照30%的比例赔偿死亡赔偿金、丧葬费和精神损害抚慰金，合计112278.30元。在庭审过程中，原告崇海侠、杜玉莹提供了密山市公安交警大队密公交认字（2015）第215号责任认定书、鸡西市公安交警支队鸡公交复字（2015）第040号交通事故认定复核结论各一份。证明李吉庆在本起交通事故中承担次要责任，杜明财承担主要责任。李庆吉对该两份证据提出了异议，认为交警队只是看过错，并没有根据交通事故责任认定的原则执行，其不认可密山市交警队作出的事故认定和鸡西市交警队的复核结论。崇海侠、杜玉莹提供了结婚证和户籍证明各一份，证明崇海侠系杜明财妻子，杜玉莹系杜明财女儿。杜明财系城镇户口。李庆吉对该户籍证明无异议，对结婚证提出了异议，称钢印看不清楚，怀疑这个证件是假的。李庆吉提供了在交警部门卷宗内复印的事故现场图及事故现场照片3张，证明根据现场照片，李庆吉驾驶车辆的外侧车轮已经轧到道路边线，而交警部门绘制的现场图显示车轮与边线还有一段距离，所以现场图绘制不标准。崇海侠、杜玉莹对该证据真实性无异议，对证明目的有异议，称只是交通事故的相关资料，应以交通事故责任认定为准。

经审查，原告崇海侠、杜玉莹要求的合理经济损失为：死亡赔偿金452180元，丧葬费22018元，合计474198元。

**【案件焦点】**

超载行为的责任认定。

**【法院裁判要旨】**

黑龙江省密山市人民法院经审理认为：被告李庆吉驾驶的机动车与杜明财驾驶的机动车相撞，造成了杜明财死亡的交通事故。交警部门认定李庆吉负事故的次要责任。对于因此起交通事故造成杜明财死亡所产生的各项经济损失，李庆吉应按照其责任比例承担赔偿责任。李庆吉提出其虽然存在超载行为，但该行为与交通事故发生无因果关系，故其不应承担事故责任的抗辩理由，因其未能提供充分证据予以证明，故对其抗辩理由，不予支持。李庆吉提供证据欲证明交警部门绘制的现场图不标准，但不足以达到影响事故认定结果的目的，故对其提供的证据不予采信。李庆吉驾驶的车辆在被告平安财险鸡西支公司投保了交强险，故崇海侠、杜玉莹要求李庆吉、平安财险鸡西支公司承担赔偿责任的诉讼请求，应予支持。崇海侠、杜玉莹要求的精神抚慰金10000元，因杜明财存在醉酒驾驶等严重违法行为，且负事故主要责任，故对其该项请求，不予支持。李庆吉虽然对崇海侠提供的结婚证提出异议，但未能就其主张提供证据证明，故对其异议，不予支持。

黑龙江省密山市人民法院依照《中华人民共和国侵权责任法》第十六条，《机动车交通事故责任强制保险条例》第二十一条、第二十三条之规定，作出如下判决：

一、原告崇海侠、杜玉莹的各项经济损失合计474198.00元，由被告平安财产保险股份有限公司鸡西中心支公司在交强险限额内赔偿110000.00元；由被告李庆吉赔偿109259.40元，余款254938.60元由崇海侠、杜玉莹自行负担。上述款项均于判决生效后十日内付清。

二、驳回原告崇海侠、杜玉莹的其他诉讼请求。

## 【法官后语】

本案中，依据被告李庆吉的说法，杜明财存在醉驾、超速、逆行的违法行为，才会导致与其驾驶的车辆相撞，无论其是否超载，杜明财都会来撞他，交通事故都不可避免。交警部门可以对其超载行为进行处罚，但其超载与事故发生无因果关系，所以交警部门认定其承担事故的次要责任是错误的。李庆吉的说法看似有一定道理。但是，交通事故的发生原因是错综复杂的，很多时候是多种原因共同作用导致的。杜明财存在严重的违法驾驶行为，这毋庸置疑。但我国道路交通安全法明确规定，机动车驾驶人应当遵守道路交通安全法律、法规的规定，按照操作规范安全驾驶、文明驾驶。机动车载物应当符合核定的载重量，严禁超载。李庆吉的超载驾驶行为同样违法。超载的危害后果同样不容忽视，超载不但会严重破坏公路基础设施，缩短道路使用年限，还会增加驾驶人的心理负担和思想压力，容易出现操作失误。最重要的是如果机动车超载，会导致车辆惯性加大，制动距离加长，在高速行驶的情况之下,造成交通事故的可能性相应增大。换一种说法,存在这样一种可能,在本案的交通事故中,如果李庆吉的车辆没有超载,制动距离未受影响,其紧急刹车,有可能就会避免惨剧的发生。所以本案中交警部门依据李庆吉的超载行为认定其负事故的次要责任,并无不当。本案依据该事故责任认定,判决李庆吉赔偿死者家属30%的经济损失,也是正确的。

编写人:黑龙江省密山市人民法院　马玉芳

## 11

## 无意思联络的数人侵权赔偿责任的确定及交强险的分配

——王某诉丁某等机动车交通事故责任案

【案件基本信息】

1. 裁判书字号

江苏省南通市中级人民法院(2016)苏06民终字第2209号民事判决书

2. 案由:机动车交通事故责任纠纷

3. 当事人

原告(被上诉人):王某

被告(被上诉人):丁某、唐某、天安保险某公司

被告(上诉人):人寿保险某公司

第三人:紫金保险公司

【基本案情】

2014年12月10日17时10分左右,被告丁某驾驶小型普通客车刮擦原告王某驾驶的电动自行车,致原告王某受伤,两车损坏。事故发生后,被告丁某靠右停车,下车搀扶原告王某时,被告唐某驾驶的小型轿车又碰撞丁某、王某及电动自行车,致王某、丁某受伤,小型轿车及电动自行车损坏。2015年1月22日,如皋市公安局交巡警察大队作出道路交通事故认定书,认定丁某、王某分别负第一起事故

主要责任、次要责任；唐某、丁某分别负第二起事故主要责任、次要责任，王某无第二起事故责任。事发时，丁某、唐某驾驶的车辆分别由人寿保险某公司、天安保险某公司承保交强险和商业三者险。事故发生在保险合同有效期间内。

原告王某起诉要求四被告连带赔偿其因本起事故造成的损失合计为427693.42元。四被告对事故的发生及责任认定均无异议，但丁某辩称其在事故中也受伤，交强险应为其预留相应的份额。人寿保险某公司辩称王某受伤主要是因第二起事故，但自愿对王某超过交强险的损失承担40%的赔偿责任；天安保险某公司辩称王某受伤系因两起事故造成，因两起事故发生的时间相距较短，其损失应推定是两起交通事故各半原因造成，故保险公司应在损失对半的基础上按照相关规定承担保险责任。

另查，王某因两起事故造成的损失合计为484126.62元，丁某因第二起事故造成的损失合计为264888.96元，其中交强险限额内的损失为96592元。在丁某交通事故纠纷一案中，法院酌定天安保险某公司的交强险优先由丁某享有，剩余23408元由王某享有。

## 【案件焦点】

1. 四被告对王某超出交强险的损失是承担连带责任，还是按份责任；2. 天安保险某公司和人寿保险某公司的交强险如何分配。

## 【法院裁判要旨】

江苏省如皋市人民法院经审理认为：二人以上分别实施侵权行为造成同一损害，能够确定责任大小的，各自承担相应的责任。王某的伤系由两起事故共同造成，虽然难以具体区分两起事故对王某分别所造成的损伤程度，但根据案外人王某某的陈述及被告丁某的伤情，应能判定第二起事故对原告王某的损害大些，第一起事故不足以造成原告王某的全部损害，故王某主张四被告承担连带责任，被告天安保险某公司辩称应在损失对半的基础上承担责任，均缺乏事实依据。两起事故中，丁某作为小型普通客车的驾驶员分别承担事故的主要、次要责任，且事发时唐某、丁某驾驶的车辆分别由天安保险某公司、人寿保险某公司承保交强险和商业三者险，故原告王某的损失应先由被告天安保险某公司在一个交强险范围内、被告人寿保险某公司在两个交强险范围内进行赔偿；超出交强险范围的损失，考虑到丁某、唐某及王某过错大小，及两起事故对王某造成损害的大小，酌定由被告天安保险某公司、被告人寿保险某公司在商业三者险范围内分别按55%、40%的责任进行赔偿，其余损失由原告自行承担。据此，如皋市人民法院判决如下：

一、被告天安保险某公司在交强险和商业三者险责任限额范围内赔偿原告王某各项损失计73327.12元。

二、被告人寿保险某公司在交强险和商业三者险责任限额范围内赔偿原告王某各项损失计313449.27元。

三、被告天安保险某公司返还被告唐某垫付款40000元。

四、被告天安保险某公司返还第三人紫金保险公司垫付款35158.2元。

上述第一项至第四项义务，均于本判决发生法律效力后立即履行。

五、驳回原告王某的其他诉讼请求。

人寿保险某公司不服提起上诉。南通市中级人民法院经审理认为：本案中丁某驾车碰撞王某的交通事故与唐某驾车碰撞王某及丁某的交通事故属两起交通事故。因为两起事故发生的时间和空间、造成的后果不同，造成两起事故的主要原因和责任人亦不同。如皋市交警部门在事故认定书中关于两起事故的认定符合本案事实，上诉人的上诉主张不成立。因丁某系两起交通事故的责任人，故其保险公司也即本案上诉人需在两个交强险赔偿限额内进行赔偿。上诉人仅根据丁某在第二起交通事故中其承担次要责任的情况，即认为其在两起事故中总赔偿数额过高的主张并无充分的事实和法律依据。因在丁某交通事故案中，法院已确定天安保险某公司交强险伤残限额110000元中的23408元由王某享有，一审法院在此基础上对于王某在交强险限额外的损失进一步根据责任人的责任比例确定赔偿数额并无不当。综上所述，上诉人人寿保险某公司的上诉请求不能成立，应予驳回；一审判决认定事实清楚，适用法律正确，应予维持。据此，江苏省南通市中级人民法院判决维持原判。

## 【法官后语】

本案系道路交通事故引发的人身损害赔偿纠纷，焦点是各方的赔偿责任如何确定及两家保险公司的交强险如何分配。

1. 明确无意思联络的数人侵权的类型

无意思联络的数人侵权，根据数人行为与损害结果之间的因果关系形式，区分为三种类型：共同危险行为、并发侵权行为、竞合侵权行为，其中竞合侵权行为根据原因力是否可分，又分为累积型（原因力不可分）和竞合型（原因力可分）。《中华人民共和国侵权责任法》第十二条关于无意思联络人侵权在竞合（累积）因果关系的情形下如何承担责任的规定，明确行为人各自承担分别责任。

本案中，丁某驾车碰撞王某的侵权行为在先，唐某驾车碰撞丁某和王某的侵权行为发生在后，两人的侵权行为偶然结合导致了王某受伤的损害后果。虽然无法具体区分两起事故分别对王某造成的损害程度，但能判定唐某的侵权行为对王某的损害较大。因此，本案侵权行为类型应为竞合因果关系型无意思联络数人侵权。

2. 赔偿责任大小的确定

对一般侵权行为而言，损害赔偿债务份额的确定，有两个基本的考虑因素。首要的是过错，因为过错乃是确定损害赔偿责任的法理依据。其次是原因力的大小。本案中，唐某承担第二起事故的主要责任，且其侵权行为对王某的损害较大，丁某虽在第一起事故中承担主要责任，但第一起事故对王某的损害相对小些，故综合判断各方在两起事故中的过错大小及各加害行为对损害结果发生的原因力大小，酌定唐某对王某的损失承担55%的赔偿责任，丁某承担40%的赔偿责任。

3. 交强险的分配

本案中，丁某与唐某驾驶的机动车分别在人寿保险某公司、天安保险某公司投保了交强险和商业三者险，依照《最高人民法院关于审理道路交通事故损害赔偿案件适用法律若干问题的解释》第十六条规定，王某的损失应先由人寿保险某公司、天安保险某公司在交强险限额内赔偿。因丁某系人寿保险某公司承保车辆的被保险人，故其损失只能由天安保险某公司进行赔偿。第二起事故造成丁某、王某两人受伤的损害后果，王某的损失虽然大些，但其享有人寿保险某公司两个交强险，以及两家保险公司赔偿比例合计为95%的商业三者险赔偿，因此，从最大限度地弥补受害人的损失角度出发，确定天安保险某公司的交强险由丁某优先享有。如此，既保护了受害各方的合法权益，又不致过分加重侵权人负担，平衡了双方的利益，有效化解了矛盾。

编写人：江苏省如皋市人民法院　李斯武　冒丽

## 12

## 孕妇发生交通事故后所分娩新生儿的诉讼主体资格

——郑玉青诉魏志博、中国人民财产保险股份有限公司汤阴支公司机动车交通事故责任案

【案件基本信息】

1. 裁判书字号

河南省安阳市中级人民法院（2016）豫05民终字第1928号民事判决书

2. 案由：机动车交通事故责任纠纷

3. 当事人

原告（上诉人）：郑玉青

被告（被上诉人）：魏志博、中国人民财产保险股份有限公司汤阴支公司（以下简称人保财险汤阴支公司）

【基本案情】

2014年12月18日19时10分许，被告魏志博驾驶肇事车辆沿汤阴县光明路由南向北行驶至政通路交叉口处向西拐弯时，与沿政通路由南向北过马路的原告相撞，造成车辆损坏、原告受伤的交通事故。2014年12月20日，汤阴县公安交通管理大队出具第2014121819号道路交通事故认定书，认定魏志博在该事故中负全部过错责任，郑玉青无过错责任。原告受伤后即被送至汤阴县人民医院治疗，于2015年6月28日出院，住院193日。治疗期间，原告支出医疗费合计19240.9元。被告人保财险汤阴支公司认为原告入院证显示"孕18周、外伤性腹痛、腰部外伤"，伤情较轻，前9日（即2014年12月18日至2014年12月27日，下同）的治疗系保胎行为且保胎成功，仅可认其保胎费用，原告的分娩行为与本次交通事故无关；从病历可知原告2014年12月27日停用保胎药物，2015年1月3日即私自外出，1月14日回院，胎心正常。被告人保财险汤阴支公司申请对原告2014年12月27日之

后的住院治疗行为与本次交通事故之间是否存在因果关系及必要性、原告保胎治疗的合理费用进行司法鉴定,经本院组织各方当事人协商选取的河南司法警院司法鉴定中心以案件疑难、鉴定无法进行为由退鉴;后又委托河南科技大学司法鉴定中心进行鉴定,因该鉴定中心称治疗费评估不属于其鉴定范围,该项未予鉴定。该中心于2016年1月16日作出河科大司鉴中心[2015]临鉴字第350号鉴定意见书,认为2014年12月27日以后,孕妇郑玉青因交通事故后长期心理焦虑,担心胎儿的生命健康,进行检查和住院治疗与本次交通事故之间存在一定关联性和必要性,与交通事故之间存在一定因果关系,考虑为诱因或辅助因素。对此,被告人保财险汤阴支公司对前9日的费用全部认可,但认为12月27日之后的费用应由其公司按10%的比例承担。诉讼中原告称新生儿张煜某(即其在本次交通事故后分娩之女)出生时左足六指、发育迟缓、体弱多病等,认为与孕妇因本次交通事故长期心理焦虑存在一定因果关系,以其本人名义申请对张煜某的身体、智力的健康状况,即与正常新生儿发育水平进行比较鉴定。

**【案件焦点】**

孕妇发生交通事故后所分娩的新生儿,产妇能否以自己名义代替新生儿主张民事损害赔偿。

**【法院裁判要旨】**

河南省安阳市汤阴县人民法院经审理认为:二被告对原告前9日的费用均无异议,本院予以确认;至于后173日的医疗费、误工费、护理费、住院伙食补助费和营养费,参考鉴定意见,结合原告住院情况,鉴于对孕妇和胎儿的特殊保护,本院酌情认定责任比例为25%。对各项费用,认定如下:医疗费前9日为1833.56元,之后为17407.34元;误工费前9日为714.6元,后173日为13736.2元;护理费前9日为702.09元,后173日为13495.73元;住院伙食补助费前9日为270元,后173日为5190元;营养费,前9日为135元,后173日为2595元;交通费300元;精神损害抚慰金,原告系妊娠期内发生交通事故,其长期担忧惊惧,精神上承受一定痛苦,本院酌情认定为3000元。因张煜某非本案当事人,对原告在本案中以其本人名义提出对张煜某健康状况进行鉴定的申请,本院不予准许。若有证据支持,张煜某可以本人名义另行主张。综上,本案中原告各项损失合计20061.32元,未超出被告人保财险汤阴支公司承保的保险限额，由被告人保财险汤阴支公司承担赔偿责任，原告主张超出部分本院不予支持。被告魏志博垫付的19134.3元在履行时予以扣除返还。

河南省安阳市汤阴县人民法院依照《中华人民共和国侵权责任法》第十六条、第二十二条，《中华人民共和国道路交通安全法》第七十六条，《最高人民法院关于审理人身损害赔偿案件适用法律若干问题的解释》第十七条、第十八条、第十九条、第二十条、第二十一条、第二十二条、第二十三条、第二十四条，《最高人民法院关于确定民事侵权精神损害赔偿责任若干问题的解释》第八条，《最高人民法院关于适用〈中华人民共和国民事诉讼法〉的解释》第九十条的规定，判决如下：

一、被告中国人民财产保险股份有限公司汤阴支公司于本判决生效之日起十日内赔偿原告郑玉青医疗费、误工费、护理费等各项损失共计人民币20061.32元（被告魏志博垫付的19134.3元在履行时予以扣除返还）。

二、驳回原告郑玉青的其他诉讼请求。

郑玉青持原审意见提起上诉。河南省安阳市中级人民法院驳回上诉，维持原判。

# 【法官后语】

本案涉及诉讼主体资格问题，原告认为新生儿身体状况与其在妊娠期间发生交通事故存在因果关系，新生儿左足六指、发育迟缓、体弱多病等系本次交通事故所致，故申请对新生儿张煜某的身体、智力的健康状况，即与正常新生儿发育水平进行比较鉴定。根据《中华人民共和国民法通则》（以下简称《民法通则》）第九条，公民的民事权利始于出生终于死亡，即自母体娩出之时起，公民即具有民事权利能力，依法享有民事权利，承担民事义务；根据《民法通则》第十二条，不满十周岁的未成年人是无民事行为能力人，由其法定代理人代理民事活动。在本案中新生儿张煜某出生后身体状况或不尽如人意，家属认为损害后果与本次交通事故存在因果关系，故要求对新生儿的健康状况进行鉴定。对新生儿健康状况进行鉴定并非不可行，但新生儿张煜某已自母体平安娩出，即成为民法意义上的公民，具有民事权利能力。若对其健康状况是否因本次交通事故所致进行鉴定，应由公民本人即新生儿张煜某以自己名义提起诉讼并主张民事损害赔偿的权利，其母亲郑玉青只能以法定代理人身份代理张煜某的起诉、提出司法鉴定申请等诉讼活动,并不能以自己的名义申请对张煜某的身体健康状况进行鉴定。诉讼中经法院多次释明,新生儿张煜某非本案当事人,原告以其名义申请对新生儿张煜某的健康状况进行鉴定系主体不适格,且民事损害赔偿应符合存在侵权行为和损害后果、侵权行为与损害后果之间具有因果关系的条件,仅对新生儿健康状况进行鉴定而无法证明其健康状况与本次交通事故存在因果关系仍然无法形成完整证据链,法院难以支持,但原告拒不变更,故法院最终不予准许原告的司法鉴定申请。

孕妇系特殊人群,婴幼儿更是应优先保护的群体,在涉及该两类当事人时,法律的天平会适当倾斜,但并非一味袒护,其不合理损失、不合法要求,法院不会、也无法支持。交通事故案件中涉及孕妇、胎儿、婴幼儿时,法院应结合全案、综合考量,做到公平公正的同时尽量照顾弱势群体。

编写人:河南省安阳市汤阴县人民法院 付培育

## 13

## 无证据表明车辆是否与行人发生碰撞时的责任认定

——文清艳等诉李镇清、中国人寿财产保险股份有限公司萍乡市中心支公司机动车交通事故责任案

【案件基本信息】

1. 裁判书字号

江西省萍乡市中级人民法院(2017)赣03民终字第147号民事判决书

2. 案由:机动车交通事故责任纠纷

3. 当事人

原告(上诉人):文清艳、文清海、文青勇

被告(被上诉人):李镇清

被告(上诉人):中国人寿财产保险股份有限公司萍乡市中心支公司(以下简

称人寿财保公司）

**【基本案情】**

2016年3月1日13时46分许，李镇清驾驶赣J7××××小车从本市文昌路沿文祥路往虎形巷方向行驶，途经山下小学路段时，与同向步行的邬桂兰相遇，在接近行人时李镇清鸣笛，邬桂兰因避让车辆摔倒在地，与地面凸起部分相撞，致脑后枕部受伤创口流血，救护车来到现场，约一小时后伤者被送至萍乡市中医院救治，经诊断，伤者右侧顶骨多发骨折、左侧额颞顶及右侧顶叶硬膜下血肿、右侧颞叶硬膜外血肿蛛网膜下腔出血、右侧颞顶部头皮挫裂伤，脑疝形成，经医院抢救无效于次日15时死亡。死者家属花费的抢救医疗费共计3442.8元。2016年3月17日，萍乡市交警直属大队作出第0001号道路交通事故证明，认为李镇清驾车在临近行人邬桂兰时鸣笛，邬因避让车辆倒地受伤，经对车辆痕迹及碰撞检验，无法确认该车与行人邬桂兰是否接触，以现有证据无法对事故责任进行认定。死者家属即本案一审原告不服该0001号道路交通事故证明，向萍乡市交警支队申请复核，该支队于2016年4月18日作出第014号道路交通事故认定复核结论书，维持第0001号道路交通事故证明的意见。2016年11月23日，萍乡市安源区公安司法鉴定中心对尸检过程作出书面说明，认为从法医学分析符合交通事故损伤特征，是否为交通事故应以交警大队调查取证为主。

另查明，赣J7××××号车系被告李镇清所有，该车在被告人寿财保公司投保了交强险和商业三者险（限额20万元，不计免赔），保险期限自2016年1月30日起至2017年1月29日止，事故发生在保险期内。

又查明，邬桂兰生前居住在腊市镇救塘村委会造里组81号，系农业家庭户口，有三个儿子，即文清艳、文清海、文青勇。在处理善后的过程中，李镇清付给一审原告共计17000元。

**【案件焦点】**

无证据表明车辆是否与行人发生碰撞时的责任认定。

**【法院裁判要旨】**

江西省萍乡市安源区法院于2016年11月25日作出（2016）赣0302民初字第

882号民事判决：

一、人寿财保公司在交强险和商业三者险范围内赔偿文清艳、文清海、文青勇交通事故各项损失共计115971.7元。

二、文清艳、文清海、文青勇返还给李镇清17000元。

三、驳回文清艳、文清海、文青勇的其他诉讼请求。宣判后，文清艳、文清海、文青勇、人寿财保公司提出上诉。

江西省萍乡市中级人民法院于2017年4月14日作出（2017）赣03民终字第147号判决：

一、维持江西省萍乡市安源区人民法院（2016）赣0323民初字第882号民事判决第二项、第三项。

二、撤销江西省萍乡市安源区人民法院（2016）赣0323民初字第882号民事判决第一项。

三、人寿财保公司在交强险和商业三者险责任限额范围内赔偿文清艳、文清海、文青勇各项损失共计122293.95元。

法院生效裁判认为：因交警部门对本次事故未作出交通事故责任认定书，人民法院应根据事故发生时，事故各方造成危险局面的成因、危害回避能力的大小、造成损害后果的原因等具体情况，判定各方的民事赔偿责任。本案中，根据交警部门出具的《道路交通事故证明》，李镇清驾驶小型轿车行经山下小学路段时，遇行人邬桂兰在前方同向行走；该路段宽6米，系水泥路面，无道路交通标志标线，路表干燥。事发现场照片显示，道路一侧停有两辆机动车，事发时通行路面非常狭窄，且为斜坡。在当时情况下，邬桂兰带孙女并排行走在前，李镇清驾车行驶在后。机动车驾驶人李镇清在通过该狭窄下坡路段时，应礼让行人，确保车前行人安全，尽到谨慎、安全驾驶的义务。而邬桂兰作为行人，应享有先通过该狭窄路段的权利，且对自身安全亦负有一定的注意义务。根据李镇清在于2016年3月2日交警部门所作的询问笔录中陈述，其在发现邬桂兰时相隔6米左右，于是鸣了一下笛，"然后带着刹车往下溜"；李镇清在于2016年3月12日在交警部门所作的询问笔录中陈述，其在相隔邬桂兰6~7米距离时开始鸣笛，鸣笛后，其仍然驾车保持匀速前进，直到在其看到邬桂兰倒地时停车。现场照片显示，车辆停止时，邬桂兰的右脚紧挨车辆的右前轮。参照《江西省道路交通事故责任认定规则》（赣公字〔2015〕

184号）第十一条规定："交通事故当事人有下列情形之一的，可以认定当事人的过错行为对发生交通事故所起作用较大：（一）侵犯对方通行权或先行权的；（二）与对方临时突然改变通行状态，造成对方难以避让的；（三）主动逼近对方，造成对方难以及时发觉或难以被动避让的；（四）明知危及交通安全的险情出现后，仍然冒险或强行通行的。"李镇清驾车发现邬桂兰时，在鸣笛后仍然驾车朝邬桂兰逼近，客观上造成了危险的局面，直至车辆停止时，车辆的右前轮已紧挨倒地的邬桂兰右脚，虽无证据表明李镇清所驾车辆是否与邬桂兰发生碰撞，但邬桂兰作为行人，其对于危险的回避能力明显弱于驾驶机动车的李镇清，其摔倒在地亦是因避让车辆所造成。本案情形符合上列第（一）项、第（三）项规定的情形。故法院认定被上诉人李镇清的行为对发生本次事故所起的作用较大，应承担主要民事赔偿责任。死者邬桂兰作为成年人，具有完全民事行为能力，对自身安全负有一定的注意义务。其在本次事故发生时将近八十周岁，在无证据证明发生碰撞的情况下，在避让车辆时未尽到对自身安全的一定注意义务，不慎摔倒在地，造成了后脑与地面凸起部相撞，致脑后枕部受伤创口流血，经医院抢救无效于次日死亡，这一倒地后如此严重的后果与其年龄、反应能力、当时路面有凸起物等客观因素亦存在一定关系。故邬桂兰自身应承担本次事故的次要责任。结合事故双方造成危险局面的成因、危害回避能力的大小、造成损害后果的原因等具体情况，法院认定由李镇清承担本次交通事故所造成损失的70%民事赔偿责任，邬桂兰自行承担30%的责任。文清艳、文清海、文青勇在本案中应获得的各项合理赔偿费用共计126087.3元，该款应由人寿财保公司在交强险责任限额范围内赔付113442.8元，剩余12644.5元由人寿财保公司依法律规定与保险合同约定在商业三者险责任限额范围内承担70%计8851.15元。故人寿财保公司在交强险及商业三者险责任限额范围内共计赔付113442.8元+8851.15元=122293.95元。其余费用文清艳、文清海、文青勇自理。

**【法官后语】**

案件的焦点问题为交警部门对本次事故未作出交通事故责任认定，故对于本案的责任划分存在较大争议。

第一种意见认为，根据《中华人民共和国道路交通安全法》第一百一十九条第（五）项"'交通事故'，是指车辆在道路上因过错或者意外造成的人身伤亡或者财产损失的事件"之规定，可知车辆是否与受害人发生"直接接触"，并不是构成交通事故的必要条件，也不是承担责任的前提条件。本案事故之所以发生，是因为被告李镇清鸣笛使邬桂兰为避让车辆而摔倒在地致其受伤，因此，被告鸣笛行为与邬桂清摔倒在地于次日死亡之间存在一定的因果关系，所以本案属于交通事故。邬桂兰在道路上带着孙女步行时听到汽车喇叭声，在没有证据证明车辆实际接触其身体的情况下，对车辆鸣笛作出反应，在避让过程中自己摔倒受伤导致死亡，应对本次交通事故承担主要责任。李镇清在接近老人时应该预见到鸣笛可能会对对方产生刺激，进而可能造成不良后果，而李镇清疏忽大意没有预见，或者过于自信认为不会产生不良后果，从而导致本次事故的发生，因此李镇清驾驶机动车的鸣笛行为存在一定的过错，应对本次交通事故承担次要责任。

第二种意见认为李镇清驾驶小型轿车行经山下小学路段时，遇行人邬桂兰在前方同向行走。该路段宽6米，系水泥路面，无道路交通标志标线，路表干燥，道路一侧停有两辆机动车，事发时通行路面非常狭窄，且为斜坡。机动车驾驶人李镇清应礼让行人，确保车前行人安全，尽到谨慎、安全驾驶的义务。邬桂兰作为行人，应享有先通过该狭窄路段的权利，且对自身安全亦负有一定的注意义务。李镇清驾车发现邬桂兰时，在鸣笛后仍然驾车朝邬桂兰逼近，客观上造成了危险的局面，直至车辆停止时，车辆的右前轮已紧挨倒地的邬桂兰右脚，虽无证据表明李镇清所驾车辆是否与邬桂兰发生碰撞，但邬桂兰作为行人，其对于危险的回避能力明显弱于驾驶机动车的李镇清，其摔倒在地亦是因避让车辆所造成。故被上诉人李镇清的行为对发生本次事故所起的作用较大，应承担主要民事赔偿责任。死者邬桂兰作为成年人，具有完全民事行为能力，对自身安全负有一定的注意义务，故应承担本次事故的次要责任。结合事故双方造成危险局面的成因、危害回避能力的大小、造成损害后果的原因等具体情况，被上诉人李镇清承担本次交通事故所造成损失的70%民事赔偿责任，邬桂兰自行承担30%的责任。

本案一审判决采纳了第一种意见，二审判决采纳了第二种意见。笔者同意第二种意见。

编写人：江西省萍乡市安源区人民法院　罗绍辉

# 14

## 交警部门在未得到法律授权的情形下无权向交通事故侵权方主张赔偿

——淄博市公安局交通警察支队诉巩克成、阳光财产保险股份有限公司淄博中心支公司机动车交通事故责任案

【案件基本信息】

1. 裁判书字号

山东省淄博市中级人民法院（2016）鲁03民终字第1711号民事裁定书

2. 案由：机动车交通事故责任纠纷

3. 当事人

原告（上诉人）：淄博市公安局交通警察支队（以下简称淄博市交警队）

被告（被上诉人）：巩克成、阳光财产保险股份有限公司淄博中心支公司（以下简称阳光财险）

【基本案情】

2014年9月28日，被告巩克成驾驶鲁C9××××号小型轿车顺省道沂台路由北向南行至南麻镇沟泉村路段，注意观察路面不够，未确保安全行驶，将横过道路的行人（无名氏）刮倒，造成无名氏受伤后送医院抢救无效死亡的重大交通事故。经交警部门认定巩克成与无名氏分别承担事故的同等责任。巩克成驾驶的鲁C9××××号小型轿车在被告阳光财险投保第三者责任保险。淄博市交警队为维护无名氏继承人合法权益提起诉讼，请求判令被告赔付死亡赔偿金、被扶养人生活费、精神损害抚慰金等共计726412.65元。

【案件焦点】

在受害人身份不明的情况下，淄博市交警队能否以自己的名义起诉交通事故侵

权方要求赔偿。

**【法院裁判要旨】**

山东省沂源县人民法院经审理认为：向侵权人主张死亡赔偿金、被扶养人生活费、精神损害抚慰金系被侵权死亡人近亲属的权利，淄博市交警队在未得到法律授权的情形下无权向侵权人主张赔偿。因此淄博市交警队的起诉不符合法律规定，应予以驳回。据此，一审依照《中华人民共和国侵权责任法》（以下简称《侵权责任法》）第十八条，《最高人民法院关于审理道路交通事故损害赔偿案件适用法律若干问题的解释》（以下简称《交通事故损害赔偿司法解释》）第二十六条，《中华人民共和国民事诉讼法》（以下简称《民事诉讼法》）第一百一十九条之规定，裁定驳回淄博市交警队的起诉。

淄博市交警队不服一审裁定提起上诉称：原审认定我方不具有主体资格的依据是2012年12月21日起施行的《交通事故损害赔偿司法解释》第二十六条的规定，而此司法解释与《中华人民共和国立法法》第一百零四条的规定相抵触，故此条司法解释是无效解释。根据2008年11月27日山东省第十一届人民代表大会常务委员会第七次会议通过的《山东省实施〈中华人民共和国道路交通安全法〉办法》第六十八条第一款的规定，交通事故死亡人员身份无法确认的，交通事故责任人应当予以赔偿，赔偿费暂由县级以上人民政府指定的部门保管，待死亡人员身份确定后由其转交。山东省人民政府印发的《山东省道路交通事故社会救助基金管理暂行办法》第五条、第九条及淄博市人民政府印发的《淄博市道路交通事故社会救助基金管理暂行办法》第五条、第九条都明确规定市交警队为市救助基金管理机构，具体职责包括依法为道路交通事故未知名死者或明确无损害赔偿权利人的死者主张权利。原审驳回我方起诉错误，请求二审法院指令原审法院作出判决。

山东省淄博市中级人民法院经审理认为：《交通事故损害赔偿司法解释》第二十六条第一款规定，被侵权人因道路交通事故死亡，无近亲属或者近亲属不明，未经法律授权的机关或者有关组织向人民法院起诉主张死亡赔偿金的，人民法院不予受理。淄博市交警队在本案中主张权利的依据为上述司法解释颁布之前出台的地方性法规，其并未得到法律授权，原审裁定以主体不适格为由驳回其起诉符合法律规定，应予维持。二审依照《中华人民共和国民事诉讼法》（以下简称《民事诉讼法》）第一百六十九条、第一百七十条第一款第（一）项、第一百七十一条、第一百七十五条之规定，裁定：

驳回上诉，维持原裁定。

**【法官后语】**

本案涉及的主要问题在于，在交通事故受害人系无名死者的情况下，交警部门在未得到法律授权的情形下是否有权向机动车交通事故侵权方主张赔偿。

在交通事故发生后，受害人因事故死亡的，根据《侵权责任法》和《最高人民法院关于审理人身损害赔偿案件适用法律若干问题的解释》（以下简称《人身损害赔偿司法解释》）的相关规定，有权要求侵权方承担侵权赔偿责任的主体应是受害人的近亲属。[1] 但实践中也确实存在这类情况，即交通事故受害人因交通事故死亡，而受害人本人的身份不明，其近亲属情况也不明。在出现这种死者系"无名氏"的情形下确实会产生一个问题，就是由谁作为原告主体向交通事故的侵权方主张死亡赔偿金等损害赔偿费用。本案中淄博市交警队作为原告向法院起诉主张交通事故的损害赔偿费用，但本案中一、二审法院经审理后均认为，根据《交通事故损害赔偿司法解释》第二十六条第一款的规定，被侵权人因道路交通事故死亡，无近亲属或者近亲属不明，未经法律授权的机关或者有关组织向人民法院起诉主张死亡赔偿金的，人民法院不予受理。因此淄博市交警队作为原告主体并不适格，故而驳回其起诉。

应当说本案一、二审法院对这一问题的认定是正确的。对此具体则可以从以下两方面加以理解。第一，从侵权法理论来看，损害赔偿的请求权主体即赔偿权利人为其权益受到侵害之人，包括直接受害人和间接受害人。直接受害人主要指因侵权行为导致其人身、财产权益受损害之人，也是侵权行为所直接指向的对象。而间接受害人是指侵权行为直接指向的对象以外因法律关系或者社会关系的媒介作用受到

---

[1] 《中华人民共和国侵权责任法》第十八条规定：被侵权人死亡的，其近亲属有权请求侵权人承担侵权责任。《最高人民法院关于审理人身损害赔偿案件适用法律若干问题的解释》第一条规定："因生命、健康、身体遭受侵害，赔偿权利人起诉请求赔偿义务人赔偿财产损失和精神损害的，人民法院应予受理。本条所称'赔偿权利人'，是指因侵权行为或者其他致害原因直接遭受人身损害的受害人、依法由受害人承担扶养义务的被扶养人以及死亡受害人的近亲属。本条所称'赔偿义务人'，是指因自己或者他人的侵权行为以及其他致害原因依法应当承担民事责任的自然人、法人或者其他组织。"

损害的人。间接受害人所受"损害",是一种以计算上的差额为表现形式的单纯的经济利益损失和反射性精神损害。在侵权行为导致受害人死亡的情况下,间接受害人即指受害人的近亲属,该损害赔偿是对受害人近亲属因受害人死亡导致的生活资源减少和丧失的赔偿。[1] 这也是《侵权责任法》和《人身损害赔偿司法解释》规定受害人死亡时其近亲属为赔偿权利人的理论依据。第二,从《民事诉讼法》的规定来看,该法第一百一十九条对于提起民事诉讼的条件作出了明确的规定:"起诉必须符合下列条件:(一)原告是与本案有直接利害关系的公民、法人和其他组织……"根据这一规定,民事诉讼中适格的原告主体应当是与案件有直接利害关系者。这种利害关系首先应该是一种法律上的利益关系,也就是说是一种法律上的权利义务关系;其次这种利益关系还应该是与争议的案件以及与自己有直接的关联,只有具备这种"有利害关系"的人才是正当当事人。[2] 而本案中淄博市交警队与无名死者的交通事故损害赔偿费用这一诉讼标的之间并无法律上的利益关系,显然不属于《民事诉讼法》所规定的"与案件有直接利害关系"。而且其对于无名死者的实体权利义务或财产也不具有直接的管理权或处分权,且亦不像公益诉讼那样由法律明确规定赋予其职责或公益上的原告主体资格。因此其从法律上来讲不是交通事故损害赔偿民事案件中适格的原告诉讼主体。尽管其在上诉中主张根据地方性法规的规定其有权起诉,但其主张权利的这些依据系《交通事故损害赔偿司法解释》颁布之前出台的地方性法规,即使地方性法规对其进行了授权,但这并非法律授权。交警部门要想在交通事故损害赔偿民事案件中成为适格原告,依法应当像公益诉讼的主体那样得到法律的授权。在其未得到法律授权的情况下,人民法院不能根据地方性法规的规定来确认其为适格的原告诉讼主体。

编写人:山东省淄博市中级人民法院　荣明潇

---

[1] 姜强:《侵权行为导致身份不明的受害人死亡,民政部门等行政部门或其他机构是否有权提起民事诉讼》,载《民事审判指导与参考》(总第46辑)人民法院出版社2011年版,第115页。

[2] 李龙:《民事诉讼当事人适格刍议》,载《现代法学》2000年第4期。

## 15

## 肇事车辆系家庭共有财产情形下的赔偿责任主体应如何认定

——钱常毅诉周孟玉等机动车交通事故责任案

**【案件基本信息】**

1. 裁判书字号

山东省淄博市中级人民法院（2016）鲁03民终字第542号民事判决书

2. 案由：机动车交通事故责任纠纷

3. 当事人

原告（被上诉人）：钱常毅

被告（上诉人）：周孟玉、张通通

被告（被上诉人）：中国太平洋财产保险股份有限公司东营中心支公司（以下简称太平洋财险）

被告：马涛、张可华、东营市达鸿运输有限责任公司（以下简称达鸿公司）、天安财产保险股份有限公司东营中心支公司（以下简称天安财险）

**【基本案情】**

2015年8月11日，马涛驾驶鲁E8××××（鲁E××××挂）号重型集装箱半挂车与孙光驾驶的所有权人为钱常毅的鲁CG××××号小型轿车等多车发生碰撞，致使多人伤亡和财产受损，造成较大道路交通事故。交警认定马涛承担事故全部责任，事故中其他人员无责任。鲁CG××××号小型轿车的损失经鉴定为14203元，钱常毅为车损鉴定支出价格鉴证费为300元。

事故发生当日，张通通在交警部门接受调查称："我买了一辆德龙大货车，车号是鲁E8××××，挂车号是鲁E××××挂，车主是我，我挂靠在达鸿公司"；"马涛与我（张通通）是雇佣关系，我雇的马涛给我开车，运送货物"。庭审中马涛陈述："该车的实际车主应该是张可华的儿子，具体叫什么名我不清楚，就叫小张，就是小张雇的我。"张可华、周孟玉、张通通本人均未到庭，经法院向马涛出示以上三人身份证复印件，马涛辨认出其雇主并陈述，"是张通通雇佣的我"。事故发生后，张可华之女张敬敬受其父张可华委托办理该案相关事宜，其向法院提交的户籍显示张可华、周孟玉、张通通三人系一个家庭户，户主是张可华，其与张通通系父子关系，周孟玉与张通通系夫妻关系。张通通外出打工，其与马涛在潍坊港认识，马涛所运输的货物亦从该港口运出。

2014年6月20日，张可华与李大春签订车辆转让协议一份，约定李大春将鲁E2××××（鲁E××××挂）车辆转让给张可华。2015年4月15日，张可华与王鹏签订二手汽车转让协议书一份，约定王鹏将鲁E8××××号车辆转让给张可华。肇事车辆鲁E8××××（鲁E××××挂）号重型集装箱半挂车登记于达鸿公司名下并挂靠在该公司运营。达鸿公司于2014年6月27日、2015年4月16日分别与周孟玉和张可华签订货运车辆代理经营合同各一份。鲁F8××××号车在天安财险投保了交强险及商业三者险（责任限额为1000000元且特别约定了不计免赔条款），鲁E××××挂号车在太平洋财险投保商业三者险（责任限额为50000元且特别约定了不计免赔条款），本案交通事故发生在保险期间内。

太平洋财险提供投保人达鸿公司签章的保险合同一份，在该合同中第六项系特别约定："本保单鲁E××××挂挂车为鲁E2××××主车的无动力挂车，未经保险人同意，附挂在其他车辆发生交通事故造成损失时，保险人不负赔偿责任。"该保险合同成立时间是2015年3月12日，生效时间是2015年3月14日。

事故发生后，事故所涉当事人就本案交强险和商业三者险分配达成一致意见，钱常毅自愿放弃优先使用本案的交强险，并在商业三者险5600元限额内优先受偿，其余各方均无异议。

钱常毅起诉要求赔偿损失14503元。张可华辩称愿意承担赔偿责任；周孟玉、张通通共同辩称其不是肇事车辆登记所有权人，也不是实际所有权人，没有实际占有、支配涉案车辆，亦未从中获取利益，不应承担赔偿责任。

**【案件焦点】**

肇事车辆系家庭共有财产情形下的赔偿责任主体应如何认定。

## 【法院裁判要旨】

山东省淄博市博山区人民法院经审理认为：马涛驾驶机动车发生交通事故并承担本次事故的全部责任，因钱常毅自愿放弃参与分配交强险份额，肇事车辆鲁E8××××（鲁E××××挂）在天安财险投保商业三者险且本案事故发生在保险期间内，故对于钱常毅的各项损失，天安财险应当在商业三者险内承担赔偿责任。张可华购买肇事车辆并以肇事车辆鲁E8××××的所有权人身份处理该车辆的相关事务；根据交警部门对张通通制作的调查笔录以及马涛的庭审陈述，能够证明张通通雇佣马涛作为肇事车辆的驾驶员；周孟玉系张通通之妻，以涉事鲁E××××挂车车主的身份与达鸿公司签订挂靠合同，且其二人与张可华同户。据此，能够认定肇事车辆鲁E8××××（鲁E××××挂）号重型集装箱半挂车系张可华、周孟玉、张通通的家庭共同财产，三人共同享有该车辆的运行支配和运行利益。因此，超出保险部分的损失应由该三人共同承担赔偿责任。马涛作为肇事车辆的驾驶员，在本次事故中承担全部责任，能够认定其负有重大过失，故其应承担连带赔偿责任。达鸿公司作为肇事车辆的挂靠单位，其亦应承担连带赔偿责任。事故发生时，鲁E××××挂车附挂在鲁E8××××号主车上，达鸿公司未提供证据证明其已经或委托他人在更换主车时取得太平洋财险同意，故太平洋财险在本案中不负赔偿责任。故对钱常毅的损失，天安财险应当在商业三者险限额内赔偿车辆损失5600元，剩余车辆损失8603元、价格鉴证费300元，由张可华、周孟玉、张通通共同赔偿，马涛、达鸿公司承担连带责任。据此，一审判决：

一、天安财险在机动车第三者责任保险责任限额内赔偿钱常毅车辆损失5600元。

二、张可华、周孟玉、张通通赔偿钱常毅车辆损失、价格鉴证费共计8903元。

三、马涛、达鸿公司对张可华、周孟玉、张通通的上述赔偿义务承担连带责任。

四、太平洋财险不承担本案的民事赔偿责任。

周孟玉、张通通持原审答辩意见提起上诉。山东省淄博市中级人民法院经审理认为，事故发生后，张通通在交警部门陈述其雇佣马涛驾驶涉案车辆运送货物，庭审中马涛也陈述其受张通通雇佣，张通通与其联系，通知装货地点和运送地点，据此能够认定张通通亦参与车辆运营。周孟玉作为家庭成员之一，其以涉案鲁E×××

×挂号车主身份与达鸿公司签订挂靠协议,对外应承担挂靠车辆带来的利益与风险。结合张可华、张通通、周孟玉的身份关系,原审判决认定事故车辆系家庭共同财产,家庭成员共同享有车辆运行利益并无不当。据此二审判决:

驳回上诉,维持原判。

**【法官后语】**

本案涉及的主要问题在于,肇事车辆系家庭共有财产情形下的赔偿责任主体应如何认定。

本案中的交通事故是一起造成多人伤亡和多车损坏的较为重大的道路交通事故,其从责任认定上也非常明确,即经交警认定由涉案车辆鲁 E8×××× (鲁 E×× ××挂) 号重型集装箱半挂车的驾驶员马涛承担事故的全部责任。从事故赔偿责任的认定而言,首先由保险公司在交强险和商业三者险范围内承担赔偿责任自不必说;马涛作为雇员和肇事车辆的驾驶员,在本次事故中承担全部责任,能够认定其负有重大过失,故其应当承担连带赔偿责任;达鸿公司作为涉案车辆鲁 E8×××× (鲁 E××××挂) 号重型集装箱半挂车的挂靠单位,其亦应当承担连带赔偿责任。而本案在责任认定问题上的最大争议就在于对马涛的雇主也就是车辆所有人的认定上,张通通和周孟玉夫妻二人主张张通通之父张可华才是涉案肇事车辆的实际所有人,张可华本人在本案中也主张其是涉案肇事车辆的实际所有人。但本案经过审理,一、二审法院均认定涉案肇事车辆系张可华、张通通和周孟玉三人共同共有的家庭共有财产,该车辆系家庭共同运营,故应由张可华、张通通和周孟玉在保险公司赔偿范围之外承担赔偿责任。由此可见,要想对本案中谁为涉案肇事车辆所有人作出正确认定,其关键就在于对涉案肇事车辆是否构成家庭共有财产的认定。

从家庭共有财产的概念来看,"家庭共有财产是属于家庭财产中的一个类型。它是指在家庭中,全部或部分家庭成员共同所有的财产"①。家庭共有财产从性质上来说为共同共有。② 其显著特点就是它是家庭成员共同劳动、共同创造的财产,这是其与夫妻共同财产的一个最大区别。在夫妻婚姻关系存续期间,任何一方的个人所得都会自然成为夫妻共同财产的一部分,但是家庭共有财产则必须要求其共有

---

① 杨立新:《共有权研究》,高等教育出版社 2003 年版,第 249 页。
② 池骋:《家庭财产共有制度的民法体系性思考》,载《福建法学》2016 年第 1 期。

人参与到该项财产的创造中去。共有人之间的关系更类似于是一种合伙关系。家庭成员相当于合伙人。所以是否由家庭成员共同劳动、共同创造是认定某项财产是否构成家庭共有财产的基本条件。① 本案即是如此。本案中，虽然张可华提供的证据能够证明其购买涉案肇事车辆并以肇事车辆鲁E8××××号车辆的所有权人身份处理该车辆的相关事务，但这并不意味着涉案肇事车辆系其个人所有。因为根据交警部门对张通通制作的调查笔录以及马涛的庭审陈述，能够证明张通通雇佣马涛作为肇事车辆的驾驶员；周孟玉系张通通之妻，以涉事鲁E××××挂车车主的身份与达鸿公司签订挂靠合同。而且更为关键的是，从身份关系情况来看，周孟玉、张通通二人与张可华系在同一个家庭户上，户主是张可华，其与张通通系父子关系，周孟玉与张通通系夫妻关系。据此，能够认定肇事车辆鲁E8××××（鲁E××××挂）号重型集装箱半挂车系张可华、周孟玉、张通通共同共有的家庭共有财产，三人对涉案肇事车辆共同运营，也因此共同享有该车辆的运行支配和运行利益，对外亦应共同承担民事责任。因此，本案中保险赔偿以外部分的损失，依法应当由张可华、周孟玉和张通通这三人共同承担赔偿责任。一、二审法院对于这一问题的认定无疑是正确的。

编写人：山东省淄博市中级人民法院　荣明潇　郭鹏

---

① 贾云飞：《浅论家庭共有财产的认定》，载《湖南公安高等专科学校学报》2010年第1期。

## 16

## 交通事故认定书没有为部分侵权人划分责任，在赔偿受害人损失时是否承担责任

——赛力克·吉乌阿尼汗诉中国人民财产保险股份有限公司伊犁哈萨克自治州分公司等机动车交通事故责任案

【案件基本信息】

1. 裁判书字号

新疆生产建设兵团第八师中级人民法院（2016）兵08民终字第211号民事判决书

2. 案由：机动车交通事故责任纠纷

3. 当事人

原告（被上诉人）：赛力克·吉乌阿尼汗

被告（上诉人）：中国人民财产保险股份有限公司伊犁哈萨克自治州分公司（以下简称人保伊犁分公司）、伊犁神州运输有限公司伊犁市分公司（以下简称伊犁神州公司）、张文建

被告（上诉人）：中国人民财产保险股份有限公司乌鲁木齐市分公司（以下简称人保乌市分公司）、艾色提·托合塔洪

【基本案情】

2015年12月1日，被告艾色提·托合塔洪驾驶新A3××××号"猎豹"牌小型客车，车上乘坐阿依提哈孜·博肯（当时处于醉酒状态）、案外人巴合提古丽·觉马汗、马莉亚·马斯胡特沿G30连霍高速公路从沙湾县做客后返回乌鲁木齐市，同日6时许，行驶至3746km+220m处时，阿依提哈孜·博肯强行要求被告艾色提·托合塔洪停车，被告艾色提·托合塔洪不得已把车停下，阿依提哈孜·博肯下车

后，步行至高速公路中间双手作出拦截过往车辆手势，此时被告张文建驾驶新F2×××号（新F××××挂）"东风"牌重型半挂牵引车行经此处，碰撞到在高速公路上作出拦车手势的阿依提哈孜·博肯，造成阿依提哈孜·博肯死亡及新F2××××号（新××××挂）"东风"牌重型半挂牵引车受损的道路交通事故。新疆维吾尔自治区交警总队高等级公路支队石河子大队认定，被告张文建驾驶机动车违反夜间行驶或者在容易发生危险路段行驶，以及在遇有沙尘、冰雹、雨、雾、结冰等气象条件时，应当降低行驶速度的规定，负事故的次要责任。阿依提哈孜·博肯违反行人不得进入高速公路之规定，负事故的主要责任。

阿依提哈孜·博肯死亡后，为托运阿依提哈孜·博肯尸体，花费租车费6000元，殡葬服务费1540元。

为处理阿依提哈孜·博肯丧葬事宜，其亲属在石河子开发区茗香苑宾馆住宿，花费住宿费572元。为处理阿依提哈孜·博肯丧葬事宜，原告称其及亲属花费交通费3815.50元。

交通事故发生后，被告伊犁神州公司先行支付原告赔偿款30000元。

另查明：1.新疆维吾尔自治区2014年度城镇居民人均可支配性收入23214元/年、在岗职工平均工资54407元/年。2.2016年2月20日，被告伊犁神州公司为被告张文建出具证明书一份，内容为："兹有我公司张文建，2015年至今在我公司任职驾驶员。"3.原告赛力克·吉乌阿尼汗与博肯·哈克木系夫妻关系，阿依提哈孜·博肯（1988年7月25日出生）系原告赛力克·吉乌阿尼汗与博肯·哈克木所生之子。2008年7月9日，博肯·哈克木因病死亡。阿依提哈孜·博肯未婚，未生育有子女。4.2015年12月7日，新疆中信司法鉴定中心作出（2015）毒检字第7121号司法鉴定检验报告书，检验结果：阿依提哈孜·博肯血液中检验出乙醇339mg/100ml，为醉酒状态。5.阿依提哈孜·博肯生前居住并生活在青河县清河镇团结东路×号楼×单元×室。

【案件焦点】

作为没有在交通事认定书中认定承担责任的艾色提·托合塔洪，是否在本案中承担赔偿责任。

**【法院裁判要旨】**

新疆维吾尔自治区石河子市人民法院经审理认为：公民的生命健康权受法律保护，侵害公民身体造成死亡的应予赔偿。交通事故责任者应当按照所负交通事故责任承担相应的损害赔偿责任。被侵权人死亡的，其近亲属有权请求侵权人承担侵权责任，因此，作为阿依提哈孜·博肯的近亲属的原告赛力克·吉乌阿尼汗，有权要求各被告赔偿。

根据《中华人民共和国道路交通安全法》第七十六条第一款的规定："机动车发生交通事故造成人身伤亡、财产损失的，由保险公司在机动车第三者责任强制保险责任限额范围内予以赔偿；不足的部分，按照下列规定承担赔偿责任：……（二）机动车与非机动车驾驶人、行人之间发生交通事故，非机动车驾驶人、行人没有过错的，由机动车一方承担赔偿责任；有证据证明非机动车驾驶人、行人有过错的，根据过错程度适当减轻机动车一方的赔偿责任；机动车一方没有过错的，承担不超过百分之十的赔偿责任。"本案中，被告张文建驾驶机动车违反夜间行驶或者在容易发生危险路段行驶，以及在遇有沙尘、冰雹、雨、雾、结冰等气象条件时，应当降低行驶速度之规定，造成此次交通事故的发生，其行为具有过错，应当对原告的损失负20%的赔偿责任，阿依提哈孜·博肯醉酒后乘坐被告艾色提·托合塔洪驾驶的车辆，在行驶高速公路途中强行下车后，违反在高速公路上不得拦截车辆之规定，致使此次交通事故的发生，其行为具有重大过错，应当自行承担65%的责任。用人单位的工作人员因执行工作任务造成他人损害的，由用人单位承担侵权责任。本案中，被告张文建驾驶其单位被告伊犁神州公司的车辆，在履行被告伊犁神州公司职务过程中发生交通事故，被告张文建给原告造成的损失，由被告伊犁神州公司在被告张文建过错范围内赔偿。《中华人民共和国道路交通事故安全法实施条例》第八十二条规定："机动车在高速公路上行驶，不得有下列行为：……（四）非紧急情况时在应急车道行驶或者停车……"本案中，被告艾色提·托合塔洪在高速公路上违反法律及高速公路管理规定擅自停车，且在停车后，没有安全地将醉酒后的乘车人阿依提哈孜·博肯迅速转移到右侧路肩上或者应急车道内，致使阿依提哈孜·博肯因交通事故死亡，其行为具有过错，应当对原告因此造成的损害负15%的赔偿责任。

因新F2××××号主车辆在被告人保伊犁分公司投保有交强险，故被告伊犁神州公司在交强险限额（医疗费10000元、死亡伤残赔偿110000元、财产损失2000元）内赔偿原告的损失。新A3××××号车辆在被告人保乌市分公司投保有交强险，被告新F2××××号（新××××挂）主挂车辆均在被告人保伊犁分公司投保有商业险，故被告人保伊犁分公司在商业险限额内依照保险合同的约定，根据被告张文建的过错程度赔偿原告的损失。

《最高人民法院关于审理道路交通事故损害赔偿案件适用法律若干问题的解释》第十六条第一款规定："同时投保机动车第三者责任强制保险（以下简称'交强险'）和第三者责任商业保险（以下简称'商业三者险'）的机动车发生交通事故造成损害，当事人同时起诉侵权人和保险公司的，人民法院应当按照下列规则确定赔偿责任：（一）先由承保交强险的保险公司在责任限额范围内予以赔偿；（二）不足部分，由承保商业三者险的保险公司根据保险合同予以赔偿；（三）仍有不足的，依照道路交通安全法和侵权责任法的相关规定由侵权人予以赔偿。"本案中，作为被告伊犁神州公司的事故主、挂车辆均在被告人保伊犁分公司投保有商业险分别为500000元（不计免赔险），故被告人保伊犁分公司应当依照保险合同的约定，根据被告张文建的过错程度对原告的损失进行赔偿。

被告艾色提·托合塔洪应当赔偿原告的损失为43092.75元（43077.75元＋15元）。

依照《中华人民共和国民法通则》第一百零六条第二款、第一百一十九条，《中华人民共和国侵权责任法》第六条第一款、第十八条，《中华人民共和国道路交通安全法》第七十六条第一款，《最高人民法院关于审理人身损害赔偿案件适用法律若干问题的解释》第十七条第三款、第十八条第一款、第二十九条，《最高人民法院关于确定民事侵权精神损害赔偿责任若干问题的解释》第十条，《最高人民法院关于审理道路交通事故损害赔偿案件适用法律若干问题的解释》第十六条，《中华人民共和国民事诉讼法》第一百三十二条的规定，判决如下：

一、被告中国人民财产保险股份有限公司伊犁哈萨克自治州分公司在机动车交通事故责任强制保险伤残赔偿限额内赔偿原告赛力克·吉乌阿尼汗110000元。

二、被告中国人民财产保险股份有限公司伊犁哈萨克自治州分公司在机动车商业第三者责任保险限额内赔偿原告赛力克·吉乌阿尼汗57437元；死亡赔偿金和丧葬费，合计1674437元，被告中国人民财产保险股份有限公司伊犁哈萨克自治州分公司于本判决生效之日起十五日内给付原告赛力克·吉乌阿尼汗。

三、被告中国人民财产保险股份有限公司乌鲁木齐市分公司在机动车交通事故责任强制保险伤残赔偿限额内赔偿原告赛力克·吉乌阿尼汗110000元，于本判决生效之日起十五日内给付原告赛力克·吉乌阿尼汗。

四、被告伊犁神州运输有限公司伊宁市分公司赔偿原告赛力克·吉乌阿尼汗复印费20元。

五、被告艾色提·托合塔洪赔偿原告赛力克·吉乌阿尼汗各项损失43092.75元，于本判决生效之日起十五日内给付原告赛力克·吉乌阿尼汗。

六、驳回原告赛力克·吉乌阿尼汗要求被告张文建承担责任的诉讼请求。

七、驳回原告赛力克·吉乌阿尼汗的其他诉讼请求。

判决书送达后，被告艾色提·托合塔洪不服本判决向新疆生产建设兵团第八师中级人民法院提起上诉。

因二审中上诉人艾色提·托合塔洪与被上诉人赛力克·吉乌阿尼汗就赔偿事宜已达成调解协议，故原判决第五项视为自动撤销。上诉人人保乌市分公司的上诉理由不能成立，原判决第一项至第四项、第六项、第七项及诉讼费用的判决正确，应予维持。据此，依照《中华人民共和国民事诉讼法》第一百四十四条、第一百七十条第 款第（ ）项之规定，判决如下：

驳回上诉，维持原判决第一项、第二项、第三项、第四项、第六项、第七项及一审案件诉讼费用负担的内容。

【法官后语】

1. 道路交通事故认定书是认定当事人的违法程度还是认定当事人的过错程度

公安机关交通管理部门作出的道路交通事故认定书，系因对发生交通事故或者当事人是否违反道路交通行政法规的行为进行的一种是否违法的认定和判断，并不是对当事人过错程度的一种认定和判断。因此本案新疆维吾尔自治区交警总队高等级公路支队石河子大队作出的道路交通事故认定书对张文建驾驶机动车以及受害人阿依提哈孜·博肯违反高速公路管理法规的认定，是一种对违法道路交通安全行政法规的认定，并非对当事人发生交通事故的过错认定。

2. 道路交通事故认定书中没有划分事故责任的当事人是否在民事损害赔偿案

件中承担赔偿责任

虽然道路交通事故认定书中，没有对艾色提·托合塔洪是否违法进行认定，并不能摆脱艾色提·托合塔洪在本案中承担赔偿责任的后果。

本案中，阿依提哈孜·博肯在高速公路中拦车是导致交通事故发生的原因，被告张文建与被告艾色提·托合塔洪及阿依提哈孜·博肯均具有过错，构成混合过错。根据《中华人民共和国侵权责任法》第十二条的规定："二人以上分别实施侵权行为造成同一损害，能够确定责任大小的，各自承担相应的责任；难以确定责任大小的，平均承担赔偿责任。"

被告艾色提·托合塔洪作为驾驶员，有安全将乘客送到目的地的义务，但被告艾色提·托合塔洪没有履行上述义务，且在高速公路上违反高速公路管理之规定擅自停车，在停车后没有安全地将醉酒后的乘车人阿依提哈孜·博肯迅速转移到路肩上或者应急车道内，致使阿依提哈孜·博肯因交通事故而死亡，被告艾色提·托合塔洪的行为对阿依提哈孜·博肯因交通事故造成的死亡结果具有一定的过错，应当对原告因此造成的损失负相应的赔偿责任。被告张文建驾驶机动车违反交通管理法规，应当根据自己在交通事故中的过错程度承担相应的赔偿责任。

3. 对于原告的损失赔偿问题

作为被告张文建、被告艾色提·托合塔洪投保有交强险及商业险的保险公司在交强险限额内赔偿，在商业险限额内根据保险合同的约定赔偿受害人的损失，不足部分，由被告张文建、艾色提·托合塔洪根据各自的过错程度承担相应的赔偿责任。

编写人：新疆生产建设兵团第八师中级人民法院　杜世成

一、交通事故中的主体问题 | 67

## 17

## 被挂靠人对车辆转让但未变更挂靠合同发生交通事故仍承担连带责任

——熊某涵诉王朝华等机动车交通事故责任案

【案件基本信息】

1. 裁判书字号

重庆市第二中级人民法院（2015）渝二中法民终字第00657号民事判决书

2. 案由：机动车交通事故责任纠纷

3. 当事人

原告（被上诉人）：熊某涵

被告（被上诉人）：王朝华、谭建康、谭德华

被告（上诉人）：重庆越发物流有限公司（以下简称越发物流公司）

【基本案情】

渝GB××××号中型自卸货车属于被告王朝华所有，被告王朝华与被告越发物流公司签订车辆挂靠合同，合同约定越发物流公司对渝GB××××号中型自卸货车进行管理、代办保险等事项，王朝华向公司交纳营运费用。2013年6月20日，王朝华将该车以42000元的价格转让给被告谭建康，并将该转让事宜通知了越发物流公司，越发物流公司表示同意。同年8月5日，谭建康又将该车以37000元的价格卖给被告谭德华，车辆买卖协议签订后车辆即交付给谭德华。2013年11月8日，谭德华驾驶该车发生交通事故致原告熊某涵（发生事故时仅3周岁）身体多部位构成伤残。发生本次事故时，车辆登记车主仍为越发物流公司，实际车主为谭德华，交通事故强制责任保险终止日期为2013年9月14日，发生事故时（2013年11月8日）该车辆已过交通事故强制责任保险期间。原告诉至本院要求四被告连带赔偿原

告各项损失共计 28 万余元。

【案件焦点】

被告越发物流公司是否应当承担责任，应当承担何种责任。

【法院裁判要旨】

重庆市万州区人民法院经审理认为：谭德华系渝 GB××××号中型自卸货车的实际所有人、管理人、支配人，其既是投保义务人亦是侵权人。该自卸货车登记在越发物流公司名下，作为登记车主、被挂靠人，越发物流公司有代办保险的义务，其应为投保义务人。但二者均未给车辆及时续保导致车辆脱保，具有共同过错。被挂靠人不得以挂靠协议约定的保费负担方式主张免除其交强险的投保义务，且挂靠关系是内部关系，挂靠人与被挂靠人之间的合同约定具有相对性，不能对抗第三人。因此越发物流公司与被告谭德华应承担连带赔偿责任。因王朝华和谭建康在本案中既不实际支配车辆也不从车辆运行中获益，因此不承担责任。

重庆市万州区人民法院依照相关法律之规定，作出如下判决：

一、被告谭德华赔偿原告熊某涵医疗费、残疾赔偿金等各项损失 228968.04 元。

二、被告重庆市越发物流有限公司对上述第一项承担连带赔偿责任。

越发物流公司提起上诉。重庆市第二中级人民法院经审理认为：越发物流公司认可与谭建华签订的挂靠合同，王朝华将车辆出售给他人时越发物流公司表示知情且同意，也认可未经法律程序解除挂靠合同。因此应该承担对车辆的管理义务，但是疏于管理，也未办理车辆变更登记，当车辆保险期限到期时，也未通知车辆所有人缴纳保费，更未按照约定统一办理保险手续。车辆实际所有人和越发物流公司均有义务为车辆投保，由于双方共同过错，导致车辆脱保，二被告应承担连带责任。重庆市第二中级人民法院依照《中华人民共和国民事诉讼法》第一百七十条第一款第（一）项之规定，判决如下：

驳回上诉，维持原判。

【法官后语】

本案处理的重点是，挂靠人将车辆转让给他人，但挂靠人与被挂靠人（登记车主）之间的挂靠合同未变更，发生交通事故致人损害，被挂靠人仍应与实际车主承担连带赔偿责任。

1. 越发物流公司应承担责任的法理分析

（1）运行支配理论。从运行支配理论考量，在车辆挂靠关系中，挂靠人作为实际车主，独立经营，在经营方面当然对车辆有完全的运行支配权。被挂靠人虽然仅是登记车主、名义车主，不得无故干涉挂靠人的合法经营权，一般情况下无权支配车辆的运行，但被挂靠人并非对车辆完全失控，其对车辆仍有管理和监督权，以保障车辆的安全生产经营活动，被挂靠人负责对驾驶人员的安全教育及组织车辆的审验、保险、安全检查等工作，发现车辆存在安全隐患时有权要求挂靠人停止营运，发现车辆交强险即将过期时要及时办理保险手续，否则便是其失职。在实践中也证明这一点，被挂靠人与挂靠人签订的挂靠协议中一般都规定挂靠车辆要接受被挂靠人的安全监督、管理，所以被挂靠人对挂靠车辆具有运行支配权。

（2）运行利益理论。从运行利益理论考量。个人机动车挂靠在被挂靠人处，被挂靠人收取管理费的，则应当认为被挂靠人是运行利益归属者，而且既然收取挂靠管理费，就应当对挂靠的车辆进行安全监督、投保、管理，机动车运输经营活动属于一种高度危险活动，开启这种危险并从这种危险活动中获取利益的主体应当承担相应的责任。

所以，被挂靠人越发物流公司既支配着车辆，又从车辆的运行中获取利益，应当承担责任。

2. 越发物流公司应与谭德华承担连带责任

（1）法律依据

《中华人民共和国侵权责任法》第五十条规定："当事人之间已经以买卖等方式转让并交付机动车但未办理所有权转移登记，发生交通事故后属于该机动车一方责任的，由保险公司在机动车强制保险责任限额范围内予以赔偿。不足部分，由受让人承担赔偿责任。"《最高人民法院关于审理道路交通事故损害赔偿案件适用法律若干问题的解释》第三条规定："以挂靠形式从事道路运输经营活动的机动车发生交通事故造成损害，属于该机动车一方责任，当事人请求由挂靠人和被挂靠人承担连带责任的，人民法院应予支持"。本案中实际车主是谭德华，挂靠合同的权利义务已经发生了概括转移，从原本越发物流公司与王朝华之间的权利义务转移到越发物流公司与谭德华之间权利义务关系。并且,王朝华在转让车辆时就已经告知了越发物流公司,该公司对转让行为表示知情并同意。所以新的被挂靠人和挂靠人为越发物流公司与谭德华,仍然适用以上司法解释的规定,由二者承担连带责任。

(2)法理依据

①越发物流公司与谭德华构成共同侵权。挂靠关系中发生交通事故承担责任也只能由共同过失行为造成。在本案车辆挂靠经营中,谭德华与越发物流公司具有共同过错。被挂靠人越发物流公司对于挂靠车辆及其实际车主谭德华享有一定的管理义务,特别是对挂靠车辆的安全运营享有监督管理职责。另外,挂靠车辆应当参加第三者强制责任保险,根据《中华人民共和国道路交通安全法》第十七条的规定:"国家实行机动车第三者责任强制保险制度,设立道路交通事故社会救助基金。具体办法由国务院规定。"因此,所有机动车都必须参加第三者强制责任保险。越发物流公司未尽监管义务和疏于管理致使该车脱保,谭德华同样作为车辆实际支配人负有投保义务,被挂靠人的过错行为与实际车主谭德华的过错结合,导致损害结果的发生,两者构成共同侵权行为,应承担连带责任。

②越发物流公司承担连带责任符合立法目的。侵权责任法及最高人民法院的相关司法解释关于机动车交通事故责任主体和连带责任的规定,更为注重给予违法行为的否定性评价和相应的制裁,同时尽可能救济弱者一方即受害者的权益。受害人不必因为共同侵权行为人中的一人或者数人难以确定,或由于共同侵权行为人中的一人或数人没有足够的赔偿能力,而妨碍其应获得的全部赔偿数额。即使事故车辆所有权转移,未办理挂靠合同变更登记,被挂靠人仍应当承担连带责任,完全符合立法之目的。本案中受害人熊某涵发生事故时只有3周岁,因交通事故造成其身上多处部位构成伤残,心理上留下了永远无法磨灭的阴影。另外,法律在制定中,让被挂靠人承担更多的责任和义务,能够使其更加严格地审查挂靠人的资格,提高对挂靠车辆的选择标准,及时为机动车续保,以减少不必要的事故发生。并且,被挂靠人在日常管理中,由于承担连带责任肯定会加强对挂靠车辆的检查和管理,确保车辆安全运营,从而有利于降低交通事故隐患。

编写人:重庆市万州区人民法院 艾朝辉

## 18

## 车上乘客车祸后被甩出车外是否应当认定为第三者

——孙江鹏诉中国平安财产保险股份有限公司曲靖中心支公司机动车交通事故责任案

【案件基本信息】

1. 裁判书字号

云南省曲靖市中级人民法院（2017）云03民终字第38号民事判决书

2. 案由：机动车交通事故责任纠纷

3. 当事人

原告（上诉人）：孙江鹏

被告（被上诉人）：中国平安财产保险股份有限公司曲靖中心支公司（以下简称平安保险公司）

【基本案情】

2016年1月23日，孙江鹏乘坐其父亲孙跃先驾驶的云D2××××号机动车从罗平方向沿菌凤线驶往五龙乡方向，当行至菌凤线12km+0m处时云D2××××号机动车翻车，孙江鹏及孙跃先被甩出车外，孙跃先被甩出车外砸于地上死亡，孙江鹏被甩出车外受伤住院治疗。另查明，云D2××××号机动车投保机动车道路交通事故责任强制保险（以下简称交强险）和三者商业险于平安保险公司，金额为422000元。

原告认为本案中原告先属车上人员，在云D2××××号车翻车的一瞬间从车上甩出，此时已脱离机动车，身份由车上人员变成车外人员，受伤时属第三人身份。据此，保险公司应依法赔偿。

被告平安保险公司提出，被保险人孙跃先在驾驶被保险机动车过程中单方肇事，事故发生时孙江鹏属于车上人员，不属于第三者。从交强险条例、交强险条款以及保险合同约定的条款上讲，车上人员和被保险人均不属于交强险及商业第三者责任险的赔偿对象。

## 【案件焦点】

原告孙江鹏在本次交通事故中是属于车上人员还是属于车下人员即第三者。

## 【法院裁判要旨】

云南省曲靖市麒麟区人民法院经审理认为：本案中原告孙江鹏是否属于"本车人员"应当根据其在交通事故发生的瞬间的空间位置进行判断。本案中原告孙江鹏于事故发生时乘坐于孙跃先驾驶的汽车中，因车辆失控撞到路边的护栏，而后车辆坠入路外的过程中其才被甩出车外，事故发生时孙江鹏并没有脱离乘坐的车辆，其被甩出乘坐的车辆后受伤仅是事故发生的结果。故孙江鹏对乘坐的车辆而言仍为本车人员，不属于交强险的赔偿范围，被告平安保险公司无须在交强险保险责任限额范围内承担孙江鹏的医疗费。

云南省曲靖市麒麟区人民法院依照《中华人民共和国道路交通安全法》第七十六条，《中华人民共和国侵权责任法》第四十八条和《机动车交通事故责任强制保险条例》第三条，第二十一条第一款之规定，作出如下判决：

驳回原告孙江鹏的诉讼请求。

孙江鹏持原审起诉意见提起上诉。云南省曲靖市中级人民法院经审理认为：孙江鹏乘坐其父亲孙跃先驾驶的云 D2××××号机动车翻车，孙江鹏及孙跃先均被甩出车外，造成孙跃先死亡、孙江鹏受伤的单方交通事故。孙江鹏于事故发生时乘坐于孙跃先驾驶的汽车中，因车辆失控撞到路边的护栏，而后车辆坠入路外的过程中其才被甩出车外，即事故发生时孙江鹏并没有脱离乘坐的车辆，属于车上人员，其被甩出车辆后并非该车冲撞或者碾轧而受到伤害，故其被甩出车辆后也不能成为该车的车外人员（第三者）。因此，上诉人认为其被翻滚的车辆甩出车外，其身份已变为车外人员的上诉理由不能成立。孙江鹏的上诉请求不能成立，应予驳回；一审判决认定事实清楚，适用法律正确，应予维持。

云南省曲靖市中级人民法院依照《中华人民共和国民事诉讼法》第一百七十条第一款第（一）项规定，作出如下判决：

驳回上诉，维持原判。

## 【法官后语】

本案争议焦点是被抛出车外受伤的受害人孙江鹏相对于其乘坐的车辆是"本车

人员"还是"第三者"？

首先，我们必须理解《机动车交通事故责任强制保险条例》中将"本车人员"排除于交强险赔偿范围的本意。作为由国家法律强制实施的交强险，除具有一般保险的风险管理功能之外，还具有社会保障功能，其主旨在于对受害人在事故中受到的损害进行救济。由于交强险的强制性，其对受害人或称第三者的范围，应由法律法规作出限制。《机动车交通事故责任强制保险条例》第三条规定："本条例所称机动车交通事故责任强制保险，是指由保险公司对被保险机动车发生交通事故造成本车人员、被保险人以外的受害人的人身伤亡、财产损失，在责任限额内予以赔偿的强制性责任保险。"根据上述规定，肇事机动车的"本车人员"不属于第三者，上述规定将本车人员排除在第三者范围之外，主要是考虑以下几个方面：一是基于乘车人与驾驶人之间的信任关系以及乘车人对于车辆驾驶的一定协助和控制能力，乘车人在行驶过程中对可能发生的意外具有一定的预见和防止能力；二是受到赔偿限额、投保人的实际承受能力的限制，须将交强险有限的赔付限额集中在最需要保障的"第三者"的范围；三是对于乘客的交通安全保障，已经通过其他的制度进行一定程度的保障，如商业险中就有车上人员座位险。

其次，基于上述理解，针对案件事实进行分析：受害人孙江鹏在发生交通事故前一直乘坐涉案车辆，其与驾驶者一直保持同乘的关系，直至发生交通事故的瞬间这种关系都没有改变。受害人孙江鹏在发生交通事故的瞬间仍然处于车内，事故发生后被外力抛出车外，不能改变其作为"本车人员"的身份，相对于其乘坐的车辆，不属于交强险制度中"第三者"的范围，故不符合其所乘坐车辆的交强险和商业第三者责任险赔付范围。

在此值得一提的是，关于"本车人员"与"第三者"之间的转化问题，自交强险制度建立至今仍没有相应的法律法规或司法解释对其进行明确，很多法院均遇到了类似的疑难案例，主要分为受害人在交通事故发生后被抛出车外受伤及受害人被抛出车外后再次受到车辆的碰撞或碾轧而受伤两种。第一种情况即本案的情况，笔者认为本案一审、二审的处理是正确恰当的。然而在另一种情况，即受害人抛出车外后再次受到本车的碰撞或碾轧的情况，笔者认为本来属于"本车人员"的乘客被甩出车外再次受到本车车辆碰撞或碾轧之前，其已经脱离了其原先乘坐的车辆，转化为"第三者"，故其所受损害应当属于该车辆的交强险赔偿范围。

编写人：云南省曲靖市麒麟区人民法院　向晖

## 二、交通事故损害赔偿

### 19

### 被扶养人生活费是否参照扶养人标准计算

——于林英等诉中国人寿财产保险股份有限公司承德中心支公司等机动车交通事故责任案

【案件基本信息】

1. 裁判书字号

北京市第三中级人民法院（2016）京03民终字第9082号民事判决书

2. 案由：机动车交通事故责任纠纷

3. 当事人

原告（上诉人）：于林英、王桂荣、于某鹏、于某宇、高秀平

被告（上诉人）：中国人寿财产保险股份有限公司承德中心支公司（以下简称人寿保险公司）

被告（被上诉人）：承德市双滦区星马物流有限公司（以下简称星马物流公司）

【基本案情】

2015年10月5日1时30分许，于国龙驾驶其自有的"解放"牌重型半挂牵引车（冀GB××××）牵引"成事达"牌重型仓栅式半挂车，与星马物流公司雇佣司机陈红驾驶该公司所有的"陕汽"牌重型半挂牵引车牵引"盛润"牌重型普通半挂车（车上所载钢卷未捆扎）由北向南行至事故处，因未采取恰当的避让方式，导

致"解放"牌重型半挂牵引车前部与"陕汽"牌重型半挂牵引车右前部接触,造成于国龙死亡,两车受损的交通事故。交通队认为于国龙驾驶机动车未靠道路右侧通行且未确保安全的违法行为,与本次交通事故的发生有因果关系,是事故发生的主要原因;陈红驾驶机动车上道路行驶未确保安全的违法行为,与本次交通事故的发生亦有因果关系,是事故发生的次要原因。据此认定:于国龙承担事故的主要责任,陈红承担事故的次要责任。于国龙系农业户口,其长期从事运输工作。于林英、王桂荣系于国龙之父母,两人育有子女二人,分别系于国龙、于清华,于林英在于国龙死亡时为60周岁,王桂荣在于国龙死亡时为59周岁;于某鹏、于某宇系于国龙之子,于某鹏在于国龙死亡时为10周岁,于某宇在于国龙死亡时为1周岁;高秀平系于国龙之妻,以上五人均为农业户口。一审对于被扶养人生活费标准,原审法院认为证据不足以证明五上诉人在城镇有稳定居所并长期生活在城镇,故不支持其按城镇居民的相应标准计算被扶养人生活费。五上诉人请求判令人寿保险公司、星马物流公司向五上诉人支付死亡赔偿金、抚养费、赡养费、丧葬费、精神损害抚慰金、财产损失等共计1115638.8元。就差额部分448689.8元部分提起上诉。上诉人人寿保险公司认为上诉人未能提供有效的居住证明,证明死者长期居住于城镇,因此于国龙的死亡赔偿金应该按照北京市农村居民纯收入计算;被扶养人于林英、王桂荣二人不符合丧失劳动能力又无其他生活来源的标准,因此不应支持二人的被扶养人生活费,其余被抚养人生活费应按照河北省农村居民消费性支出计算。一审中有双方当事人陈述、经庭审质证的交通事故认定书、交通事故卷宗、死亡注销证明、火化证、户口本、子女关系证明、出生医学证明、结婚证、道路运输经营许可证、机动车行驶证、机动车登记证、二手车销售发票、收条等证据在案佐证。现五上诉人补充证人证言、学籍证明、奖状等证据,证明其长期居住、生活在城镇。

**【案件焦点】**

受害人于国龙的死亡赔偿金(含被扶养人生活费)是否应按2015年度北京市城镇居民相关标准计算。

**【法院裁判要旨】**

北京市密云区人民法院经审理认为:机动车发生交通事故造成人身伤亡及财产

损失的,由各方责任人按各自赔偿责任比例予以赔偿。被告人寿保险公司为被告星马物流公司所有的车辆承保交强险及商业险,根据法律规定,应由人寿保险公司在交强险限额内先行赔付,超出交强险限额的由该公司在商业三者险保险限额内按陈红的责任比例进行赔付,仍有不足部分或超出保险范围的由星马物流公司赔付。原告主张的死亡赔偿金,符合规定,且死者于国龙系获得许可的运输经营从业者,已脱离农业生产,故按照城镇居民的相应标准计算死亡赔偿金符合法律规定,本院予以支持;原告主张于林英、王桂荣、于某鹏、于某宇的被扶养人生活费,符合法定标准,本院予以支持,但原告提交的证据不足以证明上述四人在城镇有稳定的居所,将长期生活在城镇,故本院不支持其按城镇居民的相应标准计算被扶养人生活费,另根据《最高人民法院关于审理人身损害赔偿案件适用法律若干问题的解释》第二十八条第二款的规定"被扶养人是指受害人依法应当承担扶养义务的未成年人或者丧失劳动能力又无其他生活来源的成年近亲属。被扶养人还有其他扶养人的,赔偿义务人只赔偿受害人依法应当负担的部分。被扶养人有数人的,年赔偿总额累计不超过上一年度城镇居民人均消费性支出额或者农村居民人均年生活消费支出额",原告所主张的被扶养人生活费本院将按照法律规定与死亡赔偿金合并计算。

北京市密云区人民法院依据《中华人民共和国侵权责任法》第十六条、第十八条第一款、第十九条、第二十二条、第二十六条、第三十四条第一款、第四十八条,《最高人民法院关于审理人身损害赔偿案件适用法律若干问题的解释》第二十八条第二款,《最高人民法院关于审理道路交通事故损害赔偿案件适用法律若干问题的解释》第十六条、第二十二条、第二十七条的规定,判决如下:

一、被告人寿保险公司于本判决生效之日起十日内,在机动车第三者责任强制保险限额内,赔偿原告于林英、王桂荣、于某鹏、于某宇、高秀平死亡赔偿金、精神损害抚慰金、财产损失,共计98000元。

二、被告人寿保险公司于本判决生效之日起十日内,在第三者责任商业保险限额内,赔偿原告于林英、王桂荣、于某鹏、于某宇、高秀平死亡赔偿金、丧葬费、因丧葬事宜导致的交通费、误工费,车辆损失,共计568949元(被告星马物流公司已垫付20000元)。

三、驳回原告于林英、王桂荣、于某鹏、于某宇、高秀平的其他诉讼请求。

于林英、王桂荣、于某鹏、于某宇、高秀平、人寿保险公司不服一审判决,提起上诉。北京市第三中级人民法院经审理认为：于国龙虽然是河北省农村户籍，但是根据在案证据，其购买涉案车辆系在2013年，其后从事运输行业，收入来源于非农产业，结合其居住证明，本案交通事故发生于2015年10月5日，地点位于北京市密云区境内，受诉法院所在地亦为北京市，一审法院按照北京市城镇居民计算相关赔偿项目并无不当。一审法院认定于国龙需要扶养的近亲属为于林英、王桂荣、于某鹏、于某宇，有事实及法律依据，本院不持异议，人寿保险公司主张于林英、王桂荣不属于被扶养人员的上诉意见，本院不予采纳。因被扶养人生活来源于扶养义务人，故扶养义务人的收入水平决定了被扶养人生活的水平，本案受害人于国龙从事非农产业，其收入水平按照城镇居民计算则其扶养水平也可参照城镇居民计算，因此，四位被扶养人均应按照北京市城镇居民的相关标准进行计算。

北京市第三中级人民法院根据《中华人民共和国侵权责任法》第十六条等规定，作出如下判决：

一、撤销北京市密云区人民法院（2016）京0118民初字第2678号民事判决。

二、人寿保险公司于本判决生效之日起十日内，在机动车第三者责任强制保险限额内，赔偿于林英、王桂荣、于某鹏、于某宇、高秀平死亡赔偿金69000元、精神损害抚慰金25000元、财产损失2000元，共计96000元。

三、人寿保险公司于本判决生效之日起十日内，在第三者责任商业保险限额内，赔偿于林英、王桂荣、于某鹏、于某宇、高秀平死亡赔偿金、丧葬费、被扶养人生活费、亲属办理丧葬事宜损失、车辆损失，共计719559.2元。

四、人寿保险公司于本判决生效之日起十日内，在第三者责任商业保险限额内返还星马物流公司先行垫付款20000元。

五、驳回于林英、王桂荣、于某鹏、于某宇、高秀平的其他诉讼请求和上诉请求。

六、驳回人寿保险公司的上诉请求。

【法官后语】

本案的争议焦点是被扶养人生活费的计算标准是按照城镇居民还是农村居民标准。有些农村居民长期在城镇工作，并且在城镇居住生活；有些农村居民长期工作在城镇，但是居住生活在农村。在案件审理的过程中，对于当事人的伤亡赔偿标准，我们不仅要看当事人的户籍性质，而且还要根据当事人居住生活的环境、从事的工作、收入来源等实际情况而定，因此有些情况下当事人虽是农村居民，但是应按照城镇居民的标准计算。

《最高人民法院关于审理人身损害赔偿案件适用法律若干问题的解释》第二十九条规定："死亡赔偿金按照受诉法院所在地上一年度城镇居民人均可支配收入或者农村居民人均纯收入标准，按二十年计算。但六十周岁以上的，年龄每增加一岁减少一年；七十五周岁以上的，按五年计算。"第三十条规定："赔偿权利人举证证明其住所地或者经常居住地城镇居民人均可支配收入或者农村居民人均纯收入高于受诉法院所在地标准的，残疾赔偿金或者死亡赔偿金可以按照其住所地或者经常居住地的相关标准计算。被扶养人生活费的相关计算标准，依照前款原则确定。"《最高人民法院关于交通事故和其他人身损害中农村户口受害人按城镇居民标准赔偿的批复》规定，死亡赔偿金的计算应当根据案件的实际情况，结合受害人住所地、经常居住地等因素，确定适用城镇居民人均可支配收入或者农村居民人均纯收入的标准。《最高人民法院关于审理人身损害赔偿案件适用法律若干问题的解释》第二十八条规定："被扶养人生活费根据扶养人丧失劳动能力程度，按照受诉法院所在地上一年度城镇居民人均消费性支出和农村居民人均年生活消费支出标准计算。被扶养人为未成年人的，计算至十八周岁；被扶养人无劳动能力又无其他生活来源的，计算二十年。但六十周岁以上的，年龄每增加一岁减少一年；七十五周岁以上的，按五年计算。被扶养人是指受害人依法应当承担扶养义务的未成年人或者丧失劳动能力又无其他生活来源的成年近亲属。被扶养人还有其他扶养人的，赔偿义务人只赔偿受害人依法应当负担的部分……"可以看出，受害人实际生活、居住、工作等环境对是否适用城镇标准有很大的影响，司法解释中的被扶养人生活费的相关计算标准，依照伤亡赔偿金的原则确定。因此在实际审判中，我们要根据被扶养人的实际需要来判断。

本案中死者及其被扶养人的户口都是农村居民户口，因死者系获得许可的运输经营从业者，已脱离农业生产，所以按照城镇居民的相应标准计算死亡赔偿金。被扶养人生活费的审判依据其实是从两种不同的角度对被扶养人生活费进行考虑的。一审是从被扶养人的实际生活中所需要的标准进行考虑的，二审是从扶养人能为被扶养人提供的生活水平标准考虑的。本案中因扶养人死亡，其生前依法定扶养义务供给生活费的未成年人及成年人因此丧失了可靠的生活来源,其被扶养人生活水平的高低很大程度上取决于扶养人的收入水平,因扶养人死亡,必然会导致被扶养人生活水平下降,因此应当按照扶养人的赔偿标准来计算被扶养人生活费。

编写人:北京市密云区人民法院　王爽

## 20

# 非工作时间发生交通事故是否属于职务行为

——赵立江诉董京华等机动车交通事故责任案

## 【案件基本信息】

1. 裁判书字号

北京市第二中级人民法院（2016）京02民终字第3927号民事判决书

2. 案由：机动车交通事故责任纠纷

3. 当事人

原告（被上诉人）：赵立江

被告（被上诉人）：董京华、方新利、紫金财产保险股份有限公司河南分公司（以下简称河南分公司）

被告（上诉人）：戎威远保安服务（北京）有限公司（以下简称戎威远公司）

## 【基本案情】

2015年3月20日8时30分许,在丰台区大红门东前街,被告董京华驾驶车牌号为豫QS××××的小型客车由南向北行驶,适有原告蹲在路边干活,被告所驾车辆右前部与原告身体接触,被告所驾车辆又撞到路边建筑物,被告所驾车辆受损,原告受伤,建筑物受损。该事故经交管部门认定,被告董京华为全部责任,原告无责任。原告于2015年3月20日至2015年4月13日在首都医科大学附属北京天坛医院住院治疗。

2015年8月18日,中天司法鉴定中心出具司法鉴定意见书,鉴定意见：被鉴定人赵立江左侧多发肋骨骨折的伤残等级为十级，左锁骨骨折、左肩胛骨骨折遗留左上肢功能障碍10%以上的伤残等级为十级，伤残赔偿指数为15%。

另查，豫QS××××小客车在被告河南分公司投保了机动车交强险。事故发生时尚在保险期限内。被告董京华系被告戎威远公司员工，事故发生时驾驶的车辆系被告方新利所有，庭审过程中，被告方新利与被告戎威远公司均认可被告戎威远公司租用被告方新利的车辆使用。

## 【案件焦点】

董京华是否属于职务行为，戎威远公司是否应当承担赔偿责任。

## 【法院裁判要旨】

北京市丰台区人民法院经审理认为：被告董京华驾驶车辆未做到安全驾驶是发生道路交通事故的原因，应承担事故的全部责任，对此有交管部门的事故认定，本院予以确认。鉴于豫QS××××车辆在被告河南分公司投保了机动车交强险，故保险公司应在交强险限额内先行赔偿原告的合理损失，又因被告董京华在事故发生时为被告戎威远公司的员工，被告戎威远公司虽提出事故发生时并非工作时间，且董京华系私自驾驶车辆，但结合事故发生时的监控视频及各方当事人的当庭陈述，均反映出被告戎威远公司在人员选任及车辆管理方面存在较大过失，同时考虑被告董京华在不熟悉车辆状况及自身未有相关驾驶技能的情况下即驾驶车辆，亦具有较大过错，故对超出交强险限额的损失，由被告董京华、被告戎威远公司承担连带赔偿责任。因未有充分证据显示被告方新利在此次事故中存在过错，故其不承担赔偿责任。

北京市丰台区人民法院依照《中华人民共和国侵权责任法》第十六条、《中华人民共和国道路交通安全法》第七十六条、《中华人民共和国民事诉讼法》第一百四十四条之规定，判决如下：

一、被告河南分公司于本判决生效后七日内给付原告赵立江医疗费10000元。

二、被告河南分公司于本判决生效后七日内给付原告赵立江护理费6900元，误工费15000元，交通费400元，精神损害抚慰金8000元，残疾赔偿金79700元。

三、被告董京华、戎威远公司于本判决生效后七日内给付原告赵立江医疗费23600.04元，住院伙食补助费1200元，鉴定费2300元，营养费3000元，残疾赔偿金113649.8元。

四、驳回原告赵立江其他诉讼请求。

戎威远公司不服判决提起上诉。北京市第二中级人民法院经审理认为：根据查明的事实，董京华驾车将赵立江撞伤时属于戎威远公司的职工，该交通事故发生的地点系在戎威远公司车辆停放地点，当时车辆处于准备外出状态，董京华作为单位的保安，本身亦具有驾驶证件，而从戎威远公司的证人证言可知该公司的司机亦做保安工作。诉讼中，董京华主张其驾车系单位授意的，赵立江对此予以认可。戎威远公司虽主张董京华系在非工作时间擅自驾驶车辆造成本次交通事故，但从其所提供的视频录像中并无法直观判断出董京华存在不顾单位人员阻拦擅自驾车外出的情况存在，故综合上述情况，在戎威远公司对其主张不能进一步举证的情况下，原审法院由此确定戎威远公司对该起交通事故负有责任是正确的。戎威远公司上诉不同意承担赔偿责任，证据不充分，本院不予采信。综上所述，原判正确，应予维持。依照《中华人民共和国民事诉讼法》第一百七十条第一款第（一）项之规定，本院判决如下：

驳回上诉，维持原判。

**【法官后语】**

本案处理重点主要在于如何认定董京华的行为。《中华人民共和国侵权责任法》第三十四条第一款规定："用人单位的工作人员因执行工作任务造成他人损害的，由用人单位承担侵权责任。"《最高人民法院关于审理人身损害赔偿案件适用法律若干问题的解释》第八条规定："法人或者其他组织的法定代表人、负责人以及工作人员，在执行职务中致人损害的，依照民法通则第一百二十一条的规定，由该法人或者其他组织承担民事责任……"在司法实践中，雇员在执行职务过程中发生交通事故时，首先应当判断雇员与雇主之间的雇佣关系是否合法存在。在雇佣关系合法存在的前提下，因雇员的职务活动所引发的损害行为由雇主来承担责任。但是这必须具备两个前提，即雇员的该损害行为必须是基于职务活动，同时该行为并未超出雇主授权活动的范围。因此，判断是否属于职务行为，并非以规定上班时间为标准，而应当结合其具体的工作内容及性质判断。在本案中，当事人均认可董京华属戎威远公司员工，且其具有驾驶资格，可以认定驾驶车辆属于其从事保安工作的工作内容。董京华驾车是为其外出做准备工作。因此，应当认定其属于职务行为。

又因董京华在明知自己身体状况不适于驾驶的情况下仍驾驶不熟悉车辆发生事故，属于重大过失。根据《最高人民法院关于审理人身损害赔偿案件适用法律若干问题的解释》第九条的规定，"雇员因故意或者重大过失致人损害的，应当与雇主承担连带赔偿责任。雇主承担连带赔偿责任的，可以向雇员追偿"。在这种情形下，因为雇员本身存在过错，因此应承担责任，并且是最终的责任主体，雇主可向其追偿。因此，在本案中戎威远公司与董京华承担连带责任，并可向董京华进行追偿。

编写人：北京市丰台区人民法院　齐乐

## 21

## 如何认定网约车的运营承包金损失及误工损失

——王纳维诉周孟伟、太平财产保险有限公司北京分公司机动车交通事故责任案

【案件基本信息】

1. 裁判书字号

北京市第二中级人民法院（2016）京02民终字第10520号民事判决书

2. 案由：机动车交通事故责任纠纷

3. 当事人

原告（上诉人）：王纳维

被告（被上诉人）：周孟伟、太平财产保险有限公司北京分公司（以下简称太平公司）

【基本案情】

2016年1月9日13时许，在北京市西城区西单路口南向北，周孟伟驾驶京YP××××小客车并线时与王纳维驾驶的京BZ××××小客车接触，造成王纳维驾驶车辆右前叶子板和保险杠有擦痕。事故发生时，周孟伟驾驶车辆在太平公司投保了交

强险。

事故发生后，王纳维于2016年1月14日到2016年1月15日至北京汇丰伟业汽车维修有限公司对车辆进行了修理，修理的项目为前杠修理喷漆，王纳维支付修车费400元。

王纳维认为周孟伟应赔偿修车费400元、客人租车费21元、误工损失700元、车辆承包金2555元（每天365元），共计3676元。针对车辆承包金的赔偿要求，王纳维提交了其与北京首汽（集团）股份有限公司商务车分公司（以下简称首汽公司）签订的劳动合同，合同第九条约定，王纳维月工资按照《承包运营合同书》中双方约定的内容执行，但不低于北京市最低工资标准。同时，首汽公司出具证明，王纳维驾驶的京BZ××××天籁轿车为我单位单班运营车辆，每日运营承包金为365元，每月9500元整，我公司支付的工资为月均2007.53元、由网络约车平台支付的佣金为月均2870.62元。针对误工费，王纳维还向本院提交了首汽公司证明及账户明细。

王纳维在一审审理期间提交的案涉车辆维修施工结算单中载明：维修项目前杠维修喷漆。周孟伟和太平公司对于前述维修施工结算单的真实性均予以认可。王纳维称案涉受损车辆的受损情况为车辆右前叶子板和保险杠有擦痕。

周孟伟确认事故经过属实并认可交通责任事故处理的责任分配，但认为王纳维主张的损失和赔偿要求缺乏事实依据，不予认可。

## 【案件焦点】

网约车的运营承包金损失及误工损失的认定。

## 【法院裁判要旨】

北京市西城区人民法院经审理认为：太平公司应在机动车交强险范围内赔偿。超出交强险的，法院认定周孟伟应赔偿原告修理费、维修期间损失的运营承包金及误工费。租车费缺乏证据，不予支持。一审判决：

一、太平公司赔偿原告车辆损失400元。

二、周孟伟赔偿原告运营承包金损失365元、误工损失162.61元。

三、驳回原告其他诉讼请求。

原告持原审意见上诉。北京市第二中级人民法院经审理认为：本案焦点是原判承包金损失和误工费损失数额是否适当。事发于2016年1月9日,而原告五天后维修车辆,其未及时修车,未合理说明,亦未能证明前述期间该车辆未运营。故其主张前述期间损失的事实不足,不予支持;如确有损失,亦应自担。关于维修时间,原告自述于1月14日中午送修,于1月15日晚间取回。依维修结算单内容、修车数额及原告自述的车辆受损状况可知,车辆受损程度轻,修理工序简单,结合提车时间的自由安排及原告工作性质的自由度等因素,原审认定误工期为一天,较合理;原判据此确认原告误工损失亦无不当。此外,原告未提交单位实扣车辆承包金和其他佣金收入的证据,周孟伟和太平公司一致同意原审判决,二审法院无异议。

二审法院遂判决:

驳回上诉,维持原判。

## 【法官后语】

网约车作为一种新兴事物,相关立法有待完善。在不涉及人员伤亡的机动车交通事故中,网约车纠纷的运营承包金损失、误工损失、误工期间的认定都是亟待解决的问题。

1. 网约车的运营承包金损失及误工损失如何认定

网约车无责的事故中,网约车所有权人的常见损失为运营承包金损失及误工损失。如本案首汽轿车,即使发生交通事故,司机仍要向公司每月交纳运营承包金;司机因网约车交通事故无法使用车辆运营,也直接影响其收入。故司法判决中要仔细区分上述两项损失。

运营承包金损失方面,法院要明确网约车的承包方式是单班还是双班,司机每月应向公司交纳多少车辆承包金,有无燃油补贴和岗位补贴等情形。主要依据原告提供的车辆承包运营合同和劳动合同,以及涉案事故前后时间的车辆承包金交纳情形。确定好车辆承包金后,再确定原告的每月工作时间为标准工时还是综合工时。运营承包金的最终损失以车辆承包金除以每月工作时间再乘以误工天数加以确定。司法实践中,法院应考虑网约车司机的文化程度及举证能力,适当对原告的举证方向加以引导。

误工损失方面,网约车司机工资一般由车辆所属公司和约车软件网络服务商分别支付。法院在确定误工损失时，应要求网约车司机分别提供其所属公司的误工费证明和网络服务商的误工费证明，再结合司机的个人所得税交纳情况和涉案事故发生前后的两项工资实发情况予以计算。

司法实践中经常存在肇事方抗辩涉案网约车不合法，因此不愿意支付原告的误工费情况，如辩称事发当时网约车并不合法、司机工资也未按国家规定交税、涉案网约车不符合网约车管理规范等。但上述情形即使存在，也非肇事方可以摆脱赔偿责任的借口。法院应当公平保护网约车作为原告的合法民事权益。

2. 法院可否依实际情况调整原告主张的误工期间

本案原告拖延了案涉事故车辆维修，但又未能说明合理理由，亦未能证明涉案车辆处于停运状态，直接影响了法院对其误工期间的认定。另外，关于维修车辆的时间，法院有权依据当事人对车辆损失的陈述、维修施工结算单的内容、维修费发票金额、修理工序、原告提车时对于时间的自由安排及工作性质等认定车辆受损程度及应然的修理时间。

综上，一、二审法院的判决是正确的。

编写人：北京市西城区人民法院　葛明柱

## 22

## 外国国籍人在机动车交通事故责任纠纷中的赔偿标准

——肖天辉诉宋永刚、中国人民财产保险股份有限公司北京市分公司机动车交通事故责任案

【案件基本信息】

1. 裁判书字号

北京市第二中级人民法院（2016）京02民终字第10940号民事判决书

2. 案由：机动车交通事故责任纠纷

3. 当事人

原告（上诉人）：TIAN HUI XIAO（中文名：肖天辉）

被告（被上诉人）：宋永刚、中国人民财产保险股份有限公司北京市分公司（以下简称人保北京分公司）

【基本案情】

2014年9月30日11时25分许，宋永刚驾驶京NK××××小型越野客车由西向东行驶至北京市丰台区芳星路家乐福停车场时，适有肖天辉由南向北步行，小型越野客车前部撞上肖天辉后又与停放在路边的小型轿车京N7××××左前部接触，造成肖天辉受伤，两车损坏。北京市公安局公安交通管理局丰台交通支队出具京公交丰认字〔2014〕第Z1510号交通事故认定书，认定宋永刚对此次事故负全部责任，肖天辉、京N7××××小型轿车驾驶人刘振为无责任。事故发生后，肖天辉被送往北京朝阳急诊抢救中心进行救治，2014年10月1日转入北京积水潭医院进行住院治疗。2014年10月15日出院诊断为：肩胛骨骨折（双侧粉碎性）、指骨骨折（右，中指）、肋骨骨折（右侧8~10）、肺挫伤（右侧）、胸腔积液（右侧）、头部外伤、颈部损伤、腰椎骨折、双额叶脑挫裂伤、硬膜下出血、蛛网膜下腔出血、药物性皮炎。出院建议全休一月，适当活动，避免损伤，一个月后门诊复查，出院后继续到骨科、皮肤科治疗相关疾病，不适随诊。2014年10月15日至2014年12月31日肖天辉到北京中医药大学东方医院住院。出院诊断：骨折病，气滞血瘀症，西医诊断同北京积水潭医院，另外有固定红斑药疹，腰椎间盘突出症，周围神经根炎，颈椎间盘脱出症，出院无带药。2015年5月11日，北京中衡司法鉴定所出具鉴定意见书，鉴定意见为被鉴定人肖天辉综合赔偿指数20%，建议误工期为150天，护理期为60天，营养期为60天，肖天辉支付鉴定费5491元。肖天辉为治疗购买残疾辅助器具费花费2163元。

另查，事故发生时，京NK××××车辆在人保北京分公司投保了机动车强制保险和商业三者险，商业三者险责任限额为10万元，事故发生在保险期间内。京N7××××小型轿车驾驶人刘振在此次事故中无责任。

再查，肖天辉的国籍为澳大利亚，我国不承认双重国籍。庭审中，肖天辉提交交通费票据，意在证明相应支出。肖天辉提交公司存续文件，五家诊所详细情况、主要诊所、公证费用、医师资格证明、客服明细以及澳大利亚人均可支配收入，欲证明肖天辉的误工费。肖天辉提交公证费、认证费、翻译费证据，意在证明相应支出，二被告对此不予认可。

## 【案件焦点】

外国国籍人在机动车交通事故责任纠纷中的赔偿标准。

## 【法院裁判要旨】

北京市丰台区人民法院经审理认为：宋永刚与肖天辉发生交通事故，致使肖天辉受伤，宋永刚负事故的全部责任。宋永刚所驾车辆在人保北京分公司投保交强险和商业三者险，故人保北京分公司应当在交强险限额内对肖天辉的损失承担保险责任，超过交强险范围的由本院根据事故情况确定由人保北京分公司在商业三者险范围内承担，超过保险范围的由宋永刚承担。

关于医疗费、住院伙食补助费，本院根据其病情、实际住院天数、诊断证明、医嘱，对于其中合理部分予以支持，经核算医疗费支持63896元。关于营养费，本院根据肖天辉伤情酌情确定为3000元。

残疾赔偿金按照受诉法院所在地上一年度城镇居民人均可支配收入标准，自定残之日起按二十年计算，故残疾赔偿金核算为175640元。残疾辅助器具费2163元合法有据，本院予以支持。交通费由本院根据肖天辉就医情况及次数酌情确定为500元。护理费计算标准根据原告实际花费及护理期60日确定，数额为8770元。关于误工费，误工期为150天，肖天辉提供的证据不足以证明因此次事故造成损失501795元，但其确实存在相应损失，故综合本案案情及肖天辉的工作情况、证据情况酌情确定为35000元。精神损害抚慰金根据伤残程度，本院酌定为10000元。

原告主张因交通事故无法按期回国，支出签证费588元，对此本院予以支持。原告主张鉴定费5491元，合法有据，本院予以支持。原告主张公证费、翻译费、认证费，没有法律依据，本院不予支持。

北京市丰台区人民法院依照《中华人民共和国侵权责任法》第十五条、第十六条，《中华人民共和国道路交通安全法》第七十六条，《中华人民共和国保险法》第六十五条之规定，判决如下：

一、被告人保北京分公司于本判决生效后七日内在交强险限额内赔偿原告TIAN HUI XIAO医疗费人民币1万元。

二、被告人保北京分公司于本判决生效后七日内在交强险限额内赔偿原告TIAN HUI XIAO 精神损害抚慰金人民币 1 万元、残疾赔偿金人民币 10 万元。

三、被告人保北京分公司于本判决生效后七日内在商业三者险限额内赔偿原告TIAN HUI XIAO 伤残赔偿（包括残疾辅助器具费）人民币 77803 元、医疗费人民币 22197 元。

四、被告宋永刚于本判决生效后七日内赔偿原告 TIAN HUI XIAO 医疗费人民币 31699 元、伙食补助费人民币 9200 元、营养费人民币 3000 元。

五、被告宋永刚于本判决生效后七日内赔偿原告 TIAN HUI XIAO 护理费人民币 8770 元、交通费人民币 500 元、误工费人民币 35000 元。

六、被告宋永刚于本判决生效后七日内赔偿原告 TIAN HUI XIAO 鉴定费人民币 5491 元。

七、被告宋永刚于本判决生效后七日内赔偿原告 TIAN HUI XIAO 签证费人民币 588 元。

八、驳回原告 TIAN HUI XIAO 的其他诉讼请求。

肖天辉持原审起诉意见提起上诉。北京市第二中级人民法院经审理认为：《最高人民法院关于审理人身损害赔偿案件适用法律若干问题的解释》（以下简称《人损解释》）第二十五条规定："残疾赔偿金根据受害人丧失劳动能力程度或者伤残等级，按照受诉法院所在地上一年度城镇居民人均可支配收入或者农村居民人均纯收入标准，自定残之日起按二十年计算……"第三十条第一款规定："赔偿权利人举证证明其住所地或者经常居住地城镇居民人均可支配收入或者农村居民人均纯收入高于受诉法院所在地标准的，残疾赔偿金或者死亡赔偿金可以按照其住所地或者经常居住地的相关标准计算。"本案中，肖天辉在北京市发生交通事故并提起诉讼，一审法院按照北京市上一年度城镇居民人均可支配收入标准计算残疾赔偿金，符合相应法律规定，本院予以确认。关于肖天辉上诉主张依据《人损解释》第三十条，应以澳大利亚墨尔本的标准计算残疾赔偿金的意见，本院认为，《人损解释》第三十条所指的赔偿权利人的住所地或者经常居住地是针对国内的不同地域，并不包括境外当事人的住所地或经常居住地。肖天辉主张以澳大利亚墨尔本的标准计算残疾赔偿金，但并未提供澳大利亚墨尔本官方所统计的"城镇居民人均可支配收入"，亦未能证明其提供数据的统计方法与中国"城镇居民人均可支配收入"的统计方法一致，故肖天辉要求以澳大利亚墨尔本的标准计算残疾赔偿金的请求，本院不予支持。

北京市第二中级人民法院依照《中华人民共和国民事诉讼法》第一百七十条第一款第一项之规定，判决如下：

驳回上诉，维持原判。

## 【法官后语】

本案原告肖天辉作为被侵权人系澳大利亚国籍，一审法院按照《人损解释》第二十五条规定，依照北京市上一年度城镇居民人均可支配收入标准计算残疾赔偿金。

后原告依据《人损解释》第三十条提出上诉，二审法院明确指出，该条所指的"赔偿权利人的住所地或者经常居住地"是针对国内的不同地域，并不包括境外当事人的住所地或经常居住地，同时，上诉人并未提供澳大利亚墨尔本官方所统计的"城镇居民人均可支配收入"，亦未能证明其提供数据的统计方法与中国"城镇居民人均可支配收入"的统计方法一致。

二审法院就《人损解释》第三十条作出的解释至少包含两个层次，首先，《人损解释》第三十条的立法本意是基于中华人民共和国领域内不同地区生活、收入水平的差异，考虑国内人口的流动性，在提高诉讼效率的同时，尽可能实现个案的公平正义。其次，我国实行统一的"人均可支配收入"统计方法，适用国内不同地区的具体标准，并不影响司法的公正和权威；即便《人损解释》第三十条所指的"住所地或者经常居住地"不局限于我国领域，外国国籍的赔偿权利人亦需承担一定的举证责任，一是证明国籍所在国的"人均可支配收入"或其他官方统计方法，二是国籍所在国的官方统计方法与我国相关标准的统计方法一致，如不一致则应举证证明相关的换算方法，否则难以采信其主张的赔偿标准。

编写人：北京市丰台区人民法院　李津楠

## 23

# 因违章停放车辆致人死亡的侵权责任认定

——马芝等诉赵红新、安盛天平财产保险股份有限公司北京分公司机动车交通事故责任案

## 【案件基本信息】

1. 裁判书字号

北京市第二中级人民法院（2016）京02民终字第5222号民事判决书

2. 案由：机动车交通事故责任纠纷

3. 当事人

原告（被上诉人）：张芳英、马芝、杨甲、杨乙

被告（上诉人）：赵红新、安盛天平财产保险股份有限公司北京分公司（以下简称天平保险公司）

## 【基本案情】

赵红新所驾车辆在天平保险公司投保了交强险。张芳英系杨保玉之母，马芝系杨保玉之妻，杨甲系杨保玉之女，杨乙系杨保玉之子。2015年3月19日，杨保玉驾驶无号牌三轮摩托车由北向南行至北京市丰台区槐房西路南苑西路×号楼小区门口便道，杨保玉车前部撞到赵红新停放在此的机动车尾部，造成杨保玉受伤，两车损坏。杨保玉经医院抢救无效于次日死亡。事故经交通管理部门查证：赵红新驾驶机动车违反规定停放车辆，杨保玉未取得机动车驾驶证驾驶未依法登记的机动车，因无法查证事故发生的原因，故未确定事故责任。杨保玉经北京丰台右安门医院诊断为高血压脑出血，脑疝（小脑幕切迹下疝，左侧），继发脑干损伤，脑内血肿（基底节区，左侧），高血压3级（极高危），吸入性肺炎。2015年8月4日，北京天平司法鉴定中心作出《司法鉴定意见书》，载明：由于杨保玉死后未做法医病理学尸体解剖，故其具体死因难以准确判定，仅能根据现有鉴定资料分析推断。故鉴定意见为：杨保

玉最终临床死亡原因考虑为高血压脑出血继发脑疝及脑干损伤可能性大；目前不能排除本次事故与杨保玉死亡之间存在因果关系，交通事故参与度拟1%～20%（理论系数值10%）为宜。赵红新支付鉴定费5700元。原告主张关于参与度问题，交通事故是根据《中华人民共和国侵权责任法》和《中华人民共和国道路交通安全法》，交通事故是有诱因的，自身疾病不是过错，要求被告赔偿医药费5633元、死亡赔偿金878200元、丧葬费38778元、被扶养人生活费58116元、精神损害抚慰金30000元、财产损失2000元、交通费1039元。超出交强险部分赵红新承担50%赔偿责任。二被告认为杨保玉的死亡与交通事故没有因果关系。杨保玉系高血压脑出血继发脑疝死亡。杨保玉违反法律规定，未取得机动车驾驶证驾驶未经依法登记的机动车上路行驶是导致此次交通事故发生的原因之一。停放车辆未对行人甚至其他车辆通行造成任何障碍，不同意原告的诉讼请求。

【案件焦点】

在交通事故中，因违章停放车辆致人死亡的情况下应当如何认定侵权人的侵权责任。

【法院裁判要旨】

北京市丰台区人民法院经审理认为：赵红新停放的机动车与杨保玉驾驶的无号牌三轮摩托车发生交通事故，造成杨保玉受伤，后经抢救无效于次日死亡。赵红新停放的机动车在太平保险公司投保了交强险，先由承保交强险的保险公司在责任限额范围内予以赔偿；仍有不足的，依照道路交通安全法和侵权责任法的相关规定由侵权人予以赔偿。机动车之间发生交通事故的，由有过错的一方承担赔偿责任；双方都有过错的，按照各自过错的比例分担责任。本次交通事故中，赵红新违反规定停放车辆，杨保玉未取得机动车驾驶证驾驶未依法登记的机动车，且根据鉴定机构的鉴定意见，杨保玉最终临床死亡原因考虑为高血压脑出血继发脑疝及脑干损伤可能性大；目前不能排除本次事故与杨保玉死亡之间存在因果关系。故本院根据交通事故发生情况，认定双方均有过错，从事故发生原因、杨保玉受伤后死亡的结果及双方过错程度综合予以考虑确定赵红新承担10%的赔偿责任。

北京市丰台区人民法院依照《中华人民共和国民法通则》第一百一十七条、第一百一十九条，《中华人民共和国道路交通安全法》第七十六条之规定，作出如下判决：

一、被告天平保险公司在交强险责任限额内赔偿原告马芝、张芳英、杨甲、杨乙医疗费5633元、精神损害抚慰金1万元、死亡赔偿金10万元、财产损失1000元（于本判决生效后十日内履行）。

二、被告赵红新赔偿原告马芝、张芳英、杨甲、杨乙死亡赔偿金八83631.6元、丧葬费3877.8元、交通费100元（于本判决生效后十日内履行）。

赵红新及天平保险公司持原审起诉意见提起上诉。北京市第二中级人民法院经审理认为：《中华人民共和国道路交通安全法》第七十六条规定："机动车发生交通事故造成人身伤亡、财产损失的，由保险公司在机动车第三者责任强制保险责任限额范围内予以赔偿；不足的部分，按照下列规定承担赔偿责任：（一）机动车之间发生交通事故的，由有过错的一方承担赔偿责任；双方都有过错的，按照各自过错的比例分担责任。（二）机动车与非机动车驾驶人、行人之间发生交通事故，非机动车驾驶人、行人没有过错的，由机动车一方承担赔偿责任；有证据证明非机动车驾驶人、行人有过错的，根据过错程度适当减轻机动车一方的赔偿责任；机动车一方没有过错的，承担不超过百分之十的赔偿责任。交通事故的损失是由非机动车驾驶人、行人故意碰撞机动车造成的，机动车一方不承担赔偿责任。"从以上法律规定可以看出赔偿的顺序是先由天平保险公司在交强险范围内赔偿后，再根据责任进行相关赔偿。天平保险公司关于先分责、再由其在赵红新责任范围内根据交强险限额赔偿的上诉主张，显然无任何法律依据，与以上法律规定相违背，故本院不予支持。关于赵红新应否承担赔偿责任的问题。本次交通事故中，赵红新违反规定停放车辆，存在过错。原审法院认定赵红新违反规定停放车辆与事故的发生具有一定的因果关系，有事实依据。由于不能排除本次事故与杨保玉死亡之间存在因果关系，原审法院根据交通事故发生情况，认定双方均有过错，从事故发生原因、杨保玉受伤后死亡的结果及双方过错程度综合予以考虑确定赵红新承担10%的赔偿责任，并无明显不当。故赵红新的上诉请求无法律和事实依据，本院不予支持。

北京市第二中级人民法院依照《中华人民共和国民事诉讼法》第一百七十条第一款第（一）项之规定，作出如下判决：

驳回上诉，维持原判。

## 【法官后语】

随着城市建设的快速发展及机动车数量的增长,车辆违章停放已逐步成为一个社会管理的难题。因违章停放车辆致人死亡的情况下应当如何认定停车人的侵权责任,则成了本案中最重要的争议焦点。

第一种观点认为,停车人不应承担侵权责任。违章停车与受害人死亡的结果不存在因果关系。停放车辆在事故发生时系静止状态,并未上路行驶,亦未给交通安全带来隐患。受害人系事故发生的直接引起者,对车辆有控制权,其驾驶的车辆在运动中撞击静止车辆。发生死亡的结果系因为受害人不当操控所致,停车人没有过错。

第二种观点认为,停车人应当承担侵权责任。根据最高院24号指导案例的裁判宗旨,受害人驾驶车辆的过程中是存在过错,但是若无车辆违章停放此地,受害人则不会存在生命的危险。其车辆停放的位置阻断了受害人行驶的路线。即便受害人存在自身疾病的原因,若无外力引起,也不会危及生命。引起受害人外伤的原因系两车相撞而产生的冲击力,进而引起受害人死亡的结果。

第三种观点认为,本案系因果关系中多因一果的情况,受害人驾驶车辆的行为与违章停放车辆均存在过错,但是双方的过错程度都不足以造成受害人死亡的结果,因此双方各应承担一定的责任,具体比例要根据交通事故发生情况而定。而赔偿方式因交通事故存在保险赔偿,故应分别划分赔偿范围。

笔者支持第三种观点,主要理由如下:

1. 对于交强险赔偿规则的理解

《中华人民共和国道路交通安全法》第七十六条、《最高人民法院关于审理道路交通事故损害赔偿案件适用法律若干问题的解释》第十六条都对交通事故发生后,侵权人、交强险保险公司、商业三者险保险公司赔偿顺序进行了规定。商业三者险的加入使受害人的权益可以得到更全面有力的保护。交强险制度由最初的分散转移被保险人的风险、增加其责任财产范围的初衷,演变发展为侧重保障受害人利益救济,其公益性、社会性随着承保损失范围的扩大、受害人权利地位得到强化等变化而日益凸显。学界关于承保交强险的保险公司承担责任的性质一直存在争议。但是我们在审判实践中应当坚持的理念是一旦发生机动车交通事故,承保交强险的保险公司都将是第一顺序的赔偿义务主体,必须在其承保的责任限额内向权利人首先赔付。

2. 关于最高院 24 号指导案例的分析

最高人民法院 24 号指导案例的情况是受害人自身本无伤残，但因体质特殊，经过本不足以造成残疾的交通事故外力的影响而产生了残疾的结果。这是一个质变的过程。并且重点在于受害人对于交通事故的发生没有过错。而本案中，事情的起因则是受害人违反规定驾驶机动车，且存在操作不当的行为。

3. 本案的具体分析

本案根据交通管理部门的认定及法院查明的事实，可以确定侵权人与受害人对于事故的发生均存在过错。受害人的死亡虽经司法鉴定但仍无法确定死亡原因，可以确定的是受害人的死亡至少有交通事故的外力及受害人自身体质问题。但根据原因力进行判断，侵权人违章停车的行为不足以造成受害人的死亡。《中华人民共和国侵权责任法》第二十六条规定："被侵权人对损害的发生也有过错的，可以减轻侵权人的责任。"被侵权人对于损害的发生也有过错的，让侵权人承担全部赔偿责任，有失公允。本案系交通事故责任纠纷，因此根据其特有的赔偿规则，对于受害人的损失首先应当由交强险保险公司予以赔偿，剩余部分再根据侵权责任法的规定划分双方责任比例，进而确定赔偿数额。故法院裁判结果是正确的。

编写人：北京市丰台区人民法院　李志峰

## 24

## 营运车辆停运损失的裁判标准

——北京博瑞泰达运输有限公司诉北京鼎盛嘉业汽车租赁有限公司、中国人民财产保险股份有限公司孝义支公司机动车交通事故责任案

【案件基本信息】

1. 裁判书字号

北京市丰台区人民法院（2015）丰民初字第 15117 号民事判决书

2. 案由：机动车交通事故责任纠纷

3. 当事人

原告：北京博瑞泰达运输有限公司（以下简称博瑞泰达公司）

被告：北京鼎盛嘉业汽车租赁有限公司（以下简称鼎盛嘉业公司）、中国人民财产保险股份有限公司孝义支公司（以下简称保险公司）

【基本案情】

2014年9月17日，鼎盛嘉业公司司机于长彦驾驶机动车行驶至北京市丰台区槐房路同和庄路口与博瑞泰达公司司机王兆武驾驶的机动车发生交通事故，造成两车损坏。事故经交通管理部门认定，于长彦负全部责任。事故发生后，博瑞泰达公司将受损车辆于北京静瑞梅森汽车维修中心进行维修。因维修导致车辆停驶，造成停运损失。原告要求二被告赔偿车辆修理费69850元、停运损失50600元。被告鼎盛嘉业公司辩称停运损失没有证据，也没有计算依据，不同意赔偿。其公司车辆在保险公司投保了交强险和商业三者险，都应由保险公司赔偿。保险公司辩称关于停运损失，原告没有提供相关证据，停运损失依据保险条款是间接损失，不是保险公司赔偿范围。

【案件焦点】

1. 营运车辆因交通事故造成的停运损失是直接损失还是间接损失；2. 侵权人、交强险保险公司、商业三者险保险公司如何承担赔偿责任。

【法院裁判要旨】

北京市丰台区人民法院经审理认为：鼎盛嘉业公司司机于长彦驾驶机动车与博瑞泰达公司司机王兆武驾驶的机动车发生交通事故，致使博瑞泰达公司财产受损。事故经认定于长彦负全部责任，博瑞泰达公司主张鼎盛嘉业公司承担赔偿责任，于法有据，本院予以支持。于长彦所驾车辆在保险公司投保了交强险及商业三者险，先由承保交强险的保险公司在责任限额范围内予以赔偿；不足部分，由承保商业三者险的保险公司根据保险合同予以赔偿；仍有不足的，依照道路交通安全法和侵权责任法的相关规定由鼎盛嘉业公司予以赔偿。当事人对自己提出的诉讼请求所依据的事实有责任提供证据加以证明，没有证据或者证据不足以证明当事人主张的，由负有举证责任的当事人承担不利后果。关于车辆修理费，鼎盛嘉业公司与孝义支公司对此费用不予认可，但均未能提供充足的证据证明其主张，故博瑞泰达公司主张的车辆修理费，有据佐证，本院予以支持。关于停运损失，博瑞泰达公司提供的证据不足以证明其主张，本院参考我国货运行业的一般收入状况、综合考虑涉案车辆的受损情况和修理期限。《最高人民法院关于审理道路交通事故损害赔偿案件适用法律若干问题的解释》第十五条明确规定，依法从事货物运输、旅客运输等经营性活动的车辆，因无法从事相应经营活动所产生的合理停运损失，由侵权人赔偿。故博瑞泰达公司主张保险公司赔偿停运损失，缺乏法律依据，本院不予支持。

北京市丰台区人民法院依照《中华人民共和国民法通则》第一百一十七条、《中华人民共和国道路交通安全法》第七十六条之规定，作出如下判决：

一、被告保险公司在交强险责任限额内赔偿原告北京博瑞泰达运输有限公司车辆修理费2000元（于本判决生效后十日内履行）。

二、被告保险公司在商业三者险责任限额内赔偿原告北京博瑞泰达运输有限公司车辆修理费67850元（于本判决生效后十日内履行）。

三、被告鼎盛嘉业公司赔偿原告北京博瑞泰达运输有限公司停运损失20000元（于本判决生效后十日内履行）。

## 【法官后语】

机动车交通事故数量逐年上升，机动车交通事故损害赔偿案件在民事案件中的比重逐年增加。其中财产损失赔偿范围问题已经成为司法审判实践中的热点和难点。本案原告所有的经营性车辆受损严重导致较长时间无法运营，因此造成其停运损失。双方主要争议焦点即是停运损失应当赔偿多少并且由谁承担，主要有两种观点：

第一种观点认为，应当由承包交强险及商业三者险的保险公司承担。根据《最高人民法院关于审理道路交通事故损害赔偿案件适用法律若干问题的解释》（以下简称《交通损害解释》）第十五条的规定，当事人请求侵权人赔偿的这四项财产损失是并列关系。而前两项损失在司法实践中由保险公司予以赔偿已经没有争议。且前两项也是交通事故中最为常见及重要的赔偿项目，根据"举重以明轻"的原则，后两项自应同样由保险公司予以赔偿。且该条并未表明要将四项赔偿项目予以区分，适用不同的赔偿规则。

第二种观点认为，应当由侵权人负担。在《交通损害解释》公开征求意见稿中，曾经对此问题进行过明确，"赔偿权利人请求承保机动车第三者责任强制保险的保险公司赔偿经营性车辆的停运损失和非经营性车辆使用中断的损失的，人民法院不予支持"，经营性车辆的停运损失的定义是指被侵权人用于货物运输、旅客运输或者汽车租赁等经营活动的车辆，无法从事相应经营活动而产生的损失。虽然在最终公布的解释中进行了修改，但也只是删除了该概念性条文，因此法院在裁判中应当参考该原则来确定赔偿主体。

笔者同意第二种观点，主要理由如下：

1. 关于财产损失的理解

在我国侵权责任法体系中，基于侵权客体的不同，侵权责任亦主要分为两种基本类型：侵害人身权益的侵权责任和侵害财产权益的侵权责任。《中华人民共和国道路交通安全法》第七十六条、《机动车交通事故责任强制保险条例》第二十一条第一款均规定了"人身伤亡""财产损失"应当赔偿。但是"财产损失"的范围在审判实践中一直存在争议。对于侵权行为造成的财产损失，《中华人民共和国侵权责任法》第十九条规定："侵害他人财产的，财产损失按照损失发生时的市场价格或者其他方式计算。"这只是财产损失的计算方式。《交通损害解释》第十四条对此进行了明确，财产损失是指因机动车发生交通事故侵害被侵权人的财产权益所造成的损失。故人身损害中关于财产性内容的赔偿不能界定为财产损失。第十五条对财产损失的范围进行了规定，但是负担主体却没有明确规定，在司法实践中关于车辆修理费、车辆所载物品损失、车辆施救费、车辆重置费等由承保交强险的保险公司及承保商业三者险的保险公司予以赔偿并无太大争议。关于经营性车辆的停运损失作为财产损失的一类应予赔偿自无争议。司法实践也认可这一间接损失的可赔偿性。但是关于赔偿主体不能简单等同于车辆修理费等直接损失由保险公司予以赔偿。

2. 对于"经营性活动"的理解

《中华人民共和国道路运输条例》（国务院令第406号）第二条第二款规定，道路运输经营包括道路旅客运输经营和道路货物运输经营。我国对运营车辆的管理采用行政许可制度。法律保护的是"依法"从事经营活动。《最高人民法院关于交通事故中的财产损失是否包括被损车辆停运损失问题的批复》已明确支持。停运损失是对预期可得利益的保护。司法解释中未对停运损失的时间、范围作明确界定，而是以"合理"作为限制。法官应予考虑的主要有车辆的停运时间、受害人的运营成本、运营能力、近期平均利润等。

3. 关于保险公司的赔偿规则理解

《交通损害解释》已明确规定了交强险保险公司与商业三者险保险公司在一次诉讼案件中进行赔偿。按照交强险的赔偿规则，财产损失的赔偿限额为2000元。停运损失的前提即是车辆受损，因此车辆修理费往往已超出2000元限额。商业三者险系自愿投保，在保险合同中均会明确间接损害不属于保险赔偿范围。因此在审查保险公司已向投保人履行了明确说明及告知义务的情况下，停运损失应当由侵权人予以赔偿。

编写人：北京市丰台区人民法院　李志峰

## 25

# 承运人对因交通事故造成伤亡的乘客承担赔偿责任后，可依据事故责任认定向事故责任人追偿

——丰顺县益丰交通汽车有限公司诉杨青青等交通事故责任案

【案件基本信息】

1. 裁判书字号

广东省梅州市中级人民法院（2016）粤14民终字第851号民事裁定书

2. 案由：交通事故责任纠纷

3. 当事人

原告：丰顺县益丰交通汽车有限公司（以下简称益丰公司）

被告：杨青青、翁振业、中华联合财保汕头支公司、人民财保郴州分公司

二、交通事故损害赔偿 | 99

## 【基本案情】

2015年8月25日11时35分许，被告杨青青驾驶湘L7××××号牌重型自卸货车从揭阳市揭西县龙尾往丰顺县汤坑镇方向行驶，行至丰顺县埔寨镇珠丰矿业公司前路段，追尾碰撞到前面由彭继安驾驶搭载刘爱芳、刘紫宣的粤MT××××号牌大型普通客车，造成粤MT××××号牌大型普通客车驶出路外侧翻，侧压路外柑橘树、电线杆，造成刘爱芳、刘紫宣受伤，柑橘树、电线杆、移运通信设备及两车部分损坏的交通事故。此交通事故经丰顺县公安局交通警察大队作出丰公交认字〔2015〕第B200号道路交通事故认定书认定，被告杨青青驾驶机动车未与前车保持足以采取紧急制动措施的安全距离，是造成此事故发生的全部原因，应承担此事故的全部责任，彭继安、刘爱芳、刘紫宣无责任。

事故发生后，刘爱芳、刘紫宣分别被送至丰顺县中医院、丰顺县人民医院进行住院治疗。被告中华联合财保汕头支公司根据被保险人翁振业的申请，在交强险限额内支付了刘爱芳医疗费用共10000元，交强险财产损失范围内支付了张昌营柑橘树损失2000元，款项已支付至丰顺县中医院及翁振业个人账户。被告刘紫宣住院期间的医疗费7992.18元及一次性补偿3000元由原告支付完毕。庭审期间原告提交了一份刘紫宣的声明书，声明同意由原告代为向致害人主张其权利。

再查明，湘L7××××号牌重型自卸货车的登记车主系胡小发，实际所有人系被告翁振业。被告杨青青系翁振业的雇员，事发时杨青青属于履行职务行为。湘L7××××号车在被告中华联合财保汕头支公司投保了交强险，保险期间自2015年4月11日0时起至2016年4月10日23时59分止，并在被告人民财保郴州分公司投保了赔偿限额为50万元的商业第三者责任险（含不计免赔），事故发生时在保险期限内。被告人民财保郴州分公司在答辩状中称根据其公司商业第三者险第七条第一款的约定，该公司不承担停运损失费，但其未向本院提交有相关证据证明其向投保人翁振业就免责条款的内容进行了提示和说明，被告翁振业对该免责条款表示不清楚并未在保单上签名确认。

还查明，彭继安驾驶的粤MT××××号牌大型普通客车的登记车主是益丰公司，彭继安系该公司的雇员。原告益丰公司于2016年5月12日委托广州市华盟价格事务所有限公司对粤MT××××号牌大型普通客车的停运损失进行评估。广州市华盟价格事务所有限公司于2016年5月17日作出了穗华价估（蕉岭）〔2016〕028号报告书，对粤MT××××号牌大型普通客车的停运损失评估为49600元，评估费用为3450元。

【案件焦点】

1. 原告益丰公司在事故发生后先行垫付费用是何性质；2. 原告垫付后能否请求保险公司返还。

【法院裁判要旨】

广东省梅州市丰顺县人民法院经审理认为：本案是机动车交通事故责任纠纷，机动车发生交通事故造成人身伤亡、财产损失的，应先由保险公司在机动车交通事故责任强制保险责任限额范围内予以赔偿，超过交强险限额的部分，事故发生于机动车之间的，根据事故当事人过错的比例分担。丰顺县公安局交警大队经现场勘查、调查取证作出的道路交通事故认定书认定，被告杨青青承担此事故的全部责任，彭继安、刘爱芳、刘紫宣无责任。对该事故认定双方当事人均无异议，可作为本案民事损害赔偿的依据。

对于原告主张医药费7992.18元，当事人一方因第三人的原因造成违约的，应当向对方承担违约责任，当事人一方和第三人之间的纠纷，依照法律规定或者按照约定解决。承运人应当对运输过程中旅客的伤亡承担损害赔偿责任，但伤亡是旅客自身健康原因造成的或者承运人证明伤亡是旅客故意、重大过失造成的除外。杨青青驾驶湘L7××××号与彭继安驾驶的粤MT××××大型普通客车相撞，致使乘车人刘爱芳、刘紫宣受伤，该事故经交警认定被告杨青青承担事故的全部责任。原告益丰公司已经通过协商向刘紫宣做出了赔偿。现原告益丰公司要求作为侵权方的杨青青及其投保的保险公司承担责任，理由正当，证据充分，本院予以支持。对于停运损失的赔偿责任，《最高人民法院关于审理道路交通事故损害赔偿案件适用若干问题的解释》第十五条第一款第（三）项将营运车辆的停运损失认定为受害人因道路交通事故所导致的财产损失范围，粤MT××××号车的使用性质为公路客运，故本院对原告益丰公司请求赔偿事故车辆粤MT××××号车在维修期间产生的停运费49600元予以支持。被告人民财保郴州分公司主张停运损失属商业险第七条第一款第（一）项约定的："被保险机动车发生意外事故，致使第三者停业、停驶、停电、停水、停气、停产、通讯或者网络中断、数据丢失、电压变化等造成的损失以及其他各种间接损失"的免赔事由,但未能提供相应证据证明其在订立保险合同时,向投保人就免责条款的内容尽到了提示和说明的义务,投保人对此亦不予认可,应由保险公司对此承担举证不能的责任。

对施救费 6000 元及评估费 3450 元,粤 MT××××号车在事故中受损,无法正常行驶产生的施救费及对停运车辆的损失进行评估产生的评估费,是合理的、必要的费用,原告提供了发票证实其主张,本院予以支持。被告杨青青在从事雇佣活动中致他人人身伤亡、财产损失,雇主翁振业应对原告的损失承担赔偿责任。又因被告翁振业在被告中华联合财保汕头支公司购买了交强险、被告人民财保郴州分公司购买了商业第三者险,故原告的损失应先由承保交强险的保险公司在责任限额范围内予以赔偿,不足部分,由承保商业三者险的保险公司根据保险合同予以赔偿。被告中华联合财保汕头支公司对本案事故车辆湘 L7××××号交强险项下医疗费用及财产损失费用已足额赔付,该公司无须再承担责任。

## 【法官后语】

本案的焦点主要有两个:一是原告益丰公司在事故发生后先行垫付费用是何性质;二是原告垫付后能否请求保险公司返还。

1. 原告先行垫付费用是履行客运合同的义务

《中华人民共和国合同法》第三百零二条第一款规定:"承运人应当对运输过程中旅客的伤亡承担损害赔偿责任,但伤亡是旅客自身健康原因造成的或者承运人证明伤亡是旅客故意、重大过失造成的除外。"原告益丰公司以其所有的客车搭载刘爱芳、刘紫宣,此时便与刘爱芳、刘紫宣之间形成了客运合同关系,益丰公司负有将上述二人安全及时送达目的地的义务。但益丰公司在履行义务的过程中,因交通事故致搭乘的两名乘客受伤,已构成违约,即使本案中事故的发生经交警认定由被告杨青青承担全部责任,益丰公司仍需基于合同违约承担相应的民事赔偿责任,故益丰公司在事故发生后先行支付车内乘客刘爱芳、刘紫宣费用的行为是履行合同义务的行为。

2. 原告垫付后可请求保险公司返还

根据《中华人民共和国合同法》第一百二十一条的规定:"当事人一方因第三人的原因造成违约的,应当向对方承担违约责任。当事人一方和第三人之间的纠纷,依照法律规定或者按照约定解决。"本案中,事故的发生经交警认定由被告杨青青承担事故的全部责任,也就是说,导致刘爱芳、刘紫宣受伤的直接侵权人是杨青青,故其应当承担侵权赔偿责任。原告益丰公司在事故发生后先行支付车内乘客刘爱芳、刘紫宣费用的行为是履行其合同义务,而杨青青则是肇事车辆实际所有人翁振业的雇员,事发时杨青青属于履行职务行为,故赔偿责任的最终承担者应是肇事车辆实际所有人翁振业。由于肇事车辆在被告中华联合财保汕头支公司购买了交强险、在被告人民财保郴州分公司购买了商业第三者险,故原告在垫付乘客医药费后可向保险公司在其保险赔偿责任范围内追偿,并请求保险公司赔偿其他各项合理费用。

编写人:广东省梅州市丰顺县人民法院 严明珠 卢燕燕

## 26

## 交通事故中受害人诉前死亡,残疾赔偿金如何赔偿

——王小某诉王高某、中国人民财产保险股份有限公司固安支公司机动车交通事故责任案

【案件基本信息】

1. 裁判书字号

河南省平顶山市郏县人民法院(2016)豫0425民初字第763号民事判决书

2. 案由:机动车交通事故责任纠纷

3. 当事人

原告:王小某

被告:王高某、中国人民财产保险股份有限公司固安支公司(以下简称保险公司)

【基本案情】

2014年12月7日19时,王高某驾驶三轮汽车由西向东行驶至郏县渣元乡某村

丁字路口向左转弯时，与行人王建某相撞，致王建某受伤。经郏县公安交通警察大队认定，王高某负该事故的全部责任，王建某无责任。事故发生后，王建某被送往郏县人民医院救治。2015年7月25日，王建某被鉴定为九级伤残一处、十级伤残一处。鉴定结果作出不久，王建某去世（非因交通事故）。现王建某之子王小某于2016年3月10日向法院提起诉讼，请求依法判令王高某和保险公司支付因交通事故造成其父王建某的各项损失（包括住院伙食补助费、营养费、护理费、误工费、残疾赔偿金、鉴定费、交通费、精神损失费）共计170000元。

**【案件焦点】**

1. 残疾赔偿金请求权是否可以继承；2. 交通事故中受害人诉前死亡，残疾赔偿金的计算应适用何种赔偿原则。

**【法院裁判要旨】**

河南省平顶山市郏县人民法院经审理认为：公民的合法权益应当受到保护，侵犯公民合法权益造成损害的，应当进行赔偿。王高某驾驶三轮汽车将王建某撞伤，王高某作为该起事故的责任人，应当承担民事赔偿责任。鉴于事故车辆在保险公司投保有机动车交通事故强制责任保险，对王建某的损失应先由保险公司在交强险责任限额内予以赔偿，不足部分按照责任比例承担。关于保险公司辩称超过诉讼时效的意见，由于交通事故人身损害的损失需根据治疗、休养以及是否构成伤残等情况才能确定，诉讼时效应从治疗终结之日或者伤残鉴定结果确定之日起计算。本案中，受害人王建某伤情较重且构成伤残，其诉讼时效应从定残之日起计算，因此本案并未超过诉讼时效。王建某死亡，其继承人享有要求侵权人赔偿损失的权利，王小某作为王建某的儿子及唯一的法定继承人，具有原告的主体资格。

关于赔偿标准计算问题，虽然受害人王建某的户口簿显示为农业家庭户口，但王建某从2013年8月开始在东城辖区居住，至事故发生之日已在城镇居住一年以上，可以按照城镇标准计算赔偿数额。关于保险公司所称受害人王建某死亡发生在农村，从交通事故到死亡期间不存在在城镇居住的现象，未提供相应证据，且该辩称意见不能否定王建某事故发生前在城镇居住一年以上的事实，故法院认为应当按照城镇标准计算。关于残疾赔偿金，交通事故发生时，受害人即与赔偿义务人之间因侵权行为形成了请求财产赔偿的债权债务关系。受害人死亡，其继承人可以依据

《中华人民共和国继承法》的规定,享有该债权请求权。关于残疾赔偿金的数额计算,由《最高人民法院关于审理人身损害赔偿案件适用法律若干问题的解释》第二十五条的规定可以看出,残疾赔偿金采取定型化赔偿原则,受害人因受到伤害致残,赔偿义务人就应按固定的赔偿标准和年限进行赔偿,该赔偿数额产生于事故发生至受害人伤残鉴定作出之时,不以受害人的未来生存年限为依据。经审查认定,法院支持王建某的各项损失共计152615.79元,应先由保险公司在交强险分项限额内予以赔偿。保险公司应在交强险医疗费用限额10000元内赔偿王建某的住院伙食补助费及营养费5600元,在死亡伤残赔偿限额110000元内赔偿王建某的护理费、误工费、交通费、残疾赔偿金等110000元。对于不足部分37015.79元,由于王高某在事故中负全部责任,王建某无责任,所以该部分损失应由王高某负责赔偿。

河南省平顶山市郏县人民法院依照《中华人民共和国侵权责任法》第六条,《中华人民共和国道路交通安全法》第七十六条,《最高人民法院关于审理人身损害赔偿案件适用法律若干问题的解释》第十七条、第十八条、第二十条、第二十一条、第二十二条、第二十三条、第二十四条、第二十五条,《中华人民共和国民事诉讼法》第六十四条之规定,判决如下:

一、保险公司于本判决生效后十日内支付给王小某115600元。

二、王高某于本判决生效后十日内支付给王小某37015.79元。

三、驳回王小某的其他诉讼请求。

## 【法官后语】

本案是较为常见的机动车交通事故责任纠纷,但涉及的法律问题较多,其中关于残疾赔偿金的赔偿问题则是该类案件中的新问题,涉及残疾赔偿金的性质、计算方法及请求权继承等。

1. 残疾赔偿金的请求权能否继承的问题

(1) 残疾赔偿金属于财产损害性质的赔偿。《最高人民法院关于审理人身损害赔偿案件适用法律若干问题的解释》(以下简称《人身损害赔偿解释》)第十八条与第二十五条将精神损害抚慰金与残疾赔偿金分列开来,并在第三十一条明确了残疾赔偿金属于财产损失,是物质损害赔偿金。

(2) 残疾赔偿金的请求权可以继承。残疾赔偿金的请求权是受害人基于人身受伤致残的事实，向赔偿义务人提出支付残疾赔偿金的请求权，具有人身和财产的双重属性，而财产属性是其本质性权利。当受害人的伤残事实确定之后，其就具有要求赔偿义务人支付相应财产的权利，这种权利是一种债权请求权。基于残疾赔偿金的人身属性，在受害人本人生存的情况下，请求权只能由其本人行使，且残疾赔偿金不能作为夫妻共同财产或者家庭共同财产进行分割，但在受害人本人死亡的情况下，人身属性消亡，但残疾赔偿金的财产属性仍然存在，其请求权作为一种履行标的为金钱的债权，可以根据《中华人民共和国继承法》及《最高人民法院关于贯彻执行〈中华人民共和国继承法〉若干问题的意见》的规定，由继承人予以继承。

2. 残疾赔偿金的计算方法

人身损害赔偿的计算方法有差额化计算和定型化计算之分。差额化计算以受害人在人身遭受损害前后的财产差额为依据，与收入相关联；定型化计算则以固定的标准为依据，与受害人是否达到相应标准有关。《人身损害赔偿解释》第二十五条规定："残疾赔偿金根据受害人丧失劳动能力程度或者伤残等级，按照受诉法院所在地上一年度城镇居民人均可支配收入或者农村居民人均纯收入标准，自定残之日起按二十年计算。但六十周岁以上的，年龄每增加一岁减少一年；七十五周岁以上的，按五年计算。受害人因伤致残但实际收入没有减少，或者伤残等级较轻但造成职业妨害严重影响其劳动就业的，可以对残疾赔偿金作相应调整。"由上述规定可知，残疾赔偿金采取的是定型化计算方法，以二十年的固定期限为法定推定期间，根据年龄情况作相应调整，且以固定标准（受诉法院所在地上一年度城镇居民人均可支配收入或者农村居民人均纯收入）为计算依据，而不以受害人的实际收入为标准。这种计算方法避免了因个体不同导致赔偿差额巨大，符合法的稳定性要求。若以实际收入为标准，则可能会导致未成年人、不具备劳动能力的人得不到相应赔偿，不利于正义的实现，也可能导致侵权人因偶然行为而被科以过高的赔偿数额（如受害人是高额所得者），不符合法的妥当性要求。

关于赔偿年限问题，《人身损害赔偿解释》第二十五条已经明确了二十年的期限，调整依据的是受害人的年龄，而非未来实际生存年限。同时，根据《人身损害赔偿解释》第三十二条的规定，在给付年限期满后，权利人有再次起诉的权利，目的是消除固定赔偿期限的不利因素，但解释并未规定受害人自定残之日起二十年内死亡的，应退回已支付的残疾赔偿金。从法律逻辑上来说，若以受害人实际生存年限为赔偿期限,则可能出现侵权行为致人重度残疾,定残后受害人生存时间很短,依据实际生存年限来计算只能得到很少的赔偿金,这显然有失公正。同理,诉讼期间也可能影响受害人的获赔数额,如果受害人在诉讼终结后死亡,则可获得二十年的赔偿金,如果受害人在诉讼期间死亡,则只能获得定残之日至死亡时的赔偿金,这显然违背立法精神。因此,残疾赔偿金的计算应适用定型化赔偿原则,在损害结果明确(定残)后就确定下来,不因其他意外因素而有所变动,这符合法的稳定性和妥当性要求,也符合公平原则。

综上,本案中受害人王建某在定残后死亡,其子王小某可以要求被告给付包括残疾赔偿金在内的各项损失,残疾赔偿金的数额计算以《人身损害赔偿解释》第二十五条的期限为依据,不以受害人的实际生存时间为标准。

编写人:河南省平顶山市郏县人民法院　白志强　樊俊晓

## 27

# 机动车交通事故责任案中受害者是否可以向承担刑事责任的肇事司机主张精神抚慰金

## ——艾树群诉陈显艳机动车交通事故责任案

【案件基本信息】

1. 裁判书字号

河南省信阳市浉河区人民法院(2016)豫1502民初字第1735号民事判决书

2. 案由:机动车交通事故责任纠纷

3. 当事人

原告:艾树群

被告:陈显艳

## 【基本案情】

2015年4月28日4时10分许，被告陈显艳驾驶大阳牌无号三轮载货摩托车，沿107国道由北向南行驶至信阳市浉河区107国道双井乡政府北2000米处路段时，与同方向步行的原告艾树群发生相撞，造成车辆受损，原告受伤的道路交通事故。2015年5月6日，信阳市公安交警支队浉河勤务大队作出浉河公交认字〔2015〕第172号《道路交通事故认定书》，认定被告对本次事故负全部责任。后被告陈显艳因本次事故被河南省信阳市浉河区人民法院以交通肇事罪判处有期徒刑一年六个月，缓刑二年。2015年12月11日，原、被告双方的家属就赔偿事宜达成协议，由被告陈显艳赔偿原告艾树群前期医疗费、误工费、护理费、住院伙食补助费、营养费、交通费等共计12万元，因原告伤残鉴定未到法定期限，双方签订协议之日之后发生的医疗费等相关费用原告艾树群同意另行提起民事诉讼。经信阳益民法医临床司法鉴定所出具的信益民司鉴所〔2016〕临鉴字第212号《伤残鉴定意见书》，鉴定原告艾树群的伤残等级系一个十级伤残和一个二级伤残。

## 【案件焦点】

在交通肇事案件中，肇事司机已经承担了刑事责任后，受害者向其主张精神抚慰金是否可以支持。

## 【法院裁判要旨】

河南省信阳市浉河区人民法院经审理认为：公民的生命健康权受法律保护。信阳市公安交警支队浉河勤务大队作出的浉河公交认字〔2015〕第172号《道路交通事故认定书》责任认定适当，程序合法，法院予以确认。原、被告双方于2015年12月11日就原告艾树群前期医疗费、误工费、护理费、住院伙食补助费、营养费、交通费达成了赔偿协议，因当时未达到对原告伤情进行鉴定的条件，故双方约定其余赔偿项目由原告另行提起民事诉讼，原告现向本院起诉要求被告赔偿其残疾赔偿金、被扶养人生活费、精神抚慰金的诉讼请求本院予以支持。原告虽提交了其雇主胡久悦的营业执照并申请其雇主胡久悦出庭作证，但仅能证明其在城镇务工，主要收入来源于城镇，但因原告仅提交租房协议，未提交房东的身份信息及房屋信息等相关证据予以佐证，不足以认定其长期在城镇居住，故其残疾赔偿金和被扶养人生活费均不能按照城镇标准计算。原告艾树群因本次事故造成身体一处二级伤残，一处十级伤残,故其伤残赔偿系数应为91%。原告艾树群的赔偿数额确定如下:一、残疾赔偿金197524.6元,按河南省上一年度农村居民人均纯收入10853元/年×20年×91%计算。二、被扶养人生活费21531.51元,按河南省上一年度农村居民人均生活消费支出7887元/年×6年×91%÷2人计算。三、因本次事故造成原告艾树群身体一处十级伤残和一处二级伤残,故精神抚慰金酌定40000元。以上各项赔偿共计259056.11元。

河南省信阳市浉河区人民法院依照《中华人民共和国民法通则》第一百零六条第二款、第一百一十九条,《中华人民共和国侵权责任法》第十六条、第二十二条,《最高人民法院关于适用〈中华人民共和国刑事诉讼法〉的解释》第一百五十五条,《中华人民共和国道路交通安全法》第七十六条,《最高人民法院关于审理道路交通事故损害赔偿案件适用法律若干问题的解释》第十四条,《最高人民法院关于审理人身损害赔偿案件适用法律若干问题的解释》第十七条、第十八条以及《最高人民法院关于确定民事侵权精神损害赔偿责任若干问题的解释》第八条第二款之规定,作出如下判决:

被告陈显艳应于本判决生效后十日内向原告艾树群赔偿残疾赔偿金、精神抚慰金、被扶养人生活费共计259056.11元。

一审判决后,双方当事人未上诉,一审判决已生效。

## 【法官后语】

本案中原告主张的赔偿项目有残疾赔偿金、被扶养人生活费和精神抚慰金三部分,对于残疾赔偿金、被扶养人生活费,本院依据双方提交的证据经过庭审举证质证,进行了判决,本案的焦点问题是,肇事者即本案被告已经经过了刑事判决,是否仍需承担精神抚慰金。被告辩称,依据2002年7月20日起实施的《最高人民法院关于人民法院是否受理刑事案件被害人提起精神损害赔偿民事诉讼问题的批复》和《关于刑事附带民事诉讼范围问题的规定》,对于刑事案件被害人由于被告人的犯罪行为而遭受精神损失提起的附带民事诉讼的,或者在该刑事案件审结后,被害人另行提起的刑事附带民事诉讼中,受害人或受害人的近亲属请求精神损害赔偿,人民法院不予受理。法律没有明文的规定,且刑法处罚了被告人,在一定程度上已经对受害人或其近亲属进行了精神安慰和补偿,不必再要求被告人承担精神损害赔偿金。

从社会发展的实际来看,被告人因交通肇事罪被刑法处罚之后是远远不能安抚受害人及其近亲属心灵的,交通事故致使本来具有劳动能力的受害人伤残失去劳动能力或致死,必然导致家庭收入减少,受害人家属生活困难,他们承受的生活压力和精神压力是不会因为被告人受到处罚而得到缓解的,因此,必要的精神损害赔偿是理所应当的,故本院支持了原告要求被告支付精神抚慰金的请求。

虽然根据最高院司法解释,只要构成刑事犯罪,刑事附带民事诉讼,或刑事审结后,再单独提起民事诉讼,都不赔偿精神抚慰金,实践中也是这样掌握的,但唯独交通肇事罪是个例外,例外之处在于交通肇事罪在司法实践中往往不是与刑事案件一起提出附带民事诉讼,也不是在刑事案件审结后再单独提出民事赔偿,而是在刑事案件进行过程中,同时可以单独提起民事诉讼。

法律的意义不在于逻辑,而在于经验,在于结合实际。一般的交通事故都赔偿精神抚慰金,更为严重的交通肇事罪反而不赔,或者反而赔的更少了,这不符合法律逻辑。

一般的刑事犯罪中,主要考虑到一般被告人的赔偿能力非常有限,多数刑事案件中被害人的伤残赔偿金和死亡赔偿金都得不到赔偿,更何况是精神抚慰金,如果法院过多地支持被害人的死亡赔偿金、伤残赔偿金及精神抚慰金,就会出现大量得不到有效执行的判决书,这样会严重影响到人民法院的权威性和公信力,从而违背司法的终极效力,同时考虑到被告人在执行刑罚的过程中也遭受到了一定的精神痛苦,所以受害人提出精神损害赔偿要求时,法院不予支持。但是作为过失犯罪的交通肇事罪,不同于普通犯罪,其中最明显的一点就是交强险和商业险政策,在涉案机动车投保了商业险以后,很大一部分损害赔偿都能够得到保障,同时机动车辆的多数肇事者本身有一定的赔偿能力,所以其更愿意积极地赔偿受害人的损失,从而争取获得法律的从宽处罚。所以,综合前述法律规定对精神抚慰金予以赔偿和支持,更符合立法本意,更能有效地保护受害者的合法利益和维护社会公平正义。

编写人:河南省信阳市浉河区人民法院　张金奇　陈亚

## 28

# 机动车交通事故电动车性质认定及侵权责任比例划分
## ——邱带娣诉葛小明、葛八宝机动车交通事故责任案

【案件基本信息】

1. 裁判书字号

江西省赣州市于都县人民法院（2017）赣0731民初字第96号民事判决书

2. 案由：机动车交通事故责任纠纷

3. 当事人

原告：邱带娣

被告：葛小明、葛八宝

【基本案情】

2016年5月15日7时30分许，葛小明驾驶赣无号牌电动助力车从于都县葛坳乡塘泥村方向往于都县葛坳乡葛坳圩方向行驶，当车行至319国道511km+900m处交叉路口路段时，与从道路右侧路口驶入国道右转弯的葛八宝驾驶的赣BX××××号普通二轮摩托车（后载邱带娣及葛林生、陈满秀、葛伟豪）相撞，造成邱带娣受伤，两车受损的交通事故。经于都县公安局交通管理大队道路交通事故认定书认定：葛八宝负事故主要责任，葛小明负事故次要责任，邱带娣、葛林生、陈满秀、葛伟豪不负事故责任。事故发生后，邱带娣先后于2016年5月15日至6月4日、6月9日至6月19日两次在于都县第二人民医院住院治疗。经于都县中立司法鉴定中心鉴定，邱带娣损伤构成九级伤残；二次手术费用8000元，二次术期休息1个月；本次损伤误工期150日，护理期60日，营养期70日。

另查明，事发时葛小明驾驶的电动车商标为"王野"，产品型号为TDR001Z，生产企业为台州市王野电动车有限公司。本院经查询江西省工业和信息化委员会官方网站http://www.jxciit.gov.cn/，查明该车型被列入2012年5月29日《江西省

非机动车上牌登记产品目录》（第 18 批）序号 13，车种类别为电动自行车。

## 【案件焦点】

1. 葛小明所有的肇事电动车是机动车、电动自行车，还是超标电动车等性质的认定；2. 机动车交通事故侵权责任比例的划分。

## 【法院裁判要旨】

本案事故经公安部门认定，葛八宝负主责，葛小明负次责，原告及乘客无责，被告葛小明抗辩葛八宝应负事故全责，但所提供证据不足以证明其主张，法院不予采纳。原告虽不负事故责任，但其作为完全民事行为能力人，明知被告葛八宝驾驶的摩托车超核定载人数仍然搭乘，本身未尽到安全义务，应自负相应的民事责任。被告葛八宝辩称葛小明驾驶的王野电动车系超标电动车，视同机动车，但未提供证据证明，故其主张被告葛小明应在交强险限额内先行承担赔偿责任，理由不能成立，法院不予采纳。关于原告主张的各项赔偿费用，法院确认如下：1. 医疗费 40903.49 元，其中后续治疗费 8000 元；2. 营养费、护理费，结合鉴定意见的营养期、护理期，支持营养费 1400 元、护理费 7375.80 元；3. 误工费 13500 元（90 元/天×150 天）、住院伙食补助费 600 元（20 元/天×30 天）；4. 鉴定费 1800 元，有票据为凭，本院亦予确认；5. 交通费，结合原告医疗及鉴定情况支持 300 元；6. 残疾赔偿金 44556 元（11139 元/年×20 年×20%）；7. 精神损害抚慰金，酌定 6000 元。上述费用共计 116435.29 元，由被告葛八宝承担 50% 的赔偿责任计 58217.64 元，被告葛小明承担 30% 的赔偿责任计 34930.59 元，原告邱带娣自负 20% 计 23287.06 元。被告葛八宝在事故发生后先行支付的原告医疗费 4600 元，于赔付时予以抵扣。

江苏省赣州市于都县人民法院依照《中华人民共和国侵权责任法》第六条第一款、第十六条、第二十二条、第二十六条，《中华人民共和国道路交通安全法》第七十六条第一款第（二）项，《最高人民法院关于审理人身损害赔偿案件适用法律若干问题的解释》第十七条、第十九条至第二十五条，《最高人民法院关于确定民事侵权精神损害赔偿责任若干问题的解释》第一条、第十条之规定，判决如下：

一、被告葛八宝应赔偿原告邱带娣因交通事故造成的各项损失人民币 58217.64 元，扣除已支付的 4600 元，尚应赔偿 53617.64 元。

二、被告葛小明赔偿原告邱带娣因交通事故造成的各项损失人民币34930.59元。

三、驳回原告邱带娣的其他诉讼请求。上述被告应向原告邱带娣赔付款项，限于本判决生效后十日内履行完毕。

## 【法官后语】

公民的生命健康权受法律保护。行为人因过错侵害他人民事权益，应当承担侵权责任。侵害他人造成人身损害的，应当赔偿医疗费、护理费、交通费等为治疗和康复支出的合理费用，以及因误工减少的收入。造成残疾的，还应当赔偿残疾生活辅助工具费和残疾赔偿金。

本案的争议焦点之一为：葛小明所有的肇事电动车是否为机动车、电动自行车或是超标电动车，是否有购买交强险的义务。被告葛八宝提出了葛小明驾驶的肇事车辆为超标电动车属于机动车，却未履行购买交强险的义务的抗辩。对被告葛八宝的抗辩，本院经查询认定了葛小明驾驶的车辆为电动自行车，而葛八宝认为属于超标电动车，即属于机动车有购买交强险的义务，则本案原告的损失也应在交强险内优先赔偿，对此本院认为葛八宝未向法庭提交证据证明该车辆系超标电动车，故不予采纳。

本案的争议焦点之二为：侵权责任比例的划分问题。本案的侵权责任认定以交警部门作出的事故认定书为主要依据，即葛八宝负主责，葛小明负次责，原告及乘客无责，同时根据本案实际事实情况，原告自身为完全民事行为能力人，在搭乘车辆已超载的情况下仍搭乘被告葛小明的车辆，该行为存在一定过错，原告自身应承担部分民事责任。故对本案侵权责任比例认定为：被告葛八宝承担50%的责任，被告葛小明承担30%的责任，原告自身承担20%的责任。

编写人：江西省赣州市于都县人民法院　钟金

## 29

## 好意同乘是否能作为免除或减轻侵权责任的抗辩理由

——周春桃诉杨林兵、中国大地财产保险股份有限公司新建支公司机动车交通事故责任案

## 【案件基本信息】

1. 裁判书字号

江西省九江市彭泽县人民法院（2016）赣0430民初字第1392号民事判决书

2. 案由：机动车交通事故责任纠纷

3. 当事人

原告：周春桃

被告：杨林兵、中国大地财产保险股份有限公司新建支公司（以下简称大地财保新建支公司）

## 【基本案情】

2016年4月1日16时13分许，被告杨林兵驾驶赣MV××××号小型轿车，免费搭乘原告周春桃，沿彭湖高速公路由湖口往彭泽县方向行驶，行至彭湖高速36km+786m处时，车辆撞上公路护栏，造成原告周春桃受伤的道路交通事故。此次事故经江西省公安厅交通管理局高速公路交通警察总队直属二支队第五大队处理认定，被告杨林兵负事故全部责任。原告受伤后被送往彭泽县人民医院治疗，住院2天后于2016年4月3日转至东至县中医院治疗，住院35天于2016年5月8日出院，共计用去医疗费27622.5元，被告杨林兵支付了所有医疗费，并另支付了4月1日至4月30日的全部护理费3200元，另被告杨林兵生意合伙人孔德武代为给付5000元。2016年8月3日安徽秋江司法鉴定所对原告的伤残等级及误工期等进行了鉴定，意见为：被鉴定人周春桃构成道路交通事故十级伤残；损伤后误工期应设至伤残评定前一日，护理期限应设60天，营养期限应设60天为宜。鉴定费用2000

元。本案审理过程中，被告杨林兵对此提出异议，要求重新鉴定，本院据此依法委托了江西九江司法鉴定中心对此重新鉴定，该鉴定中心鉴定意见为：被鉴定人周春桃伤残等级评定为十级；误工时间评定为120日，护理时间评定为60日，营养时间评定为60日。被告杨林兵支付此次鉴定费用。

被告杨林兵对于事故的发生及原告受轻微伤均无异议，但是原告乘坐被告车属于好意同乘，且被告支付了全部的医疗费，被告杨林兵认为法院应当适当减轻原告的赔偿责任。且被告杨林兵认为原告的诉讼请求计算标准过高，对其伤残有异议，对于被告垫付的费用要求一并处理。

此外，被告杨林兵为赣MV××××号车于2016年1月15在被告大地财保新建支公司投保了为期一年的保险限额为4座×10000元/座的乘客车上人员责任险。

## 【案件焦点】

好意同乘是否能够作为被告杨林兵减轻或者免除侵权责任的抗辩理由。

## 【法院裁判要旨】

江西省九江市彭泽县人民法院经审理认为：被告杨林兵免费搭乘原告周春桃发生交通事故，致使原告受伤，理应承担赔偿责任。但考虑到被告系免费搭乘，与一般有偿搭乘有一定的区别，为弘扬助人为乐社会风尚，因此应减轻被告杨林兵的赔偿责任，故杨林兵对原告的损害结果酌情减轻为80%。因杨林兵为赣MV××××号车在被告大地财保新建支公司投保了每座为10000元的乘客车上人员责任险，故被告保险公司应在保险限额内承担赔付责任。因重新鉴定结论与第一次鉴定结论基本相同，故重新鉴定费由被告杨林兵承担。

结合本案案情及相关法律规定，原告伤后损失认定为：1. 医疗费27622.5元；2. 营养费1320元；3. 住院伙食补助费925天；4. 护理费6500元；6. 精神损害抚慰金2000元；7. 误工费10800元；8. 交通费1000元；9. 鉴定费2000元，共计74445.5元。由被告大地财保新建支公司在乘客车上人员责任险内承担10000元，由被告杨林兵承担49556.4元，因其已支付了35822.5元，故实际还应支付13733.9元。江西省九江市澎泽县人民法院依照《中华人民共和国道路交通安全法》第七十六条，《中华人民共和国保险法》第六十五条，《中华人民共和国侵权责任法》第六条、第十六条、第二十二条，《中华人民共和国民事诉讼法》第一百四十四条之规定，判决如下：

被告大地财保新建支公司赔付原告损失 10000 元，被告杨林兵赔偿原告损失 13733.9 元。

**【法官后语】**

本案处理的重点在于对好意同乘的理解。好意同乘是指经机动车驾驶人同意，无偿搭乘机动车的行为。可见好意同乘必须满足三个条件：第一，机动车驾驶人并非以运营为目的；第二，必须是无偿的；第三，必须经过驾驶人的同意。随着人民生活水平的不断提高，拥有私家车的人越来越多，这些都造成了好意同乘侵权案件的增多。而面对此类案件，应当如何处理，法官认为主要可以从以下几点来分析。

1. 法是具有指引功能的。法的指引作用是指法律作为一种行为规范，为人们提供某种行为模式，指引人们的行为，从而对行为者本人的行为产生影响。好意同乘本是一种助人为乐的情谊行为，如果好意同乘的驾驶人不能得到适当的减轻或者免除责任，那么此时法律对人们的指引就是放弃助人为乐。法与道德是相辅相成的，如果人们都放弃助人为乐，形成一种自私自利的社会风气，对于和谐社会将产生不利的影响。

2. 民法的基本原则就是公序良俗。所谓公序就是国家社会存在及其发展必需的一般秩序；良俗，是指善良的风俗，是指国家社会的存在及其发展所必需的一般道德。好意同乘的驾驶者不以运营为目的，并且没有收取报酬，本就是出于善意的行为，如果要求驾驶者严格地按照侵权责任法的规定承担损害赔偿责任，那么公序良俗也将受到挑战，社会道德也将受到质疑。

可见，对于本案中杨林兵的好意同乘行为是民法公序良俗的表现。本案法官认为应当减轻被告杨林兵 20% 的民事责任，符合法律和事实，是弘扬社会主义新风尚的表现。

编写人：江西省九江市彭泽县人民法院　彭楚云

## 30

## 人身侵权类纠纷中如何界定城镇标准中的"城镇"

——黄七秀诉刘秀清、平安财产保险股份有限公司赣州市中心支公司机动车交通事故责任案

### 【案件基本信息】

1. 裁判书字号

江西省赣州市于都县人民法院（2016）赣0731民初字第1929号民事判决书

2. 案由：机动车交通事故责任纠纷

3. 当事人

原告（上诉人）：黄七秀

被告（被上诉人）：刘秀清、平安财产保险股份有限公司赣州市中心支公司（以下简称平安财保赣州公司）

### 【基本案情】

2015年9月15日，刘秀清驾驶小轿车在于都县梓林工业园肖屋菜市场路段同黄七秀发生剐蹭，造成黄七秀受伤。黄七秀经住院治疗26天后，于2015年5月5日托于都中立司法鉴定中心作出鉴定，鉴定结论为黄七秀构成十级伤残，内部踝部内固定拆除二次手术费8000元，二次术期休息30日，本次误工期150日，护理期60日，营养期80日。刘秀清驾驶的车辆在平安财保赣州公司投保了交强险、500000元不计免赔第三者责任险。后三方关于黄七秀的各项损失赔偿问题无法达成一致意见，黄七秀遂诉至法院要求刘秀清、平安财保赣州公司赔偿77567元。

### 【案件焦点】

在人身侵权类案件中，若受害人是农村户籍的，但是有充分的证据证明在侵权事故发生前的一年以上是居住、生活在城镇及消费、收入都来源于城镇的，是否可

以按照城镇标准计算相应的各项损失。

**【法院裁判要旨】**

法院生效裁判认为：本案的争议焦点为原告的各项损失是否可以按照城镇标准计算。被告平安财保赣州公司认为，本案中原告黄七秀农业户籍，虽然其和其儿子、儿媳租住在于都县贡江镇农业村肖屋组，但是该村系农村，并不属于于都县人民政府规划建设的城镇范围内，因此黄七秀的各项损失应当按照农村标准计算。庭审中，原告方向法庭提供了事故发生前一年零十个月共计连续二十二个月的房租水电费收据、租房协议一份，并申请了证人葛某某、梁某某出庭作证。经过双方的举证质证，合议庭认为：原告黄七秀事故发生前二十二个月内一直随其儿子、儿媳租住在于都县楂林工业园农业村肖屋组，该区域属于于都县楂林工业园管委会管辖，之前存在的农业村村委会已经被工业园管委会所取代，行使行政管理权限的是工业园管委会，所以该区域应当认定为城镇，而不是农村。所以原告的各项损失应对按照城镇标准计算。

江西省赣州市于都县人民法院依照《中华人民共和国侵权责任法》第六条、第十六条、第四十八条，《最高人民法院关于审理人身损害赔偿案件适用法律若干问题的解释》第十七条第一款和第二款、第十八条、第十九条、第二十条、第二十一条、第二十二条、第二十三条、第二十四条、第二十五条、第二十八条之规定，判决如下：

原告黄七秀因本案交通事故造成的各项损失60624.62元，由被告平安财保赣州公司在保险限额内赔偿，限本判决生效后十五日内付清。

若被告未按本判决指定期间履行金钱给付义务，则应当依照《中华人民共和国民事诉讼法》第二百五十三条之规定，加倍支付迟延履行期间的债务利息。

**【法官后语】**

本案在审理过程中，最大的争议就是原告租住的区域是否可以对应城镇标准中的"城镇"来认定，从而按城镇标准计算原告的各项损失。

一直以来，在实务中处理人身侵权类纠纷时，涉及关于受害人损失的计算标准该适用哪一个时，主要有三种情形：一是受害人在受到侵权前主要的居所地就是其户籍地，此时就严格按照其户籍来适用城镇或农村标准计算其各项损失；二是虽然受害人是农村户籍，但是其受到侵权前一年以上的时间是居住在县以上地区的城市区域内，按照最高院的司法解释意见，按照城镇标准来计算受害人的损失；三是受害人是农户户籍，但是其受到侵权前一年以上居住、生活区域是在城乡接合的区域或者是乡镇的圩镇上，此时应当适用哪种标准来计算受害人的损失，就应当由法官综合全案的证据来予以认定。本案就涉及第三种情形，法院认定为应当按城镇标准计算各项损失。

首先，城镇（我国的称谓，国外称为城市）是指从事非农业生产，如商业、工业等人员聚集地，农村则是从事农业生产人员的聚集地。这是《辞海》对城镇和农村的定义。可以看出，城镇和农村更多的是一个社会学上的概念，并不是行政上的概念。如果仅仅是从行政上来辨析这两个概念，是具有十分的不确定性的。行政上称谓的城镇，是在行政管理上的行政机关规划内的区域。规划内是一个变动的概念，一个地域今天可能不在城市规划内，但是十年后就有可能在行政机关的城市区域规划内。法律上的概念是明确的，在采用城镇和农村这两个概念时，更多的应当用社会学意义上的定义，而不是行政管理意义上的。对于城乡接合区域及乡镇的圩镇，并不能因为其不在县以上地区行政机关的规划内，就当然的认为其不属于"城镇"。

其次，根据《最高人民法院关于经常居住在城镇的农村居民因交通事故伤亡如何计算赔偿费用的复函》（以下简称《复函》），人身侵权类纠纷中，受害人虽然是农村户籍，但是只要其经常居住地和主要收入来源地为城镇，就可以按城镇标准计算各项损失。此处虽没有明确什么区域可以认定为城镇，但是根据该《复函》所要解决的问题及其目的所在，应当可以明确该处的城镇应当是一个经济意义上的概念。该《复函》要解决的是农村居民和城镇居民在遭受人身损害时，赔偿严重失衡的问题，也就是俗称的"同案不同命"，目的就是为了尽可能地达到社会公平。如前所述，城镇是从事非农业生产的人员聚集地。也就是说，居住在城镇的人员的主要收入是来源于非农业生产。农业户籍人员从土地中解放出来，离开自己的户籍所在地，到一个地方从事收益更高的非农业生产，那么在这个意义上其所到达的区域就符合《辞海》和《复函》关于城镇的定义，也就是农业户籍人员已经是在"城镇"居住和生活，并且其主要收入来源地也为城镇。很显然，《复函》中称谓的"城镇"，是一个经济概念，指的是农业户籍人员的收入、消费等经济利益是来自非农业生产,不是一个地理上或行政管理上的概念。因此,理解《复函》的要义应当从这个层面上出发,无论受害人是居住在城乡接合区,还是居住在乡镇的圩镇,只要其从事的是非农业生产,并以此为主要收入来源,就符合《复函》的情形,可以按照城镇标准来计算其各项损失。

本案中的黄七秀生活的区域处在工业园区和周边乡村接合的部位,但是其平时收入、消费都是来源于非农业生产,那么其当然可以按照城镇标准来计算因遭受交通事故带来的各项损失。

编写人:江西省赣州市于都县人民法院 汤晓文

# 31

## 受害人体质状况对损害后果的影响是否属于减轻侵权人责任的情形

——赵新利诉王营、中国平安财产保险股份有限公司淄博中心支公司机动车交通事故责任案

【案件基本信息】

1. 裁判书字号

山东省淄博市中级人民法院(2016)鲁03民终字第2699号民事判决书

2. 案由:机动车交通事故责任纠纷

3. 当事人

原告(上诉人):赵新利

被告(被上诉人):王营、中国平安财产保险股份有限公司淄博中心支公司(以下简称平安财险)

【基本案情】

2014年12月6日,被告王营驾驶鲁C3××××号小型轿车顺临淄区牛山路由东

向西行驶至齐国商城南门路段，因驾车观察情况不够，将由北向南步行过公路的原告赵新利撞倒，致使赵新利受伤，车辆受损，造成交通事故。经交警认定王营承担事故的全部责任，赵新利不承担事故责任。事故发生后，赵新利在临淄区人民医院住院治疗4次，共计67天，花费医疗费84684.18元。赵新利经鉴定为四级伤残，建议外伤参与程度45%～55%；出院后护理期限至定残前一日；后续治疗费9000元。鲁C3××××号小型轿车在平安财险投保交强险一份、30万元商业三者险一份，并投保不计免赔，交通事故发生在保险期间内。事故发生后，王营向赵新利垫付医疗费21000元，平安财险向赵新利垫付医疗费10000元。赵新利起诉要求赔偿各项经济损失共计280960.06元。王营辩称应先由保险公司在保险范围内依法赔偿，不足部分由其赔偿；平安财险辩称对涉案事故发生的时间、地点、经过及责任划分均无异议，同意在双方提供相关证据证明不存在保险责任免除的情形下按照鉴定损伤参与度45%的比例在交强险及商业险的范围内承担赔偿责任。

**【案件焦点】**

在受害人没有过错的情况下，其体质状况对损害后果的影响是否属于可以减轻侵权人责任的情形。

**【法院裁判要旨】**

山东省淄博市临淄区人民法院经审理认为：本案事故经交警部门认定，王营承担事故的全部责任，赵新利不承担事故责任，该认定事实清楚、责任划分明确，予以确认。结合本案案情，赵新利外伤参与程度以55%为宜。鲁C3××××号小型轿车在平安财险投保交强险一份、30万元商业三者险一份，并投保不计免赔，故对赵新利的经济损失应由平安财险在机动车交强险责任分项限额范围内先予赔偿，超出交强险的部分，由平安财险根据保险合同在商业三者险范围内按照55%的比例予以赔偿，仍有不足的，由王营按照55%的比例予以赔偿。王营向赵新利垫付医疗费21000元，平安财险向赵新利垫付医疗费10000元，应分别从其赔偿总额中予以扣除。该交通事故给赵新利造成的经济损失经核实为：医疗费84684.18元、住院伙食补助费2010元、护理费33040.38元、交通费670元、清障费200元、鉴定费4000元、后续治疗费9000元、残疾赔偿金132489元、精神损害抚慰金14000元。据此，一审判决：

一、平安财险在机动车强制保险分项限额范围内赔偿赵新利医疗费 10000 元、残疾赔偿金 96000 元、精神损害抚慰金 14000 元，以上共计 120000 元，扣除已垫付的 10000 元，余款 110000 元，于本判决生效后十日内付清。

二、平安财险在第三者责任商业保险范围内赔偿赵新利医疗费 74684.18 元、住院伙食补助费 2010 元、护理费 33040.38 元、交通费 670 元、后续治疗费 9000 元、残疾赔偿金 36489 元，以上共计 155893.56 元的 55%，计款 85741.45 元，于本判决生效后十日内付清。

三、王营赔偿赵新利清障费 200 元、鉴定费 4000 元，以上共计 4200 元的 55%，计款 2310 元，从王营为赵新利垫支的 21000 元中予以扣除。

四、驳回赵新利的其他诉讼请求。

赵新利不服一审判决提起上诉。

山东省淄博市中级人民法院经审理认为：交通事故在计算赔偿金是否应当扣减时应当根据受害人对损失的发生或扩大是否存在过错进行分析。虽然赵新利的个人身体状况对损害后果的发生具有一定的影响，但这不是侵权责任法等法律规定的过错，赵新利不应因个人体质状况对交通事故导致的伤残存在一定影响而自负相应责任。同时，根据相关规定，机动车发生交通事故造成人身伤亡、财产损失的，由保险公司在交强险和商业三者险限额范围内予以赔偿。而我国交强险立法并未规定在确定交强险责任时应依据受害人体质状况对损害后果的影响作相应扣减，保险公司的免责事由也仅限于受害人故意造成交通事故的情形。在商业三者险合同中亦未有因受害人身体状况而应减轻赔偿责任的约定。故对于受害人的损失，只要符合法律规定的赔偿项目和标准，均应由保险公司和侵权人予以赔偿。一审判决以伤残等级鉴定意见中赵新利外伤参与程度 45%～55% 为由在计算各项费用时均作相应扣减，属法律适用错误，依法应予纠正。据此，二审判决：

一、维持一审判决第一项、第四项。

二、变更一审判决第二项为：平安财险在第三者责任商业保险范围内赔偿赵新利医疗费 74684.18 元、营养费 6000 元、住院伙食补助费 2010 元、护理费 33040.38 元、交通费 670 元、后续治疗费 9000 元、残疾赔偿金 36489 元，以上共计 161893.56 元，于本判决生效后十日内付清。

三、变更一审判决第三项为：王营赔偿赵新利清障费 200 元、鉴定费 4000 元，以上共计 4200 元，从王营为赵新利垫支的 21000 元中予以扣除。

**【法官后语】**

本案涉及的主要问题在于，交通事故的受害人没有过错，其体质状况对损害后果的影响是否属于可以减轻侵权人责任的情形。

从交通事故受害人发生损伤及造成损害后果的因果关系看，首先，本次交通事故的引发系王营驾驶机动车穿越人行横道线时，未尽到安全注意义务碰擦行人赵新利所致。因为机动车驾驶员应当遵守文明行车、礼让行人的一般交通规则和社会公德，本案交通事故发生时，正常行走的赵新利对将被机动车碰撞这一事件无法预见，而王营驾驶机动车在路经人行横道线时未依法减速慢行、避让行人，导致事故发生。在事故发生后，就损害后果而言，本次交通事故造成的损害后果系受害人赵新利被机动车碰撞后跌倒所致，事故责任认定赵新利对本起事故不负责任，其对事故的发生及损害后果的造成均无过错。虽然赵新利年事已高，但其年老仅是一客观因素，该因素与发生事故并造成损害后果并无法律上的因果关系。因此，受害人赵新利对于损害的发生或者扩大没有过错，不存在减轻或者免除加害人赔偿责任的法定情形，故依法应当由机动车一方承担事故引发的全部赔偿责任。

而就交通事故中的减轻侵权人责任问题而言，《中华人民共和国侵权责任法》第二十六条规定，被侵权人对损害的发生也有过错的，可以减轻侵权人的责任。《中华人民共和国道路交通安全法》第七十六条第一款第（二）项规定，机动车与非机动车驾驶人、行人之间发生交通事故，非机动车驾驶人、行人没有过错的，由机动车一方承担赔偿责任；有证据证明非机动车驾驶人、行人有过错的，根据过错程度适当减轻机动车一方的赔偿责任。因此，交通事故赔偿案件中在认定赔偿是否应当减轻时应当根据受害人对损失的发生或扩大是否存在过错进行分析。像本案中这样的情形，虽然赵新利的个人身体状况对损害后果的发生具有一定的影响，但这显然不是侵权责任法等法律规定的过错，赵新利不应因个人体质状况对交通事故导致的伤残存在一定影响而自负相应责任。同时，根据道路交通安全法和司法解释的相关规定，机动车发生交通事故造成人身伤亡、财产损失的，由保险公司在交强险和商业三者险限额范围内予以赔偿。而我国对于交强险的立法中并没有规定在确定交强险赔偿责任时应依据受害人体质状况对损害后果的影响作相应扣减，保险公司的免责事由也仅限于受害人故意造成交通事故的情形，即便是投保机动车无责，保险公司也应在交强险无责限额内进行赔偿；另外在商业三者险合同中亦未有因受害人身体状况而应减轻赔偿责任的约定。故对于交通事故中受害人的损失，只要符合法律规定的赔偿项目和标准，均应由保险公司和侵权人依法予以赔偿。本案中保险公司所主张的参照"损伤参与度"来确定损害赔偿责任没有法律依据，该主张依法不应予以支持。本案二审对此依法改判无疑是正确的。

编写人：山东省淄博市中级人民法院　荣明潇　胡晓梅
山东省淄博市临淄区人民法院　刘海红

## 32

## 未接触也能导致交通事故

——孙超超诉卢峰、中国太平洋财产保险股份有限公司陕西分公司机动车交通事故责任案

【案件基本信息】

1. 裁判书字号

陕西省西安市铁路运输中级人民法院（2016）陕71民终字第24号民事判决书

2. 案由：机动车交通事故责任纠纷

3. 当事人

原告（被上诉人）：孙超超

被告（上诉人）：中国太平洋财产保险股份有限公司陕西分公司（以下简称太平洋保险公司）

被告：卢峰

【基本案情】

2015年11月21日，卢峰驾驶陕A9××××号小型客车沿西安市高新路非机动

车道由北向南行驶至西安银行门口附近右转时,逢孙超超驾驶陕A7××××号台铃牌电动自行车沿高新路非机动车道同向行驶至此倒地,孙超超受伤。2016年1月6日西安市公安局交通警察支队高新大队以西公交证字[2015]第112101号道路交通事故证明书,认定双方人员、车辆均未接触,双方当事人均无明显过错,此事故成因无法查清。本院调取的交警部门制作的笔录载明孙超超自述事故发生时其骑电动自行车的车速为40km/h。事发后次日,孙超超在西安市红会医院门诊治疗,自2015年11月30日至2015年12月6日在西安市红会医院住院治疗,住院6天,其伤情经诊断为右肱骨大结节骨折,共花费医疗费30609.26元。出院医嘱为继续门诊治疗,循序渐进患肢功能康复训练,禁止患肢持重及剧烈活动。另查明,陕A9×××号车在太平洋保险公司投保有交强险及限额为300000元的商业第三者责任保险(含不计免赔),事故发生在保险期间内。

【案件焦点】

在许多交通事故中,因侵权人与受害人未接触,赔偿义务人是否可以此为借口否认系交通事故。

【法院裁判要旨】

陕西省西安市铁路运输法院经审理认为:公民的健康权应受到法律保护。被告卢峰驾驶轿车在非机动车道右转时观察不周与原告孙超超骑电动自行车车速过快且未保持安全车距共同导致了本起交通事故的发生。卢峰违反《中华人民共和国道路交通安全法》第二十二条第一款"机动车驾驶人应当遵守道路交通安全法律、法规的规定,按照操作规范安全驾驶、文明驾驶"之规定,应负事故的次要责任,孙超超违反《中华人民共和国道路交通安全法》第五十八条"残疾人机动轮椅车、电动自行车在非机动车道内行驶时,最高时速不超过十五公里"之规定,应负事故的主要责任。因卢峰驾驶的车辆在太平洋保险公司投保有交强险,故应先在交强险限额内赔偿原告的各项损失,不足部分,由孙超超、卢峰分别按照60%、40%的比例承担。因卢峰驾驶的车辆在太平洋保险公司投保有商业第三者责任保险,卢峰承担的部分应由太平洋保险公司赔偿孙超超,仍有不足,由卢峰赔偿孙超超。本院确定孙超超各项损失如下:1. 医疗费,经核实原告共花费医疗费30609.26元,本院对原告请求30550.26元予以确认;2. 住院伙食补助费,按30元/天,住院6天计算为180元，原告请求300元，本院对超出部分不予支持；3. 营养费，参考其伤情，本院酌定营养期限为90天，按20元/天计算为1800元，原告请求2000元，本院对超出部分不予支持；4. 护理费，参考原告伤情，其请求护理费5400元并无不当，本院予以确认；5. 误工费，参考其伤情，酌定误工期限为180天，其提供的证据不能证明实际收入状况，本院酌定按2014年陕西省城镇私营单位就业人员年平均工资30483元计算为15032.7元，原告请求22200元，本院对超出部分不予支持；6. 交通费，参考原告伤情及治疗情况，本院酌定为300元，原告请求500元，本院对超出部分不予支持。以上费用中医疗费、住院伙食补助费、营养费共计32530.26元，由太平洋保险公司在交强险医疗费用限额项下承担10000元，超出部分22530.26元，由孙超超承担60%即13518.16元，由太平洋保险公司在商业第三者责任保险限额内承担40%即9012.1元；护理费、误工费、交通费共计20732.7元，由太平洋保险公司在交强险死亡伤残限额项下承担。

陕西省西安市铁路运输法院依照《中华人民共和国侵权责任法》第十六条，《中华人民共和国道路交通安全法》第七十六条第一款第（二）项，《中华人民共和国民事诉讼法》第六十四条第一款，《最高人民法院关于审理人身损害赔偿案件适用法律若干问题的解释》第十七条第一款、第十九条、第二十条、第二十一条第一款和第二款及第三款、第二十二条、第二十三条第一款、第二十四条之规定，判决如下：

一、被告太平洋保险公司于本判决生效之日起十日内在机动车交通事故责任强制保险限额内赔偿原告孙超超医疗费、住院伙食补助费、营养费、误工费、护理费、交通费共计30732.7元。

二、被告太平洋保险公司于本判决生效之日起十日内在商业第三者责任保险限额内赔偿原告孙超超医疗费、住院伙食补助费、营养费共计9012.1元。

三、驳回原告孙超超的其他诉讼请求。

一审判决后，太平洋保险公司不服，上诉至陕西省西安市铁路运输中级人民法院，其公司坚持认为孙超超的受伤是其不谨慎驾驶所致，不属于交通事故，其公司不应承担赔偿责任。

陕西省西安市铁路运输中级人民法院经审理认为：根据《中华人民共和国道路交通安全法》第一百一十九条的规定，交通事故是指车辆在道路上因过错或者意外造成的人身伤亡或者财产损失的事件。法律对交通事故的定义并不以交通工具发生接触作为交通事故成立条件,上诉人称卢峰驾驶的轿车与孙超超的电动自行车并未接触,故孙超超倒地原因不明,只能定性为意外事件,因而不是交通事故的理解并不正确。《中华人民共和国道路交通安全法》第三十六条规定,根据道路条件和通行需要,道路划分为机动车道、非机动车道和人行道的,机动车、非机动车、行人实行分道通行。没有划分机动车道、非机动车道和人行道的,机动车在道路中间通行,非机动车和和人在道路两侧通行。又根据《陕西省实施〈中华人民共和国道路交通安全法〉办法》第四十六条第二款的规定:"机动车进入非机动车道、人行道,应当减速慢行,注意避让非机动车和行人。"原审被告卢峰驾驶机动车在非机动车道行驶时对周围环境危险性较大,但其未尽注意义务,在机动车右转时没有发现驾驶电动自行车正在超速行驶的孙超超欲从其右侧通过,未及时避让,孙超超倒地受伤,孙超超超速行驶负主要责任,卢峰在非机动车道上行驶未避让非机动车负次要责任。且卢峰的陈述也证明,其通过机动车道右拐欲寻找停车处时并未发现孙超超,可见其观察不周,更未避让,所以上诉人认为卢峰无责的意见不符合实际,没有证据和法律支持。原审认定主次责任并无不当,且责任比例划分正确。上述人对原审认定的除营养费、误工费外其他赔偿项目的数额均认可,关于营养费和误工费上诉人提出一审计算天数过长,但未提供其计算依据,故本院对一审认定数额予以认同。综上,原审判决认定事实清楚,适用法律正确,程序合法。

陕西省西安市铁路运输中级人民法院依照《中华人民共和国民事诉讼法》第一百七十条第一款第(一)项、第一百七十五条之规定,判决如下:

驳回上诉,维持原判。

## 【法官后语】

本案的焦点是孙超超未与卢峰接触而造成的伤害是否属于交通事故。

一种观点认为,交通事故证明书载明"双方人员、车辆均未接触,双方当事人均无明显过错,此事故成因无法查清",既然确定双方当事人无过错,双方均为无责任,可见孙超超倒地受伤系其自身造成的,与卢峰没有直接的关联性,因此本案不属于交通事故。

另一种观点认为,此起事故发生在道路上,卢峰倒地受伤是属于交通事故,应按侵权责任的构成要件来分析,而不是仅凭双方是否接触。

笔者同意第二种观点,理由如下:

根据《中华人民共和国道路交通安全法》第一百一十九条第一款第(五)项规定,"交通事故",是指车辆在道路上因过错或者意外造成的人身伤亡或者财产损失的事件。结合侵权责任的构成要件可知是否构成交通事故需满足四个条件:1. 该交通事故发生道路上,根据前述法条第(一)项规定,"道路",是指公路、城市道路和虽在单位管辖范围但允许社会机动车通行的地方,包括广场、公共停车场等用于公众通行的场所;2. 必须是车辆,根据前述法条第(二)的规定,"车辆",是指机动车和非机动车;3. 因过错或者意外造成;4. 需有人身伤亡或者财产损失。

从本案的实际情况来看,道路为高新路非机动车道,卢峰驾驶的系机动车,孙超超驾驶的系非机动车,此事故造成了孙超超人身伤害。卢峰驾驶机动车在非机动车道行驶时对周围环境危险性较大,其应负有比一般人更大的谨慎注意义务,然而他在驾驶机动车右转时没有发现驾驶电动自行车正在超速行驶的孙超超欲从其右侧通过,未能及时避让,致使孙超超倒地受伤。根据《中华人民共和国道路交通安全法》第五十八条规定,残疾人机动轮椅车、电动自行车在非机动车道内行驶时,最高时速不得超过15千米。而事发时孙超超驾驶非机动车的行驶速度达40km/h,严重超速行驶,且未与前车保持合理车距。可见卢峰、孙超超的行为与孙超超的受伤具有因果关系,并非是孙超超自行摔伤的,正是由于两人的过错,共同导致了本起交通事故。综合本案来看,孙超超超速驾驶非机动车及未与前车保持合理车距,是造成本起交通事故的主要原因,而卢峰未能做到安全驾驶、文明驾驶是造成本次交通事故的次要因素。故孙超超违反《中华人民共和国道路交通安全法》第五十八条"残疾人机动轮椅车、电动自行车在非机动车道内行驶时,最高时速不超过十五公里"之规定,应负事故的主要责任,卢峰违反《中华人民共和国道路交通安全法》第二十二条第一款"机动车驾驶人应当遵守道路交通安全法律、法规的规定,按照操作规范安全驾驶、文明驾驶"之规定,应负事故的次要责任。

如何认定一起交通事故,法律从未规定是否以接触作为构成要件。交通事故作为一种特殊侵权,对它的认定亦应按侵权责任的构成要件来分析,即行为、损害后果、因果关系及过错。只要行为人的行为具有过错,且与损害后果具有因果关系,无论双方接触与否，均可认定为交通事故。

编写人：陕西省西安市铁路运输法院　王敬锋

## 33

## 车祸获单位一次性工亡补助后不影响权利人向肇事方索赔
——王芝容等诉张家雄等机动车交通事故责任案

【案件基本信息】

1. 裁判书字号

四川省广安市中级人民法院（2016）广法民终字第718号民事判决书

2. 案由：机动车交通事故责任纠纷案

3. 当事人

原告（被上诉人）：王芝容、吴从良、吴小军、吴小兰（以下简称王芝容等人）

被告（被上诉人）：张家雄

被告：南充市亨泰运业有限公司（以下简称亨泰公司）

被告（上诉人）：英大保险财产保险公司四川分公司（以下简称英大保险）

【基本案情】

2016年1月7日10时许，张家雄驾驶川R3××××重型罐式货车从四川省邻水县往南充市方向行驶至沪蓉高速公路1670km+700m处，将在高速公路作业的清洁工吴兴木撞死。本次事故经交警部门认定张家雄负全部责任，吴兴木不负责任。肇事车的法定车主为亨泰公司，张家雄系该公司员工。亨泰公司为该车在英大保险投保了交强险和商业第三者险，商业第三者险保险限额为500000元（不计免赔）。亨泰公司向受害人方预先支付丧葬费50000元、精神抚恤金25000元。

因吴兴木在作业过程中遭受交通事故死亡系工亡，故王芝容等人以工伤保险待遇纠纷向成都市武侯区人民法院起诉，武侯区人民法院判决：一、四川高速公路绿化环保开发有限公司支付王芝容等人供养亲属抚恤金7956.60元；二、四川高速公路绿化环保开发有限公司支付王芝容等人一次性工亡补助金491300元。王芝容等人又于2016年6月6日以机动车交通事故赔偿纠纷起诉,要求张家雄、亨泰公司、英大保险共同赔偿其经济损失共计646075元。亨泰公司和英大保险称王芝容等人已从四川高速公路绿化环保开发有限公司获得了工伤待遇中一次性工亡补助金491300元,其经济损失已得到了填补,因此王芝容等人再次主张死亡赔偿金、被抚养人生活费无法律依据,请求法院驳回原告的诉求。

**【案件焦点】**

受害人清扫马路时因车祸导致工亡,按《工伤保险条例》已获单位一次性工亡补助后,能否另行向交通肇事责任方索赔。

**【法院裁判要旨】**

四川省广安市邻水县人民法院经审理认为:公民享有生命健康权,因过错侵害他人人身的,应当承担民事责任。张家雄驾车在高速公路撞死吴兴木,事故经交警部门认定张家雄负全部责任、吴兴木不负责任,经法院现场勘察后对此责任认定予以采信,应由英大保险在机动车强制保险限额内赔付后,再由川R3××××号机动车法定车主亨泰公司承担赔偿责任。张家雄系亨泰公司员工,在本次交通事故中驾驶该车是职务行为,应由亨泰公司承担赔偿责任,张家雄个人不应承担赔偿责任。依照《中华人民共和国民法通则》第九十八条、第一百零六条第二款、第一百一十九条,《中华人民共和国侵权责任法》第六条、第十五条第(六)项、第十六条、第四十八条,《中华人民共和国道路交通安全法》第七十六条以及《最高人民法院关于审理人身损害赔偿案件适用法律若干问题的解释》、《最高人民法院关于确定民事侵权精神损害赔偿责任若干问题的解释》第一条之规定判决:

一、吴兴木交通事故的死亡赔偿费用:丧葬费20897.50元,死亡赔偿金447360元,被扶养人生活费81715元,精神抚慰金30000元,参加事故处理人员交通费2500元、生活费2000元、住宿费600元,事故处理人员确定误工损失900元,共计585972.50元。由英大保险在川R3××××号机动车交通事故责任强制保险死亡赔偿限额110000元内直接赔付给王芝容、吴从良、吴小军、吴小兰110000元。

二、排除第一项下余475972.50元,由英大保险在川R3××××号机动车第三者责任险500000元(不计免赔)赔偿限额内直接赔付王芝容、吴从良、吴小军、吴小兰 430075 元（扣除亨泰公司垫付款 45897.50 元），直接赔付给南充市亨泰公司 45897.50 元。

宣判后，英大保险不服一审判决，以受害人方已经获得工伤赔偿，其不应该再赔偿为由提起上诉。四川省广安市中级人民法院经审理认为：根据《最高人民法院关于审理人身损害赔偿案件适用法律若干问题的解释》第十二条第二款"因用人单位以外的第三人侵权造成劳动者人身损害，赔偿权利人请求第三人承担民事赔偿责任的，人民法院应予支持"的规定，因此第三人侵权造成劳动者受害的，赔偿权利人有权向第三人主张民事赔偿权利。赔偿权利人在用人单位获得了工伤保险待遇后，也不能减轻侵权人的赔偿责任。由于上诉人系本案肇事车的保险人，本案受害人吴兴木相对于肇事车主又系第三者，故上诉人依法应当在交强险及第三者商业险责任限额内承担保险赔偿责任。至于上诉人赔偿后，死者的用人单位按工伤保险待遇赔偿问题，系用人单位与赔偿权利人之间的另一个法律关系，不属本案解决范围。综上，上诉人英大保险的上诉请求不成立，四川省广安市中级人民法院依照《中华人民共和国民事诉讼法》第一百七十条第一款第（二）项之规定，判决：

驳回上诉，维持原判。

## 【法官后语】

本案事实无争议，关键是适用法律问题，核心是在于劳动者上班过程中遭受第三者侵权致死索赔，法律依据是选用《工伤保险条例》，还是《最高人民法院关于审理人身损害赔偿案件适用法律若干问题的解释》。二者在适用上是并存的，还是排他的适用关系。

要搞清楚这一核心焦点，还得分别从受害人与其用工单位、受害人与肇事方两个单独的视界去分析彼此的权利义务。

1. 受害人与单位之间构成工亡关系。受害人虽系车祸致死，但受害人在死亡之时是在履行与单位的劳动合同义务，从事道路清洁工作，其与单位构成了劳动合同关系，因此其死亡系工亡。受害人的家属也首选依据《工伤保险条例》的规定向法院起诉单位，法院根据《工伤保险条例》第三十九条"职工因工死亡，其近亲属按照下列规定从工伤保险基金领取丧葬补助金、供养亲属抚恤金和一次性工亡补助金……"之规定，判决单位一次性支付工亡补助金、供养亲属抚恤金。

二、交通事故损害赔偿 | 131

2. 受害方领取工亡补助不影响另行向肇事方索赔。《中华人民共和国道路交通安全法》第七十六条第一款规定,"机动车发生交通事故造成人身伤亡、财产损失的,由保险公司在机动车第三者责任强制保险责任限额范围内予以赔偿",故本案先由保险公司进行赔付。另外《最高人民法院关于审理人身损害赔偿案件适用法律若干问题的解释》第十二条第二款规定:"因用人单位以外的第三人侵权造成劳动者人身损害,赔偿权利人请求第三人承担民事赔偿责任的,人民法院应予支持。"上述两部法律对权利的救济途径并不矛盾,也不存在适用上的任何冲突。由此充分说明,肇事方作为第三人,对劳动者构成了侵权致其死亡,赔偿权利人有权向第三人主张民事赔偿权利。不能因为赔偿权利人已在用人单位获得了工伤保险待遇后,就想当然地认为不能另行向侵权的第三人索赔,也不能减轻侵权人的赔偿责任。否则便是误解了法律的规定与权利救济的立法精神。

编写人:四川省广安市中级人民法院　胡兆蓉　戴建军

## 34

# 多车连环相撞交通事故中无责车赔付问题

## ——申红兵诉段莉波等机动车交通事故责任案

【案件基本信息】

1. 裁判书字号

四川省成都市铁路运输中级人民法院(2016)川71民终字第33号民事判决书

2. 案由:机动车交通事故责任纠纷

3. 当事人

原告(被上诉人):申红兵

被告(被上诉人):段莉波、任治辉

被告(上诉人):中华联合财产保险股份有限公司成都中心支公司(以下简称联合财险成都支公司)

## 【基本案情】

2015年5月1日11时05分许，被告段莉波驾驶川A0××××号小型汽车在成都市绕城内环2km+100m处因未与申坤驾驶的川A9××××小型客车保持安全距离发生碰撞，致两车受损，川A0××××号车乘客何志梅，川A9××××号车乘客申红兵、杨国华受伤。成都市交通管理局第六分局以第0027266号交通事故责任认定书认定被告段莉波负全责。川A0××××号小车所有人为任治辉，在联合财险成都支公司投保了交强险、赔偿限额为30万元的商业三者险及不计免赔。保险期间为2014年5月28日至2015年5月27日。川A9××××小车所有人申坤。

事故发生后，原告申红兵即被送往成都市新都区人民医院检查、治疗，当天即转入崇州市第二人民医院住院治疗，同年7月至9月先后四次到崇州市第二人民医院检查、治疗，此外，还在四川省人民医院复查，共计花费医疗费用35222.64元。《出院证明书》中载明门诊随访一年，出院后复查DR片；休息三月，加强营养，门诊继续治疗一月，院外继续功能锻炼及理疗等。2015年10月14日经四川求实司法鉴定鉴定，申红兵伤残等级为Ⅸ（九）级。

一审中，被告联合财险成都支公司向本院口头申请追加被告并申请调取成都市公安局交通管理局第六分局第0027267号事故认定书中载明的各当事人身份信息及其所驾车辆信息。本院依法进行了调取并将相关信息及时告知。第二次庭审时被告联合财险成都支公司明确表示不再申请追加被告。原告在本案中不再主张车损。川A9××××号车乘客杨国华因受伤较轻，明确表示放弃主张相关权利。

被告段莉波、任治辉对原告陈述的基本事实认可，未向法庭举证。被告联合财险成都支公司对本案事实无异议。但认为本案是一个四车连环相撞的事故，对人身损害责任的赔偿，四车无论有无责任，均应在交强险范围内优先赔偿；本次交通事故造成三人受伤，请求预留赔偿份额。

本案证据主要有：原、被告各方主体身份证明及被告段莉波、任治辉的机动车驾驶证；交通事故认定书（第0027266号）及保单；申红兵在各医院的检查、治疗费用清单及发票，出院证明；申红兵的《劳动合同书》、收入证明、工资卡流水、完税证明；四川求实司法鉴定所鉴定许可证及其出具的鉴定意见书，鉴定费发票；本院对杨国华的调查笔录一份。

## 【案件焦点】

1.《机动车第三者责任保险条款》中规定了保险人按照国家基本医疗保险核定医疗费的赔偿金额,因此申红兵的医疗费的自费部分是否应由保险人承担;2. 本案系连环交通事故,人身损害的赔偿责任应当根据连环事故中的责任比例来承担。

## 【法院裁判要旨】

四川省成都市铁路运输法院经审理认为:申红兵医疗费用问题,因当事人当庭达成一致意见,法院予以确认。关于本次交通事故,交管部门在对事故现场进行勘验的基础上,将其划分为两次事故,并认定申红兵系在第0027266号事故认定书载明的交通事故中受伤,联合财险成都支公司未在法定期限内申请复议,亦未提出反证,故本院对当事人本案系四车连环相撞的交通事故之辩解不予采纳。

四川省成都市铁路运输法院依照相关法律规定,作出如下判决:

驳回被告联合财险成都支公司的诉讼请求。

联合财险成都支公司持原审起诉意见提起上诉。成都市铁路运输中级人民法院经审理认为:关于本次事故,成都市公安局交管六分局在第0027266号《交通事故认定书》中已经认定川A0××××号车在与川A9××××号车发生追尾事故中应承担全部责任并致申红兵受伤,联合财险成都支公司应当承担赔偿责任。其提出的本案系连环交通事故及申红兵受伤系连环撞击导致的上诉理由,与交管部门作出的事故认定内容不符,且未就此出示相应证据,本院不予采纳。申红兵的医疗费,因各方当事人已在一审庭审中对总金额予以明确,本院不予调整。

四川省成都市铁路运输中级人民法院依照相关法律规定,作出如下判决:

驳回上诉,维持原判。

## 【法官后语】

该案例,笔者就两个焦点问题进行阐述,首先,关于申红兵的医疗费承担问题。虽然《机动车第三者责任保险条款》中规定了保险人按照国家基本医疗保险核定医疗费的赔偿金额,但是就本案,原被告已经在一审庭审中明确对医疗费的总金额予以认可,故根据当事人意思自治的原则,本院对医疗费用进行了认定。其次,关于本次事故是一起事故还是两起事故的问题。显然,交通事故认定书具有书证的特性,其目的在于解决当事人之间因交通事故这一民事侵权行为产生的损害赔偿责任纠纷，其主要起到一个对事实进行认定，对事故成因进行分析的作用。故本案，结合两份交通事故认定书（第0027266号、第0027267号）可以认定，本案系一则四车连环相撞的交通事故。那么本院为什么又按两起事故（本案仅涉及其中之一起事故）来处理呢？笔者认为主要有两方面的原因：一是判决书中提到的本案被告联合财险成都支公司对于交警六分局的处理决定未在法定期限内申请复议，亦未提出反证；二是被告联合财险成都支公司明确表示放弃追加无责车辆。被告联合财险成都支公司虽然主张本案系四车连环相撞的交通事故，但是未提供证据加以证明，同时还表示放弃追加无责车辆。

本案对争议焦点的处理，体现了对当事人"意思自治"原则的尊重，也体现处理民事法律关系不仅要"以事实为依据"，同时还要"以法律为准绳"这一司法原则。

编写人：四川省成都市铁路运输法院　孙向霞

## 35

## 及时返回现场积极救助伤者不应认定为逃逸

——何春平诉陈晨、中国人民财产保险股份有限公司成都市分公司机动车交通事故责任案

【案件基本信息】

1. 裁判书字号

四川省成都市锦江区人民法院（2015）锦江民初字第185号民事判决书

2. 案由：机动车交通事故责任纠纷

3. 当事人

原告（被上诉人）：何春平

被告（被上诉人）：陈晨

被告（上诉人）：中国人民财产保险股份有限公司成都市分公司（以下简称人

保成都分公司）

## 【基本案情】

2013年4月15日1时41分许，陈晨驾驶川A9××××号小型轿车沿锦兴路往红照壁路口方向行驶，行驶至锦兴路大业路路口时，与红灯进入路口由汽车前进方向自右至左沿人行横道横过道路的行人何春平相撞，致车辆受损、何春平受伤。事故发生后，陈晨未立即停车，驾车离开并于1时46分许返回现场。返回现场途中，陈晨打电话报警，返回后积极协助救治伤者。何春平被送往四川省第四人民医院，入院治疗134天，产生住院费109061.21元、门诊费用669.4元、头颈胸矫形器费用2600元。出院诊断为：1.颈椎脊髓损伤（C4~5）伴不全瘫；2.枢椎骨折；3.C4~5椎体及附件骨挫伤；4.感冒。2014年1月8日，四川华西法医学鉴定中心出具法医学鉴定意见书，鉴定意见为何春平颈髓损伤后上肢肌力4级属于七级伤残，产生鉴定费用800元。成都市公安局交通管理局第三分局出具道路交通事故认定书，认为：陈晨驾驶机动车未按规定让行，发生交通事故后逃逸的行为，违反了《中华人民共和国道路交通安全法》第四十七条第一款的规定，何春平违反交通信号指示通过路口的行为，违反了《中华人民共和国道路交通安全法》第三十八条的规定，认定陈晨承担事故的主要责任，何春平承担事故的次要责任。

何春平于2012年2月10日至2012年12月22日期间，就读于成都新东方烹饪学校，取得中式烹调师资格证书，现与成都熙北餐饮管理有限公司签订劳动合同，职务为厨师。事故发生后，陈晨为何春平垫付费用共计167841.21元（包括何春平从住院开始至2013年7月16日期间的护理费6180元、头颈胸矫形器费用2600元）。经四川鼎城司法鉴定所鉴定，肇事车辆在事故前的瞬间速度为61km/h—65km/h。

另查明，川A9××××号小型轿车为被告陈晨所有，被告陈晨为该车辆在被告人保成都分公司购买了交强险、赔偿限额为100万元的商业第三者责任险和不计免赔险，事故发生时尚在保险期限内。其中，三者险条款第六条规定："下列情况下，不论任何原因造成的对第三者的损害赔偿责任，保险人均不负责赔偿：……（六）事故发生后，被保险人或其允许的驾驶人在未依法采取措施的情况下驾驶被保险机动车或者遗弃被保险机动车逃离事故现场，或故意破坏、伪造现场、毁灭证据；

……"在案件审理过程中,各方当事人对自费药部分未达成一致意见,且不申请鉴定。

## 【案件焦点】

本案主要争议焦点是:在发生交通事故时,肇事司机未立即停车,短时间内又及时返回事故现场,并积极救治伤者,其行为是否构成逃逸。

## 【法院裁判要旨】

交通事故逃逸,属于主观故意行为,主观上存在"逃避法律追究"意识,表现有为逃避责任驾车逃离、对交通事故矢口否认等,其目的是逃避需承担的损害赔偿责任或刑事责任。《道路交通事故处理程序规定》第八十五条规定,"交通肇事逃逸",是指发生道路交通事故后,道路交通事故当事人为逃避法律追究,驾驶车辆或者遗弃车辆逃离道路交通事故现场的行为。本案中,肇事司机在发生交通事故后驾车离开,五分钟后又返回事故现场,电话报警,积极救助伤者,并垫付大量医药费。上述行为不存在"逃避法律追究"意思表示,仅以未立即停车、五分钟返回为由,认定为"逃逸"欠缺合理性,法院认定其不构成逃逸,并对事故认定进行重新划分,判令人保成都分公司在交强险和商业险范围内承担相应赔付责任。四川省成都市锦江区人民法院判决:

一、被告人保成都分公司于本判决发生法律效力之日起十日内支付原告何春平各项赔偿金 93563.55 元。

二、被告人保成都分公司于本判决发生法律效力之日起十日内支付被告陈晨垫付费用 157485.46 元。

三、驳回原告何春平的其他诉讼请求。

宣判后,人保成都分公司不服提起上诉,二审法院同意一审法院裁判意见,维持原判。

## 【法官后语】

随着机动车数量的逐年增加,由此引发的机动车交通事故案件数量呈上升趋势,交通事故发生后,若各方措施得当,使伤者能够得到及时救助,就可以尽可能降低事故所造成的损失。若交通肇事逃逸,不仅伤者得不到及时救助,警方也需要投入大量人力物力对案件进行侦查，肇事司机更是要面临法律严惩的后果。交通肇事逃逸使社会成本成倍增加，如何引导肇事司机避免发生逃逸行为，以使伤者得到及时救助，是审判人员在案件审理过程中应予思考的问题。就本案而言，主要存在以下几个问题。

1. 发生交通事故驾车离去后又立即返回现场积极救治伤者是否构成逃逸

交通肇事逃逸的构成要件主要有：（1）肇事司机知道自己发生了交通事故；（2）主观上是为了逃避法律追究、逃避事故责任；（3）客观上实施了驾驶车辆或者遗弃车辆逃离事故现场的行为。本案中，虽然陈晨在发生交通事故时未立即停车，但是在短时间内即返回现场，积极协助救治伤者，并垫付大量医疗费，其在主观上没有逃避法律追究的意思，在客观上及时返回事故现场，实施了救助伤者的行为，并使伤者得到及时救治。不论从主观上还是从客观上，上述情形均不符合"交通肇事逃逸"的构成要件，故陈晨在发生交通事故后驾车离去又立即返回现场积极救治伤者的行为，不应认定为逃逸。

2. 事故责任认定书是不是交通事故责任划分的当然依据

《中华人民共和国道路交通安全法》第七十三条规定："公安机关交通管理部门应当根据交通事故现场勘验、检查、调查情况和有关的检验、鉴定结论，及时制作交通事故认定书，作为处理交通事故的证据。交通事故认定书应当载明交通事故的基本事实、成因和当事人的责任，并送达当事人。"根据该规定，交通事故认定书是交管部门经过对交通事故的现场勘验、检查、调查等情况，记载交通事故的基本事实、成因，并划分当事人事故责任的文件，是交管部门处理交通事故，做出行政决定所依据的主要证据。基于交管部门的专业技能优势，交通事故认定书中查明的事故事实和责任划分是案件审理的重要依据。一般情况下，交通事故认定书中记载的事故事实和责任划分，法院均予以确认，但是根据《最高人民法院关于审理道路交通事故损害赔偿案件适用法律若干问题的解释》第二十七条的规定："公安机关交通管理部门制作的交通事故认定书，人民法院应依法审查并确认其相应的证明力，但有相反证据推翻的除外。"对于交通事故认定书，法院应将其作为证据依法审查。交通事故责任划分作为交通事故认定书的一部分，亦在法院审查之列，有证据足以推翻的，法院可依法从新划分事故责任。

3. 案件裁判时应考虑的社会导向问题

无论是道路交通安全法还是人身损害赔偿司法解释，或是其他涉及人身损害、公司财物等方面的法律法规，其立法目的，均在于保护人身安全，保护公民、法人和其他组织的财产安全及其他合法权益。对于交通事故案件，在法律的框架下，如何引导肇事司机积极救治伤者，减少社会成本，维护社会和谐稳定，是审判人员在做出裁判时所应思考的问题。

本案中，陈晨发生交通事故时未及时停车，而是五分钟后返回事故现场，若严格按照道交法的规定，肇事司机未立即停车保护现场，即视为逃逸，陈晨的行为明显符合该规定，且交管部门出具的事故认定书也认定其为逃逸。发生交通事故，肇事司机未立即停车，一般存在以下心理状态：恐慌心理，发生交通事故内心恐惧，不知道怎么做；畏罪心理，害怕承担法律责任；侥幸心理，以为没人发现。无论是何种心态，肇事司机必然要经过一番心理斗争，是守法还是违法？在此斗争过程中肇事司机可能没有立即停车，若法院认定未立即停车并在短时间内返回的行为仍构成逃逸，肇事司机会认为即使回去也会被认定为逃逸，此时肇事司机会继续逃离，且可能不被发现的侥幸心态就会占据上风，从而不利于伤者得到及时救治，会增加社会不稳定因素。若法院认定短时间返回并积极救治伤者不构成逃逸，必然会增加逃离的肇事司机及时返回事故现场的可能性，从而使得伤者能够得到及时救治。

因此，审判人员从立法目的出发，认定肇事司机未立即停车但及时返回现场并积极救助伤者的行为不构成逃逸，以引导部分发生交通事故未立即停车的肇事司机能够及时返回现场救治伤者，以减少社会成本、维护社会和谐稳定。

编写人：四川省成都市锦江区人民法院　杨亚朋

## 36

## 流产与交通事故的因果关系及赔偿金额的认定

——王瑞诉宋海龙、中国太平洋财产保险股份有限公司北京分公司机动车交通事故责任案

**【案件基本信息】**

1. 裁判书字号

北京市第一中级人民法院（2016）京01民终字第6018号民事判决书

2. 案由：机动车交通事故责任纠纷

3. 当事人

原告（上诉人）：王瑞

被告（被上诉人）：宋海龙

被告（上诉人）：中国太平洋财产保险股份有限公司北京分公司（以下简称保险公司）

**【基本案情】**

2015年9月28日18时50分许，在北京市海淀区圆明园西路工商银行门前，王瑞乘坐姚志强驾驶的二轮电动车由南向北行驶，宋海龙驾驶京PK××××号小客车由南向东行驶，宋海龙所驾车辆右前与姚志强车辆左侧相剐，造成两车受损，王瑞受伤。事故经公安机关交通管理部门认定宋海龙负全部责任。宋海龙所驾车辆在保险公司投保了交强险及责任限额为50万元的商业三者险（不计免赔），此次事故发生在保险期限内。

当日王瑞到中国人民解放军第三〇九医院就诊，门诊病历现病史部分记载有：G0P0，LMP2015-07-26，既往月经正常，近3个月不规律，PMP2015-06-13，9-21上地医院血HCG220.28mIU/ml，9-22艾丽斯妇科医院B超提示：宫腔内可见约0.6cm*0.5cm高回声，子宫内膜息肉？9-27我院门诊尿HCG（+），B超：

子宫内膜增厚 1.5cm，宫腔内未见明显胎囊回声。昨晚 19 时阴道有褐色分泌物，量不多，今晨阴道有暗红色出血，量不多，持续 1 天，今晚 18：50 与小汽车发生撞击后摔倒在地，现右侧下腹痛，隐痛，间断性，阴道出血量略增加，无肛门坠涨感，无头晕、头痛不适。门诊诊断：阴道出血，先兆流产？异位妊娠？后王瑞陆续在中国人民解放军第三〇九医院就诊，该院 2015 年 10 月 4 日的诊断证明记载：1. 不全流产，2. 无痛清宫术。该院 2015 年 10 月 5 日的诊断证明记载：停经 71 天，宫颈处异常回声（不完全流产？异位妊娠待排？），10 月 5 日清宫手术，建议休息 2 周。

王瑞向本院提交的门急诊病历手册中记载王瑞于 2015 年 9 月 27 日到中国人民解放军第三〇九医院就诊，就诊记录中记载有：王瑞要求流产，处理：一周后复查。经询，王瑞就病历手册中记载的事发前一天要求流产一节陈述称：2015 年 9 月 21 日在上地医院检查出怀孕，9 月 27 日又去三〇九医院进行检查，因为当时没有结婚，当时还没想好是否要孩子，所以在医生的询问下暂时考虑让医生记录了要求流产，但是 9 月 27 日没有采取任何流产措施，还是做好了要这个孩子的准备，在三〇九医院做了各项检查，结果都正常，虽然现在也还没有领取结婚证，但准备今年 10 月结婚，但是 9 月 28 日就发生了交通事故，10 月 4 日再检查孩子就没有了。

**【案件焦点】**

1. 流产与交通事故之间的因果关系如何认定；2. 对交通事故导致流产的精神损害抚慰金的数额如何认定。

**【法院裁判要旨】**

北京市海淀区人民法院经审理认为：本案中的交通事故经公安机关交通管理部门认定宋海龙负全部责任，宋海龙所驾车辆在保险公司投保了交强险，此次事故发生在保险期限内，故保险公司应在其承保的交强险责任限额范围内先行承担赔偿责任。因王瑞的诉讼请求未超出交强险责任限额范围，故本案不涉及宋海龙的赔偿问题。

本案的争议焦点在于王瑞主张的赔偿项目及赔偿金额是否合理。首先，涉案交通事故事实清楚，责任明确，王瑞提交的证据足以证实其于事发前已经怀孕，此次交通事故导致其流产。其次，保险公司虽抗辩称事发时王瑞未婚，而且事发前的病历本记载王瑞主动要求流产,流产是王瑞的意向,即使不发生交通事故,也可能流产,但王瑞的未婚状况并不是免除本案中赔偿责任的正当理由,至于病历手册中记载事发前一天王瑞要求流产一节,经法庭询问,王瑞已就此作出解释,本院认为王瑞的解释符合一名未婚孕妇所可能具有的正常心理状态,应属合理解释,本案中保险公司亦未举证证明王瑞在事故后的流产系其主观意愿选择所致,故在王瑞已就事发前一天要求流产一节作出合理解释的情形下,保险公司的该抗辩理由不能阻断本案中的侵权行为与王瑞所遭受的损害后果之间的因果关系,对保险公司的该抗辩意见,本院不予采纳。对各项损失的具体金额法院根据实际情况酌情认定。经核实,王瑞的损失为:营养费1500元,护理费5000元,误工费10000元,交通费200元,精神损害抚慰金10000元。

北京市海淀区人民法院依照《中华人民共和国侵权责任法》第十六条、第二十二条、第四十八条,《中华人民共和国道路交通安全法》第七十六条之规定,判决如下:

一、保险公司于本判决生效后七日内赔偿王瑞营养费1500元,护理费、误工费、交通费、精神损害抚慰金25200元,以上共计26700元;

二、驳回王瑞其他诉讼请求。

宣判后,王瑞及保险公司均提起上诉。王瑞上诉认为一审支持的精神损害抚慰金过低;保险公司上诉认为王瑞的流产与涉案交通事故无关。北京市第一中级人民法院经审理认为:本案争议的焦点在于王瑞的流产是否与本次交通事故存在因果关系,进而决定王瑞的误工费、护理费和精神损害抚慰金是否应当由保险公司赔偿,一审法院判决的精神损害抚慰金及营养费是否合理。根据法院查明的事实,9月28日发生交通事故,王瑞于10月4日发生流产,此间未有证据显示尚存在其他因素导致王瑞流产,故本院可以认定王瑞的流产与本次交通事故之间存在因果关系,至于王瑞本人在事故发生前是否有保留胎儿的意愿,并不能切断交通事故与流产之间的因果关系,王瑞的相关检查亦不能确认其胎儿必不能保留,故对保险公司上诉认为不应承担王瑞流产产生的相关损害的上诉请求,本院不予支持。就王瑞产生的误工费和护理费,考虑到王瑞及护理人员所从事职业的特点及王瑞休假的事实,一审法院对其误工费和护理费进行酌定,并无不当,对保险公司上诉不认可一审法院判决的误工费和护理费的请求,本院不予支持。针对王瑞的上诉请求,本院认为,法院已经充分注意到流产对女性的人身和精神方面的伤害,一审法院在正确认定事实的基础上,对精神损害抚慰金进行酌定,并无不当,本院予以维持。对营养费,亦是法院根据查明的事实,予以酌定,并无不当,对王瑞要求提高精神损害抚慰金和营养费数额的上诉请求,本院不予支持。

北京市第一中级人民法院依照《中华人民共和国民事诉讼法》第一百七十条第一款第(一)项之规定,判决如下:

驳回上诉,维持原判。

## 【法官后语】

该案例主要涉及两个问题:一是流产与交通事故之间的因果关系如何认定。二是实践中对交通事故导致流产的精神损害抚慰金的数额如何认定。

流产不同于一般的事故外伤,导致流产的因素往往更加多样化,除了交通事故碰撞直接造成的外伤性流产,治疗事故外伤的用药、常规检查的X光照射、甚至因发生交通事故产生的惊吓、精神刺激等都有可能引发流产,故在认定流产与交通事故的因果关系时,应当适度从宽,结合当事人怀孕的阶段、孕期的相关检查情况以及事故发生的具体情况等因素综合认定。本案中,原告王瑞在事发时怀孕10周左右,尚处于孕期的不稳定期,医院的相关病历记载:"今晚18:50与小汽车发生撞击后摔倒在地,现右侧下腹痛,隐痛,间断性,阴道出血量略增加。门诊诊断:阴道出血,先兆流产?"应当说,从当事人的孕期、医院的相关诊断以及事故撞击后的反应等因素分析,王瑞的流产与交通事故之间的因果关系较为明确。本案的特殊之处在于王瑞作为未婚妇女,在事故发生前曾向医院表达过要求流产的意愿,这一情节能否阻断交通事故与流产之间的因果关系。法院认为,王瑞已向法庭作出了符合常理的解释,保险公司未进一步举证证明王瑞在事故后的流产系其主观意愿选择所致,故保险公司的该抗辩理由不能阻断涉案交通事故与王瑞流产之间的因果关系。

实践中,因交通事故造成流产的案例并不罕见,但是精神损害抚慰金的数额如何认定尚有不同意见。一种观点认为流产造成了胎儿的消逝,相当于交通事故造成一个新生生命死亡的损害后果,故精神损害抚慰金应当比照死亡事故的金额认定,可以确定为5万元或4万元。另一种观点认为应当根据案件实际情况认定精神损害抚慰金的数额,因为不同情况的流产对当事人造成的精神伤害确有不同,不能一概而论。笔者同意第二种观点，因为实践中确遇到过相差较大的不同流产情形，如二十五六岁孕八周的流产与四十岁第一胎孕三十周的流产（有可能导致终身无法生育），无论是从流产对妇女造成的身体伤害，还是从情感层面、精神层面造成的伤害而言，这两种情况显然有着不同量级损害程度，应当在精神损害抚慰金数额的认定上进行适当的区分。我们认为，在认定精神损害抚慰金的数额时，应当综合考虑当事人的孕期、年龄以及是否对生育权造成重大影响等因素，参照交通事故死亡、伤残案件的精神损害抚慰金实践标准予以认定。需要指出的是，流产毕竟不同于一般的事故外伤，因为怀孕往往蕴含着丰富的情感因素，故不能仅从身体的受伤害程度来考量精神损害抚慰金的数额，而应当在一般事故外伤的基础上适当上浮，体现出一定的人文关怀。本案中，我们根据原告王瑞的实际情况，在本市交通事故死亡案件 5 万元精神损害抚慰金的一般标准下，将王瑞的精神损害抚慰金酌定为 1 万元。

编写人：北京市海淀区人民法院　游晓飞

# 37

# 车辆贬值损失是否应当赔偿

——陈茂臣诉李成镇机动车交通事故责任案

## 【案件基本信息】

1. 裁判书字号

山东省聊城市茌平县人民法院（2016）鲁 1523 民申字第 3 号民事裁定书

2. 案由：机动车交通事故责任纠纷

3. 当事人

原告（被申请人）：陈茂臣

被告（申请人）：李成镇

## 【基本案情】

原告陈茂臣诉称：2016年3月11日11时许，被告李成镇驾驶鲁PH××××号轿车沿G105线由北向南行驶至国道105线458km+800m处时，与对行陈茂臣驾驶的鲁PE××××号轿车相撞，造成两车不同程度损坏的道路交通事故。经4S店维修后，造成车辆贬值5万元，经与被告多次协商未果，为维护自己的合法权益，特诉至本院，要求被告赔偿车辆贬值损失50000元。

被告李成镇辩称：对于原告的主张，我方不同意赔偿。

经审理查明：2016年3月11日11时许，被告李成镇驾驶鲁PH××××号轿车沿G105线由北向南行驶至国道105线458km+800m处时，与对行陈茂臣驾驶的鲁PE××××号轿车相撞，造成两车不同程度损坏的道路交通事故。该事故经聊城市公安局交通巡逻警察支队茌平大队现场勘察，出具聊茌公交认字〔2016〕第00151号道路交通事故认定书，认定：李成镇承担此事故的全部责任，陈茂臣对此事故不负责任。因此，原告为维护自己的合法权益，特诉至本院，要求被告赔偿车辆贬值费50000元。

## 【案件焦点】

车辆贬值损失是否应当赔偿。

## 【法院裁判要旨】

山东省聊城市茌平县人民法院于2016年5月27日作出（2016）鲁1523民初字第838号民事调解书。经本院主持调解，双方当事人自愿达成如下协议：

一、被告李成镇一次性支付原告陈茂臣车辆损失差价费等10000元。

二、对本次事故引起的其他一切事宜，双方今后互不追究。

调解书生效后，李成镇向茌平县人民法院提出再审申请，再审申请人认为，一审在当事人未到庭的情况下调解，被告的代理人有转委托行为，并且陈茂臣请求车辆贬值损失，于法无据，请求撤销原调解书。本院审查过程中，再审申请人李成镇与被申请人陈茂臣握手言和，申请人自愿赔偿被申请人陈茂臣2000元损失，但被申请人自愿退还给申请人，表示自愿放弃全部对申请人李成镇的赔偿权利，申请人李成镇表示自愿撤回（2016）鲁1523民初字第838号民事调解书的执行申请，自愿放弃该调解书所确定的权利。茌平县人民法院于2016年8月19日作出（2016）

鲁 1523 民申字第 3 号裁定，裁定准许李成镇撤回再审申请。

## 【法官后语】

　　根据相关立法精神，车辆贬值损失，是指在道路交通事故中遭受损坏的机动车经过维修后，其在二手车交易市场上的交易价格低于同类未遭受事故损坏的机动车的交易价格的差额部分。对于贬值损失是否应当赔偿的问题，《最高人民法院关于审理道路交通事故损害赔偿案件适用法律若干问题的解释》并没有对其作出规定。客观上讲，车辆贬值损失几乎在每辆发生交通事故的机动车上都会存在，规定贬值损失可能会导致大量不会成诉的交通事故案件涌入法院，不利于减少纠纷；我国目前鉴定市场不规范，贬值损失的确定有很大的随意性，由于贬值损失数额确定的不科学性，可能导致案件实质上的不公平。对于该项损失原则上不应支持。

　　本案一审以调解方式对车辆贬值损失予以支持，并不违法调解的合法性原则。因为调解协议合法性的要求与判决合法性的要求有程度上的不同。当事人双方可以运用处分权在不违反法律禁止性规定的前提下达成调解协议。调解的合法性原则是一种宽松的合法性，它并不是指调解协议的内容必须严格遵守法律的规定，而是协议内容不得与民事法律中的禁止性规定相冲突，不得违反公序良俗和损害国家、集体以及第三人的合法权益。本案的调解书并没有违反合法性原则，以此为由不能进入再审。

　　本案在审查阶段，经过法官说理教育，当事人自愿达成和解协议，再审申请人撤回了再审申请，使本案得以圆满解决。

编写人：山东省聊城市茌平县人民法院　王霞

## 三、交通事故损害赔偿程序

### 38

### 机动车交通事故责任纠纷赔偿案件中诊疗机构作为第三人参加诉讼的法律依据及处理

——王兰英等诉师华、安盛天平财产保险股份有限公司北京分公司机动车交通事故责任案

**【案件基本信息】**

1. 裁判书字号

北京市西城区人民法院（2016）京0102民初字第14661号民事判决书

2. 案由：机动车交通事故责任纠纷

3. 当事人

原告：王兰英、王秀英、王忠连、王忠武

被告：师华、安盛天平财产保险股份有限公司北京分公司（以下简称安盛天平保险公司）

第三人：北京大学人民医院

**【基本案情】**

四原告诉称：四原告与王忠生系兄弟姐妹关系，王忠生生前未婚未育，其父母均已去世。2016年2月13日王忠生于北京市西城区半步桥捡破烂时被由被告师华驾驶的车牌号京F8××××号小汽车撞倒，造成王忠生受伤。事发后师华驾车逃逸。经三个月的治疗，王忠生于2016年5月10在北京大学人民医院去世。该事故经交

管部门认定,被告师华负事故全部责任。经查事故车辆在安盛天平保险公司投保有交强险。四原告作为王忠生的近亲属有权主张因王忠生交通事故产生的相关赔偿权利。四原告请求判令二被告赔偿:护理费7380元、交通费1479元、处理事故人员就餐费573元、住院伙食补助费4350元、死亡赔偿金1057180元、丧葬费42519元、精神损害抚慰金100000元、医疗费201796元。诉讼费由被告承担。

被告师华未到庭答辩,但于法院向其送达起诉材料时称:对事故发生的时间、地点及责任认定都没有异议。原告要求的数额过高,我现在被拘留且关押在拘留所。我名下的财产只有小汽车一辆,同意卖了之后赔偿给原告。我和妻子、儿子分居多年,他们都不在北京。我拿不出这么多钱。不参加开庭,同意法院依法缺席判决。

被告安盛天平保险公司辩称:事发的时间、地点责任认定无异议。王忠生事发后在人民医院住院治疗的事实及医疗费明细无异议。事故车辆上的号牌在我公司投保有交强险,投保人是师华,但是因为我公司没有该事故车辆京F8××××号小汽车的验标照,认为该车辆存在套牌的可能。被告师华当时是酒后驾车并事发后逃逸,对该事故造成的损失我公司不同意承担。对原告提交的亲属关系证明及父母死亡证明认可,认可王忠生死亡的事实,但是认为原告并无法证明王忠生的死亡与该事故之间存在100%的因果关系。不同意原告及第三人的全部诉讼请求。

第三人北京大学人民医院称:王忠生交通事故后被送至我院并住院治疗87天。住院期间发生医疗费211796元,除了师华垫付的1万元之外,其余201796元王忠生未支付。因本案中被告师华是王忠生案件的直接侵权人,被告安盛天平保险公司作为被告交通事故车辆的交强险投保公司,四原告系王忠生的近亲属,依照法律规定,申请作为本案第三人参加本案诉讼。诉讼请求:要求二被告在各自的赔偿范围内,优先对王忠生拖欠的北京大学人民医院的医疗费201796元进行赔偿。

四原告对第三人北京大学人民医院的诉讼请求答辩称:对王忠生在北京大学人民医院住院的事实及住院费明细真实性认可,不同意第三人的诉讼请求,精神损害抚慰金及死亡赔偿金不属于遗产,认为应当对死者的亲属先作出抚慰。在上述项赔偿之外才能赔偿给医院。

## 【案件焦点】

诊疗机构是否有权作为赔偿案件中有独立请求权的第三人向侵权人或者患者近亲属主张权利。

## 【法院裁判要旨】

北京市西城区人民法院经审理认为：医疗费以医疗费明细所载金额为准，因四原告未实际支付医疗费，故该请求权应属于第三人。住院伙食补助费：原告主张按照每日 50 元标准依照原告实际住院时间 87 日计算。护理费：护理费发票记载的金额。死亡赔偿金：王忠生生前系非农业户口，死亡时未满 60 周岁，赔偿标准应该按照受诉法院所在地上年度标准进行赔偿。丧葬费：按照 2015 年度北京市职工平均工资计算六个月。交通费：法院依据王忠生住院时间及亲人探望的事实情况酌定。就餐费：该项诉讼请求无事实及法律依据，法院不予认可。精神损害抚慰金：因被告师华已经受到刑事处罚，法院对该诉讼请求不予支持。上述各项合理损失，首先由安盛天平保险公司在强制保险伤残项下限额内承担赔偿责任，超出强制保险的部分由被告师华承担赔偿责任。第三人主张的医疗费应先由安盛天平保险公司在交强险医疗项下进行赔偿，不足部分由被告师华承担赔偿责任。王忠生交通事故受伤后，在王忠生未交纳相应医疗费的情况下，第三人依然坚持救治王忠生并产生了相应的经济损失，法院对此人道主义行为表示赞许，除交强险项下 10000 元由安盛天平保险公司赔偿给第三人外，其余医疗费由被告师华对第三人优先赔偿。

北京市西城区人民法院判决如下：

本判决生效之日起十五日内，被告安盛天平保险公司在机动车交通事故强制保险限额内，赔偿第三人医疗费 1 万元；被告安盛天平保险公司在机动车交通事故强制保险限额内，赔偿四原告死亡赔偿金 11 万元；被告师华优先赔偿第三人医疗费 191796 元；被告师华赔偿四原告死亡赔偿金 947180 元、丧葬费 42519 元、住院伙食补助费 4350 元、交通费 10000 元、护理费 7380 元，以上数额共计 1002429 元。驳回四原告的其他诉讼请求。

## 【法官后语】

该案例涉及交通事故中，诊疗机构对受伤人进行人道主义救治，受伤人因救治无效死亡的情况下，诊疗机构对受伤人所拖欠的诊疗的的权利主张问题。对于该类问题，受伤人的近亲属依照法律规定向肇事司机及相应的保险公司索赔时，诊疗机构对于受伤人所拖欠的医疗费，能否作为案件的第三人参加诉讼并主张医疗费，是司法实践中应着重研究探索的问题。对于该案的处理，笔者有以下几点意见：

1. 法律规定的关于有独立请求权的第三人的法律地位

有独立请求权的第三人是指对原、被告争议的诉讼标的认为有独立请求权而参加到诉讼中来的人。

2. 本案中第三人北京大学人民医院是否对诉争的诉讼标的享有请求权

《中华人民共和国侵权责任法》第十八条第二款规定："被侵权人死亡的，支付被侵权人医疗费、丧葬费等合理费用的人有权请求侵权人赔偿费用，但侵权人已支付该费用的除外。"本案中第三人北京大学人民医院在对受伤人王忠生治疗后，依照法律规定被侵权人死亡的，支付被侵权人医疗费、丧葬费等合理费用的人有权请求侵权人赔偿费用，应认定北京大学人民医院垫付了被侵权人王忠生的医疗费，故其对本案侵权人即师华、安盛天平保险公司在其垫付的医疗费范围内享有求偿权。

3. 是否应判令二被告对第三人北京大学人民医院享有请求权优于原告主张的费用先行赔偿

法院在裁判中考虑两点因素：一是原告与第三人请求权的来源基础。第三人北京大学人民医院求偿权是基于与王忠生医疗服务合同产生的债权，四原告的求偿权是基于亲属继承关系的继承权产生的求偿权。按照民法原理，应"先还完债再继承"，故北京大学人民医院的债权请求权应优先于四原告基于继承产生的求偿权。二是对第三人人道主义的肯定。在王忠生交通事故受伤后，在王忠生未交纳相应医疗费的情况下，第三人依然坚持救治王忠生，并产生了相应的经济损失，法院对此人道主义行为表示赞许，故除交强险项下10000元由安盛天平保险公司赔偿给第三人外，其余医疗费由被告师华对第三人优先赔偿。又考虑交强险范围内死亡伤残赔偿项确有人身专属性的特点，故法院对该项下的赔偿款判定先行赔偿四原告。交强险范围外，应由被告师华负担的部分，由被告师华先对第三人北京大学人民医院进行赔付。

编写人：北京市西城区人民法院　闫召光

## 39

## 两次鉴定费负担主体的认定标准

——陈晓英诉张文婧、安邦财产保险股份有限公司北京分公司机动车交通事故责任案

【案件基本信息】

1. 裁判书字号

北京市丰台区人民法院（2015）丰民初字第21215号民事判决书

2. 案由：机动车交通事故责任纠纷

3. 当事人

原告：陈晓英

被告：张文婧、安邦财产保险股份有限公司北京分公司（以下简称北京分公司）

【基本案情】

2015年4月1日，张文婧驾驶机动车行驶至北京市丰台区会成门桥下与骑行自行车的陈晓英发生交通事故，造成陈晓英受伤。事故经交通管理部门认定，张文婧负全部责任。2015年5月4日至2015年5月15日，陈晓英于北京世纪坛医院住院治疗10天，确定诊断：胸椎骨折、腰椎滑脱、高血压、肩周炎（左）、腰椎间盘突出。陈晓英在治疗过程中支付医疗费1312.23元。2015年9月17日，北京市顺义区法医院司法鉴定所作出《司法鉴定意见书》，鉴定意见：陈晓英身体所受损伤遗留部分功能障碍，构成×级伤残，赔偿指数为10%。陈晓英支付鉴定费2400元。诉讼中，北京分公司对该鉴定意见不予认可。2016年2月25日，北京中正司法鉴定所作出《司法鉴定意见书》，鉴定意见：陈晓英的伤残程度属×级（伤残赔偿指数10%）；陈晓英的误工期限可考虑为120~180日；陈晓英的护理期限可考虑为60-90日；陈晓英的营养期限可考虑为60~90日。北京分公司支付鉴定费4150元。陈晓英要求二

被告支付残疾赔偿金 87820 元、精神损害抚慰金 17564 元、鉴定费 2400 元、矫形器 4600 元、医疗费 1620.67 元、误工费 6000 元、护理费 11880 元、交通费 112 元、住院伙食补助费 450 元、营养费 4500 元。北京分公司不同意承担鉴定费并主张第二次产生的鉴定费应由陈晓英或者张文婧负担。

## 【案件焦点】

交通事故中，受害人因确定伤残等级而支付的鉴定费与被告申请重新鉴定而产生的鉴定费性质是否相同，承担原则是否一样。

## 【法院裁判要旨】

北京市丰台区人民法院经审理认为：张文婧驾驶机动车与陈晓英发生交通事故，致陈晓英人身受伤。事故经认定，张文婧负全部责任。张文婧所驾车辆在北京分公司投保了交强险及商业三者险，先由承保交强险的保险公司在责任限额范围内予以赔偿，不足部分由承保商业三者险的保险公司根据保险合同予以赔偿，仍有不足的依照道路交通安全法和侵权责任法的相关规定由张文婧予以赔偿。关于陈晓英及北京分公司支付的鉴定费，本院根据双方举证责任予以确定。

北京市丰台区人民法院依照《中华人民共和国民法通则》第一百一十九条，《中华人民共和国道路交通安全法》第七十六条之规定，作出如下判决：

一、被告北京分公司在交强险责任限额内赔偿原告陈晓英医疗费 1312.23 元、住院伙食补助费 450 元、营养费 1800 元、残疾赔偿金 87820 元、精神损害抚慰金 5000 元、误工费 5000 元、护理费 5880 元、矫形器 4600 元、交通费 112 元（于本判决生效后十日内履行）。

二、被告张文婧赔偿原告陈晓英一次鉴定费 2400 元（于本判决生效后十日内履行）。

## 【法官后语】

交通事故的发生必然伴随着人身伤害或者财产损失，而关于这些损失的赔偿数额当事人常常无法确定具体金额，因此司法鉴定成了交通事故赔偿中一项常见的程序，如伤残等级鉴定、财产损失鉴定、三期鉴定（误工期、护理期、营养期）、参与度鉴定等。鉴定费则是鉴定过程中一项必然产生的费用，它也是交通事故中常见的受害人主张的赔偿项目之一。关于其负担主体,法律法规没有明确规定,因此它也一直是当事人主要的争议焦点,其主要有以下几种观点:

第一种观点认为,鉴定费应当由保险公司方负担。根据《最高人民法院关于审理道路交通事故损害赔偿案件适用法律若干问题的解释》的规定,承保交强险与商业三者险的保险公司均是承担受害人损失的主体。鉴定费无论是为了确定财产损失金额还是人身伤害的严重程度,均是鉴定机构因进行鉴定而产生的必要费用。因此鉴定费也是直接损失,应当由保险公司赔偿。

第二种观点认为,鉴定费应当由侵权人负担。鉴定费的产生并非必然,鉴定机构进行鉴定是因为诉讼双方对案件事实或者损失程度存在争议,因此需要第三方进行专业判断。故鉴定费的产生并非保险公司在承保时能够预见到的损失。且根据现行保险惯例,保险公司均会与投保人在保险合同中约定间接损失保险公司不予赔偿的免责条款。因此鉴定费应认定为间接损失由侵权人予以赔偿。

第三种观点认为,应当由申请方自行负担。根据证据规则,当事人应当对自己的主张承担举证责任,而鉴定机构进行鉴定主要就是为了查清事实或确定损失,鉴定意见是证据种类之一,因此要使用鉴定意见作为证明其主张的证据,故支出鉴定费是其必要的诉讼成本。

本案的特殊性为对于同一项内容,当事人进行了两次鉴定,故产生了两笔鉴定费,应当如何负担则成了双方争议的焦点。笔者认为上述各观点均有合理性,但是均存在一定问题,关于其负担主体应当考虑鉴定费产生的原因并结合证据规则予以分别判断,主要理由如下:

1. 关于司法鉴定的理解

《全国人民代表大会常务委员会关于司法鉴定管理问题的决定》中规定"司法鉴定是指在诉讼活动中鉴定人运用科学技术或者专门知识对诉讼涉及的专门性问题进行鉴别和判断并提供鉴定意见的活动。""司法鉴定的收费标准由省、自治区、直辖市人民政府价格主管部门会同同级司法行政部门制定。"鉴定机构,也称"鉴定部门",是指接受司法机关、仲裁机构和其他组织或当事人的委托,有偿提供司法鉴定服务的组织。从司法鉴定的概念中可以看出,其最重要的就是产生于诉讼活动中,因此诉讼活动之外鉴定机构出具的鉴定意见不能作为司法鉴定意见,其应当作为书证。

2. 关于鉴定费的理解

鉴定机构进行鉴定系有偿服务，因此鉴定费系必然产生的费用。但是应当区分鉴定与当事人主张内容的关系。可以分为必要鉴定和非必要鉴定，如伤残等级鉴定，依据侵权责任法的规定，当事人主张的残疾赔偿金、被扶养人生活费均应根据受害人丧失劳动能力程度进行计算，因此当事人主张此费用必需通过鉴定机构进行鉴定，故鉴定费系必然发生的费用。而如三期鉴定，当事人可以通过医疗机构的诊断情况、当事人现实的伤情等予以证明，鉴定意见只是起到证据的补强作用。

3. 关于证据规则的理解

根据证据规则的规定，我国法律并不禁止当事人在诉讼前自行进行鉴定，只是证据的种类在法律上的分类不同。受害人于诉讼前进行伤残等级鉴定在程序上虽少了法院及侵权人的参与，但是不能因此而否认其作为证据的效力。同样法律也赋予侵权人可申请重新鉴定的权利，来同等保护双方的权益。当然，侵权人此时申请鉴定而产生的鉴定费是为了证明其主张而支出的诉讼成本，由其自行负担更为合理。故案例中，将第一次鉴定费作为间接损失由侵权人负担，将第二次鉴定费作为举证规则中诉讼成本由申请人负担是符合法律规定的。

编写人：北京市丰台区人民法院　李志峰

# 40

# 调解协议的效力认定问题

## ——徐某等诉蔡某等机动车交通事故责任案

【案件基本信息】

1. 裁判书字号

广东省广州市中级人民法院（2016）粤01民终字第15890号民事判决书

2. 案由：机动车交通事故责任纠纷

3. 当事人

原告（被上诉人）：徐某等三人（交通事故受害人林扁的子女）
被告（被上诉人）：蔡某、张某、东莞保险公司、韶关保险公司
被告（上诉人）：汽车站

【基本案情】

2016年2月5日17时31分许，张某驾驶大客车沿广州市增城区增江街增江大道由北往南行驶至增江大道76号门前路段时，大客车正面前端碰撞由东往西过公路的行人林扁致其倒地后进入大客车车底通过，因张某不停车、不施救、不报警，导致林扁再被同向行驶跟随大客车后面的由蔡某驾驶的轿车碾轧，造成林扁当场死亡的交通事故。张某、蔡某在发生交通事故后驾车逃逸。广州市公安局交通警察支队增城大队（以下简称增城大队）于2016年3月23日作出《道路交通事故认定书》，认定蔡某承担此事故的主要责任；张某承担此事故的次要责任；林扁承担此事故的次要责任。但未认定张某、蔡某在发生交通事故后驾车逃逸。

蔡某、林扁孙子徐乐华对《道路交通事故认定书》有异议，向广州市公安局交通警察支队提出复核。2016年4月28日，广州市公安局交通警察支队作出《道路交通事故认定复核结论书》，建议责令增城大队重新调查、认定。2016年5月16日，增城大队重新作出《道路交通事故认定书》，该认定书与原《道路交通事故认定书》完全一致。

大客车所有人汽车站为大客车在韶关保险公司投保了交强险和150万元商业三者险。轿车所有人蔡某为轿车在东莞保险公司投保了交强险和30万元商业三者险。事故发生时均在保险期内。

2016年7月15日，原告徐某等三人（死者林扁的子女）向本院提起诉讼。本案在审理期间，本院调取了增城大队的交通事故卷宗资料，主要有以下证据：1.大客车的《道路交通事故车辆技术检验报告》，报告结论：制动系的制动性能不合格；方向系性能合格；灯光系性能合格。2.轿车的《道路交通事故车辆技术检验报告》，报告结论：制动系、方向系、雨刮系合格；灯光系性能不合格。3.南方医科大学司法鉴定中心《法医病理鉴定意见书》（南方医大司法鉴定中心［2016］病鉴字第31号），鉴定意见：林扁系因钝性暴力致心脏破裂、主动脉破裂而死亡。4.南方医科大学司法鉴定中心《道路交通事故司法鉴定意见书》（南方医大司法鉴

定中心[2016]交鉴字第46号),鉴定意见:林扁符合被轿车碾轧致心脏破裂、主动脉破裂而死亡。该鉴定意见书中的分析说明第1项记载:视频一显示林扁被甲车(即大客车)正面前端部撞倒后进入甲车车底,然后被尾随甲车的乙车(即轿车)碾过,死者被乙车碾轧前后均处于头朝西、脚朝东的倒地状态。该鉴定意见书中的分析说明第2项第2点记载:根据现场勘查、车辆勘验及视频分析,轿车整备质量为1111kg、总质量为1510kg,而大客车整备质量为13350kg、总质量为18000kg,从车辆的质量,林扁的上述碾轧伤符合被轿车碾轧所致。林扁的致命伤心脏破裂和主动脉破裂亦符合被轿车碾轧所致。5.办案民警对蔡某进行的询问笔录。6.办案民警对张某进行的询问笔录。上述证据经庭审质证,各方当事人均无异议。

在法庭审理中,被告汽车站明确大客车是由汽车站自行经营,张某是汽车站的员工,张某事故当日的行为是职务行为。原告自认被告蔡某支付林扁殡葬费14008元。

另查明,被告韶关保险公司机动车第三者责任保险条款第六条规定:下列情况下,不论任何原因造成的对第三者的损害赔偿责任,保险人均不负赔偿。其中第(六)项规定:事故发生后,被保险人或其允许的驾驶人在未依法采取措施的情况下驾驶被保险机动车或者遗弃被保险机动车逃离事故现场,或故意破坏、伪造现场、毁灭证据。被告东莞保险公司机动车第三者责任保险条款第七条规定:下列情况下,不论任何原因造成的人身伤亡、财产损失和费用,保险人均不负责赔偿。其中第(一)项规定:交通肇事后逃逸、驾驶人、被保险人、投保人故意破坏现场、伪造现场、毁灭证据;第三者、被保险人或其允许的驾驶人的故意行为、犯罪行为,第三者与被保险人或其他致害人恶意串通的行为。

【案件焦点】

1.张某、蔡某是否属于发生交通事故后逃逸;2.增城大队制作的交通事故认定书认定的责任是否正确。

【法院裁判要旨】

广东省广州市增城区人民法院一审认为:根据本院调取了增城大队的交通事故卷宗资料认定的事实,本院确认张某、蔡某发生交通事故后逃逸,并认定被告张某、蔡某应共同承担事故的主要责任,林扁承担事故的次要责任。故被告张某、蔡某应共同承担事故责任的80%，林扁承担事故责任的20%。被告张某、蔡某各承担事故责任的80%中的50%，即各承担事故责任的40%。由于被告汽车站确认被告张某是其员工，事故当日行为是职务行为，故被告张某应当承担责任部分，由被告汽车站承担。鉴于被告张某驾驶的肇事大客车和被告蔡某驾驶的肇事轿车分别在被告韶关保险公司和被告东莞保险公司投保了交强险和商业三者险，故应依照《最高人民法院关于审理道路交通事故损害赔偿案件适用法律若干问题的解释》第十六条第一款的规定处理。

经审定，原告的损失如下：1. 死亡赔偿金150964.5元（30192.9元/年×5年，死者林扁1920年10月28日出生）；2. 丧葬费32395元；3. 办理丧葬事宜误工费、交通费、住宿费共3894.56元。4. 精神损害抚慰金8万元。上述损失合计267254.06元，该款由被告韶关保险公司、东莞保险公司在交强险死亡伤残赔偿限额11万元范围内各赔偿11万元，合计22万元。交强险不足赔偿部分，本应由被告韶关保险公司、东莞保险公司在各自的商业三者险赔偿限额范围内根据保险合同及其责任人责任比例赔偿，但因被告张某、蔡某均属于交通肇事后逃逸，而机动车第三者责任保险条款约定交通肇事后逃逸的，保险人不承担赔偿责任，该约定合法有效。因此，被告韶关保险公司、东莞保险公司不承担商业三者险赔偿限额范围内的赔偿责任。那么，原告在交强险赔偿限额范围内不足赔偿部分47254.06元，由被告张某、蔡某各赔偿40%，即各赔偿18901.62元，林扁自负损失20%，即9450.81元。被告张某应当承担赔偿的18901.62元，由被告汽车站赔偿。被告蔡某应当赔偿的18901.62元，扣减已付殡葬费14008元，被告蔡某实际尚应赔偿原告4893.62元。

一审判决：一、被告韶关保险公司应于本判决发生法律效力之日起三日内，在交强险死亡伤残赔偿限额11万元范围内赔偿原告11万元。二、被告东莞保险公司应于本判决发生法律效力之日起三日内，在交强险死亡伤残赔偿限额11万元范围内赔偿原告11万元。三、被告汽车站应于本判决发生法律效力之日起三日内，赔偿原告18901.62元。四、被告蔡某应于本判决发生法律效力之日起三日内，赔偿原告4893.62元。五、驳回原告的其他诉讼请求。

判后，被告汽车站不服一审判决，提出上诉。广州市中级人民法院二审认为：原审法院综合分析本案交通事故的情况及相关证据，对增城大队《道路事故责任认定书》不予采信，并认定张某、蔡某共同承担事故的主要责任，林扁承担事故的次要责任，即张某、蔡某共同承担事故责任的80%（两人分别承担事故责任80%的50%，即各承担事故责任的40%），林扁承担事故责任的20%并无不当，本院予以维持。综上所述，原审法院认定事实清楚，适用法律正确，本院依法予以维持。上诉人汽车站上诉请求缺乏事实及法律依据，本院依法予以驳回。

二审判决：驳回上诉，维持原判。

**【法官后语】**

本案案情虽然较为复杂，但当事人之间的争议焦点主要有两点：一是张某、蔡某是否属于发生交通事故后逃逸；二是增城大队制作的交通事故认定书认定的事故责任是否正确。

1. 张某、蔡某是否属于发生交通事故后逃逸

根据增城大队事故卷宗资料，张某在事故当日的询问笔录显示：张某首先承认"我当时驾驶大客车正在等灯，当显示绿灯放行信号，我车起动时，行人就从我车的右分车道线横穿公路，我车就与行人发生了碰撞。"之后，张某又陈述："我看了事故现场监控视频，行人是从我车的右侧横穿过我车左侧的，我当时的注意力在前方，没有注意从慢车道横穿快车道的行人。当时我没有发觉发生交通事故，所以没有报警。"就张某是否构成交通肇事逃逸的问题，分析如下：（1）张某在事故当天接受增城大队的调查询问时，作出了前后矛盾的陈述。张某最先承认是其驾车撞倒行人林扁，并对撞倒林扁的情况作了具体的描述；（2）南方医科大学司法鉴定中心《道路交通事故司法鉴定意见书》（南方医大司法鉴定中心［2016］交鉴字第16号）中的分析说明第1项记载：视频一显示林扁被甲车（即大客车，下同）正面前端部撞倒后进入甲车车底。作为一名有机动车驾驶资格且从业多年的专业驾驶员，对其在驾驶过程中，将正前端的行人撞倒后卷入车底而毫无觉察，不合常理；（3）张某驾驶的大客车正面前端撞倒行人林扁后将其卷入车底，不可能不知道发生交通事故，虽然后来其在接受调查的笔录中称"没有发觉发生交通事故"，但显然在说谎，极不诚实，目的就是逃避法律追究。因此，根据以上事实、证据，并依照《道路交通事故处理程序规定》第八十五条的规定，"本规定中下列用语的含义：（一）'交通肇事逃逸'，是指发生道路交通事故后，道路交通事故当事人为逃避法律追

究,驾驶车辆或者遗弃车辆逃离道路交通事故现场的行为"。足以认定张某构成交通肇事逃逸。根据增城大队事故卷宗资料,蔡某在事故的询问笔录显示:蔡某知道自己的轿车碾轧行人,只向警察说是一辆大客车碰撞所致,而隐瞒自己车辆二次碾轧的事实,且警察要求其留下电话而未告知,也明显属于逃避法律追究的行为,亦构成交通肇事逃逸。基于上述事实和理由,张某、蔡某均属于发生交通事故后逃逸。

2. 增城大队制作的交通事故认定书认定的事故责任是否正确

第一,根据增城大队的交通事故卷宗资料,本案的事实是:2016年2月5日17时31分许,张某驾驶大客车沿广州市增城区增江街增江大道由北往南行驶至增江大道76号门前路段时,大客车正面前端碰撞由东往西过公路的行人林扁致其倒地后进入大客车车底通过,因张某不停车、不施救、不报警,导致林扁再被同向行驶跟随大客车后面的由蔡某驾驶的轿车碾轧,造成林扁当场死亡的交通事故。张某、蔡某在发生交通事故后驾车逃逸。

第二,张某、蔡某、行人林扁的违法情况:(1)张某、蔡某二人违反《中华人民共和国道路交通安全法》(以下简称《道路交通安全法》)第七十一条关于车辆发生交通事故后逃逸的规定,而张某驾驶车辆碰撞行人林扁不停车、不施救、不报警,又违反《道路交通安全法》第七十条第一款"在道路上发生交通事故,车辆驾驶人应当立即停车,保护现场;造成人身伤亡的,车辆驾驶人应当立即抢救受伤人员,并迅速报告执勤的交通警察或者公安机关交通管理部门"的规定。(2)张某驾驶制动性能不合格的机动车上道路行驶,同时违反了《道路交通安全法》第二十一条"驾驶人驾驶机动车上道路行驶前,应当对机动车的安全技术性能进行认真检查;不得驾驶安全设施不全或者机件不符合技术标准等具有安全隐患的机动车"的规定。(3)蔡某驾驶轿车未能与前车保持足以采取紧急制动措施的安全距离,导致碾轧行人林扁,其行为违反了《道路交通安全法》第四十三条"同车道行驶的机动车,后车应当与前车保持足以采取紧急制动措施的安全距离"的规定。(4)行人林扁横过道路时没有按规定走人行横道,其行为违反了《道路交通安全法》第六十二条"行人通过路口或者横过道路,应当走人行横道或者过街设施;通过有交通信号灯的人行横道,应当按照交通信号灯指示通行;通过没有交通信号灯、人行横道的路口,或者在没有过街设施的路段横过道路,应当在确认安全后通过"的规定。

第三,张某、蔡某、行人林扁的过错程度及其责任。

基于上述事实,依照《中华人民共和国侵权责任法》第十二条的规定:"二人以上分别实施侵权行为造成同一损害,能够确定责任大小的,各自承担相应的责任;难以确定责任大小的,平均承担赔偿责任。"以及《中华人民共和国道路交通安全法实施条例》第九十二条第一款规定:"发生交通事故后当事人逃逸的,逃逸的当事人承担全部责任。但是,有证据证明对方当事人也有过错的,可以减轻责任。"由于张某驾驶大客车碰撞行人林扁后不停车、不施救、不报警,而蔡某驾驶轿车未能保持安全距离,导致二次碾轧行人林扁。根据医科大学司法鉴定中心《道路交通事故司法鉴定意见书》(南方医大司法鉴定中心〔2016〕交鉴字第46号)的鉴定意见,林扁的致命伤心脏破裂和主动脉破裂亦符合被轿车碾轧所致,张某驾驶的大客车正面碰撞行人林扁时虽然未有证据证明林扁碰撞时的受伤情况,或者是否已经死亡,但如果张某在其驾驶的大客车碰撞行人林扁后停车、施救、报警,二次碾轧就不会发生,故张某对本次在极短时间内导致林扁被随后蔡某驾驶的轿车二次碾轧的发生存在不可推卸的责任与重大过失。又因为蔡某驾驶轿车跟车太贴近,且明知自己碾轧行人后,虽然停车,但只向警察说是一辆大客车碰撞所致,也无实施施救,并隐瞒自己车辆二次碾轧的事实,也存在重大过错。张某、蔡某二人分别实施侵权行为造成同一损害,难以确定责任大小,须平均承担赔偿责任。因此,张某、蔡某的过错程度同等,故张某、蔡某应共同承担事故的主要责任,行人林扁横过道路时没有按规定走行人横道,亦存在一定的过错,因此,行人林扁应承担事故的次要责任。

综上所述,公安机关交通管理部门制作的交通事故认定书,认定蔡某承担事故主要责任,张某承担事故次要责任,行人林扁承担事故次要责任,明显属于认定事实不清,适用法律错误。依照《道路交通安全法》第七十三条规定:"公安机关交通管理部门应当根据交通事故现场勘验、检查、调查情况和有关的检验、鉴定结论,及时制作交通事故认定书,作为处理交通事故的证据。交通事故认定书应当载明交通事故的基本事实、成因和当事人的责任,并送达当事人。"以及《最高人民法院关于审理道路交通事故损害赔偿案件适用法律若干问题的解释》第二十七条规定:"公安机关交通管理部门制作的交通事故认定书,人民法院应依法审查并确认其相应的证明力,但有相反证据推翻的除外。"人民法院在审理机动车交通事故责任纠纷案件中,有充分证据证明公安机关交通管理部门制作的交通事故认定书认定的责任错误,人民法院可以依法重新作出责任认定。

编写人:广东省广州市增城区人民法院　徐国杰

## 41

# 挂靠单位没有参与调解的调解协议是否必然无效
——覃日德诉华安财产保险股份有限公司来宾中心支公司等机动车交通事故责任案

## 【案件基本信息】

1. 裁判书字号

广西壮族自治区来宾市中级人民法院(2016)桂13民终字第464号民事判决书

2. 案由:机动车交通事故责任纠纷

3. 当事人

原告(上诉人):覃日德

被告(上诉人):华安财产保险股份有限公司来宾中心支公司(以下简称华安财险来宾支公司)

被告(被上诉人):覃朗、来宾市佳达运输有限责任公司(以下简称佳达公司)

## 【基本案情】

2014年2月5日18时55分许,覃朗驾驶大型普通客车与覃日德驾驶二轮摩托车发生碰撞,造成覃日德受伤及两车不同程度损坏的道路交通事故。经交警部门认定,此事故覃朗应负主要责任,覃日德应负次要责任。覃日德与覃朗对责任认定均无异议。覃日德受伤后,立即被送至来宾市中医医院治疗,住院治疗94天,2014

年 5 月 10 日出院，支出医疗费 120582.82 元，华安财险来宾支公司已垫付 10000 元，覃朗已支付医疗费 110582.82 元。2014 年 5 月 12 日，覃日德的儿子覃海荣委托来宾市桂中司法鉴定所对覃日德的伤残程度进行鉴定。2014 年 5 月 28 日，来宾市桂中司法鉴定所出具了［2014］临鉴字第 80 号伤残程度鉴定意见书，评定：覃日德头部损伤为十级伤残；颈椎损伤为十级伤残。覃日德支付伤残鉴定费 700 元。2014 年 7 月 4 日，来宾市兴宾区道路交通事故人民调解委员会对本案进行了调解，覃日德及其儿子覃海荣、覃朗及覃相学、华安财险来宾支公司职员罗国权到调解委员会参加了调解，但佳达公司未到。在调解员主持下，经华安财险来宾支公司核算并与覃日德及覃朗协商，确定覃日德的损失为 205147.04 元，并达成协议：由华安财险来宾支公司支付给覃日德误工费、护理费、伤残费、伙食费等共计 67348.79 元；覃日德放弃一切诉求；华安财险来宾支公司支付给覃朗 98921.63 元。参加人员均在调解协议书上签名。之后，华安财险来宾支公司按协议转款。2015 年 5 月 28 日，覃日德到广西柳州市明桂司法鉴定中心做伤残鉴定，鉴定意见为：覃日德因本次交通事故损伤头面部分别构成八级、十级伤残。覃日德支付伤残鉴定费 1000 元。2015 年 7 月 21 日，覃日德到广西柳州市明桂司法鉴定中心做劳动能力鉴定，经评定，覃日德因本次交通事故损伤头面部、颈部及胸部丧失劳动能力程度为六级，支付劳动能力鉴定费 1500 元。2014 年 8 月 6 日至 2014 年 11 月 10 日曾到来宾市中医医院和来宾市人民医院门诊部检查治疗，共花去医疗费 1869.08 元。覃日德系农村居民户口，从 2012 年 1 月 15 日起到来宾市兴宾区城区租房居住，并在来宾城区打工生活至今，每日收入 180 元。覃汉亮系覃日德的母亲，其育有三子。涉案客车的登记车主为佳达公司，覃朗系该车的实际车主，该车在华安财险来宾支公司投保有交强险和不计免赔商业三者险。

【案件焦点】

1. 当事人在人民调解委员会主持调解达成的《人民调解协议书》是否有效，本案赔偿是否应该按该协议执行；2. 柳州市明桂司法鉴定中心的鉴定意见能否采信，覃日德的各项损失能否按该鉴定意见重新计算。

【法院裁判要旨】

广西壮族自治区来宾市兴宾区人民法院经审理认为：交警部门对此次事故所作

出的事故认定,合法有据,各方当事人均无异议,结合案件事实,确定覃朗应承担本次事故70%的责任,覃日德承担本次事故30%的责任。鉴于覃朗已为涉案车辆投保交强险和商业三者险,故覃日德的损失应由承保交强险的保险公司在交强险范围承担责任,不足部分由承保商业三者险的保险公司根据保险合同予以赔偿,仍有不足则按责任比例承担。涉案肇事车辆挂靠佳达公司,故其应与覃朗承担连带赔偿责任。来宾市兴宾区道路交通事故人民调解委员会对本案进行了调解存在明显瑕疵,在佳达公司没有到场进行调解违反相关调解规定,虽然该公司对调解协议没有异议,但调解形式欠缺,调解内容并未能反映是佳达公司真实意思表示,有失公正。覃日德出院第二天就进行伤残鉴定,未达鉴定时机,该调解协议无效。根据《中华人民共和国合同法》规定的"显失公平"或者"签订合同所依据的客观事实发生重大变化"为由,受害方要求予以赔偿的,符合法律规定。覃日德的相关赔偿款项应按一审法庭辩论终结时的上一统计年度相关数据确定。经核算确认,覃日德因本次事故遭受的损失为337176.46元。广西壮族自治区来宾市来宾区人民法院根据《中华人民共和国侵权责任法》第十六条、《中华人民共和国民法通则》第九十八条等规定,判决:

一、华安财险来宾支公司在交强险责任限额范围内赔偿覃日德121000元,扣除已垫付77348.79元,还应在交强险限额范围内赔偿覃日德43651.21元。

二、覃日德的残疾赔偿金、医疗费等合计213976.46元,由覃日德自行承担30%,即64192.93元;由覃朗负责赔偿70%给覃日德,即149783.52元,扣除覃朗已支付的医疗费120582.82元,华安财险来宾支公司还应在商业三者险限额范围内赔偿覃日德29200.70元。

三、覃日德的伤残鉴定费及劳动能力鉴定费2200元,由覃朗、佳达公司赔偿覃日德1540元,由覃日德自行承担660元。

四、驳回覃日德的其他诉讼请求。

覃日德、华安财险来宾支公司均不服一审判决,提起上诉。

广西壮族自治区来宾市中级人民法院经审理认为:覃日德因本次交通事故住院治疗,在出院后第二天就自行到来宾市桂中司法鉴定所进行伤残程度鉴定。在来宾市兴宾区道路交通事故人民调解委员会支持调解下,覃日德、华安财险来宾支公司、覃朗三方达成了《人民调解协议书》,该调解委员会也在协议书上加盖了公章。

华安财险来宾支公司也按协议履行了给付义务。虽然佳达公司没有参与调解,但经查实,该公司与覃朗为挂靠关系,肇事车辆的实际车主是覃朗,且车辆投保有交强险和100万元的商业第三者险,也无保险免赔事由,佳达公司就本案赔偿问题来讲是既不享受权利又不承担义务的当事人,参照《最高人民法院关于人民法院民事调解工作若干问题的规定》第十五条"对调解书的内容既不享有权利又不承担义务的当事人不签收调解书的,不影响调解书的效力"规定精神,佳达公司没有在协议书上签字并不影响协议书的效力。来宾市桂中司法鉴定所及鉴定人员具有相应的资质,鉴定所依据的材料真实,程序合法,覃日德也是在医治出院治疗终结后进行的鉴定,符合《道路交通事故受伤人员伤残评定标准》规定的评残时机,故来宾市桂中司法鉴定所作出的鉴定意见应该采信。覃日德无任何证据证明来宾市桂中司法鉴定所作出的鉴定意见存在程序和内容上的错误,2015年5月28日又自行重新鉴定。因鉴定的时间距离交通事故发生已近一年四个月,覃日德在没有证明该次鉴定的伤情与本案交通事故有关联的情况下,依据新的鉴定意见再行起诉,属于一事再行缠讼。综上,广西壮族自治区来宾市中级人民法院依照《中华人民共和国民事诉讼法》第一百七十条第一款第(二)项、《最高人民法院关于人民法院民事调解工作若干问题的规定》第十五条、《最高人民法院关于审理涉及人民调解协议的民事案件的若干规定》第一条之规定,判决如下:

一、撤销来宾市兴宾区人民法院(2015)兴民初字第1486号民事判决。

二、驳回覃日德的诉讼请求。

【法官后语】

本案争议的主要问题就是调解协议的效力;受害人在获得赔偿后,再次进行重新鉴定为更高的伤残等级,是否可以再诉的问题。

1. 挂靠单位未参与调解的情况下,其他当事人所达成的调解协议是否必然无效的问题

基于保护交通事故中的受害人能够及时获得充分的赔偿,现行法律规定,以挂靠形式从事道路运输经营活动的机动车发生交通事故造成损害,属于该机动车一方责任,挂靠人与被挂靠人承担连带责任。另外,在车辆挂靠经营中,车辆常常登记在被挂靠单位,车辆的交强险和商业险等保险一般也都是以挂靠单位名义购买。因

此，在机动车交通事故责任纠纷案件中，如车辆存有挂靠关系的情况，因为挂靠单位是要承担责任的，故一般均要求挂靠单位参与调解、诉讼等处理程序。那么，挂靠单位未参加调解程序，其他当事人达成的调解协议是否必然无效？在《最高人民法院关于人民法院民事调解工作若干问题的规定》第十五条规定："对调解书的内容既不享有权利又不承担义务的当事人不签收调解书的，不影响调解书的效力。"调解系解决当事人之间民事纠纷的一种程序，调解协议既已解决协议各方当事人的纠纷，那么对调解书既无权利又无义务的当事人，是否参与调解和签字或签收，对调解协议并没有实质性的影响。在本案中，佳达公司与覃朗为挂靠关系，覃朗为肇事车辆的实际车主，该车已投保交强险和100万元不计免赔的商业三者险，据此该车的保险已经足够赔偿受害人覃日德的损失，况且实际车主覃朗已参加调解，并且根据调解协议受害人覃日德已经获得相应的赔偿，而佳达公司就本案纠纷来说其应当承担相应的赔偿义务，并不享有权利，但调解书中并没有要求佳达公司承担义务，因此佳达公司没有在协议书上签字并不影响调解协议的效力。

2. 受害人进行伤残等级鉴定并获相应赔偿后，可否再次申请重新鉴定及再诉的问题

在《道路交通事故受伤人员伤残评定》中，评定的时机应以事故直接所致的损伤或确因损伤所致的并发症治疗终结为准，而所谓的治疗终结为临床医学一般原则所承认的临床效果稳定。在本案中，覃日德治疗终结出院后自行到鉴定机构进行伤残等级鉴定，并没有违背鉴定的评定时机，现又无相关证据证明该鉴定程序违法、鉴定内容错误，并不符合法律关于重新申请鉴定条件的规定，因此覃日德不可再次申请重新鉴定。

在《最高人民法院关于审理涉及人民调解协议的民事案件的若干规定》第一条规定，"经人民调解委员会调解达成的、有民事权利义务内容，并由双方当事人签字或者盖章的调解协议，具有民事合同性质，当事人应当按照约定履行自己的义务，不得擅自变更或者解除调解协议。"既然人民调解委员调解达成的调解协议具有民事合同性质，那么协议的当事人应当遵循合同方面的法律法规，按照约定履行义务，不得擅自变更或解除协议。在本案中，调解协议的赔偿数额是经过华安财险来宾支公司核算并与覃日德、覃朗协商后确定的，其中的残疾赔偿金、被扶养人生活费等赔偿项目所依照的伤残等级是按覃日德自行申请鉴定所确定的伤残等级计算

的。覃日德作为一个完全民事行为能力人，应当知道自己所做鉴定和进行调解的意思，而又无证据证实存在重大误解或欺诈胁迫等情形，故该调解协议书是覃日德真实的意思表示。之后，华安财险来宾支公司已经按照调解协议履行了给付义务，覃日德也已获得相应的赔偿款。因此，本案所涉的交通事故责任赔偿纠纷已经处理完毕。时隔一年多之后，覃日德再次鉴定出更高等伤残等级，但没有提供证据证明该次鉴定的伤情与本案交通事故有关联，故依据重新的鉴定意见再行起诉，属于一事再行缠讼。

3. 本案还应当注意的其他问题

人民调解委员会是依法设立的调解民间纠纷的群众性组织，在多元化纠纷解决中扮演着重要的角色。虽然人民调解委员会主持达成的调解协议没有强制的效力，但其所具有的民事合同效力亦要求当事人应信守和遵循。作为法院，在调解协议没有违反法律强制性规定的情况下，不能轻易否定调解协议的效力，应当尊重当事人的意思自治和人民调解委员会调解的成果。

编写人：广西壮族自治区来宾市中级人民法院　韦霄倩

## 42

# 机动车交通事故多个被侵权人的诉讼时效与赔偿

## ——何兆贤诉廖义峰等机动车交通事故责任案

**【案件基本信息】**

1. 裁判书字号

广西壮族自治区南宁市江南区人民法院（2016）桂0105民初字第4199号民事判决书

2. 案由：机动车交通事故责任纠纷

3. 当事人

原告：何兆贤

被告：廖义峰、南宁市公安局江南分局（以下简称公安江南分局）、太平财产

保险有限公司广西分公司（以下简称太平保险公司）

**【基本案情】**

  2012年8月21日16时58分许，原告何兆贤驾驶无号牌电动车、方连娇驾驶无号牌电动车在前，被告廖义峰（经检测血液乙醇浓度为0）驾驶小轿车桂Ａ××××警号小型专项作业车在后，沿亭江路由南往北方向行驶，至南宁市江南区亭江路亭子农贸市场对面路段时，因廖义峰驾驶机动车在道路上未能按操作规范安全驾驶且超速行驶，遇险情时采取措施不当，导致桂Ａ××××警号小型专项作业车追尾碰撞前方在最右侧车道由何兆贤驾驶的电动车及第二股车道由方连娇驾驶的电动车，何兆贤驾驶的电动车受到桂Ａ××××警号车撞击后又碰撞到行人黄北、何多学、王克清、黄妃、何波等5人，造成三车不同程度受损以及何兆贤、方连娇共七人受伤的交通事故。南宁市公安局交通警察支队五大队于2012年8月28日作出《道路交通事故认定书》，认定被告廖义峰承担事故的全部责任，何兆贤、方连娇等七人不承担事故责任。肇事车辆桂Ａ××××警号小型专项作业车在被告太平保险公司处投保了交强险，事故发生于保险期间。

  何兆贤事故发生期间居住于宾阳县宾阳镇城中社区宾中路。需要原告何兆贤扶养的为何兆贤的母亲蒙肖颜，蒙肖颜生育有包括原告何兆贤在内的七个子女。2012年8月21日何兆贤受伤后即时送到南宁市第二人民医院进行住院治疗，于2013年7月31日出院，住院344天，出院诊断：左额颞顶硬膜下血肿，脑挫裂伤；脑积水；腰1~4左侧横突骨折；双肺挫伤合并肺部感染；肾挫伤；全身多处皮肤软组织挫擦伤；胆囊、肾结石；窦性心动过速，心功能不全；过敏性皮炎。出院医嘱：注意休息，加强营养，不适随诊，建议到康复科门诊就诊；建议到普外科、泌尿外科门诊就诊；一个月后神经外科门诊复查头颅CT或MR。2013年8月1日原告至南宁市第二人民医院住院治疗，2013年11月29日出院，共住院120天，出院诊断：脑外伤术后恢复期；V-P分流术后，肺部感染；腰椎退行性变；高血压病3级-极高危；腰2、3、4椎体左侧横突骨折；腰椎间盘膨出症；腰椎骨质增生。处理意见：建议继续康复治疗。2013年11月30日原告至南宁市第二人民医院进行住院治疗，2014年1月27日出院，共住院58天，出院诊断：脑外伤术后恢复期；V-P分流术后，高血压病3级-极高危，腰椎退行性变，腰2、3、4椎体左侧横突骨折，腰椎间盘膨出症，腰椎骨质增生。处理意见：建议继续康复治疗，继续按照"康复训练指导"方案进行康复训练，定期到康复医学科、神经外科复诊；定期复诊、复查头颅CT；如有头痛、恶心、呕吐、意识改变等情况及时就诊；需陪护人员看护，防跌倒。2014年4月19日原告至广西中医药大学第一附属医院进行住院治疗，2015年2月13日出院，共住院300天，出院诊断：中医诊断为脑外伤后遗症，气虚血瘀症；西医诊断为脑外伤手术后，高血压病。出院医嘱：低盐低脂饮食，避风寒，避免吸入二手烟；继续加强康复功能锻炼，定期门诊复查；不适时请随诊。经原告亲属委托，南宁市金盾司法鉴定所对原告何兆贤的颅脑损伤伤残等级、颅脑损伤后护理依赖等级评定进行了鉴定，于2015年10月19日出具的金盾司法鉴定所《司法鉴定意见书》的鉴定意见为：何兆贤颅脑损伤伤残等级三级，于2015年10月19日出具的金盾司法鉴定所的《司法鉴定意见书》得出的鉴定意见为何兆贤护理依赖程度：完全护理依赖。原告于2016年9月8日提出诉讼。

**【案件焦点】**

1. 原告的诉请是否超过诉讼时效；2. 如原告的诉请没有超过诉讼时效，原告主张赔偿的计算依据与数额是否合法有据；3. 被告廖义峰、公安江南分局、太平保险公司对原告的合理损失应如何承担赔偿责任。

**【法院裁判要旨】**

广西壮族自治区南宁市江南区人民法院经审理认为：交警部门在本案中作出的《道路交通事故认定书》认定的事实清楚、责任划分正确，本院予以采信并作为划分民事赔偿责任的依据，确定被告廖义峰承担交通事故的全部责任，原告何兆贤、方连娇不承担事故责任。因被告廖义峰系被告公安江南分局的在编民警，事发时系履行职务行为，故其行为后果、侵权责任由被告公安江南分局承担。本案交通事故给原告何兆贤造成了严重伤害，至颅脑损伤三级伤残，完全依赖护理，至2015年10月19日才得出鉴定结论。在起诉前原告一直与被告公安江南分局协商。根据《中华人民共和国民法通则》第一百三十五条的规定，原告于2016年9月8日提起诉讼并未超过法定2年诉讼时效。根据法律规定，原告何兆贤向太平保险公司主张权利的时效适用普通2年诉讼时效的规定，而非1年诉讼时效的规定。被告太平保险公司主张原告何兆贤超过诉讼时效的理由不成立，本院不予支持。

根据《最高人民法院关于审理道路交通事故损害赔偿案件适用法律若干问题的解释》第十六条、第二十二条的规定，原告何兆贤的合理损失应先由被告太平保险公司在交强险责任限额内根据损失比例予以赔偿。超出交强险责任限额的部分由被告公安江南分局向原告承担赔偿责任。

经本院核定的原告何兆贤合理损失1592632.88元，占该合理损失与另案方连娇合理损失总和的比例为94.38%，而两者的诉请均未超过诉讼时效。故原告何兆贤的合理损失先由被告太平保险公司在交强险责任限额内按照94.38%的比例赔偿，超出交强险责任赔偿限额的部分由被告公安江南分局承担赔偿责任。其中由被告太平保险公司在交强险责任赔偿限额内承担赔偿责任的项目及数额为：1. 住院伙食补助费10000元×94.38%＝9438元；2. 护理费110000元×94.38%＝103818元。超出交强险责任限额的部分由被告公安江南分局承担赔偿责任：1. 住院伙食补助费72762元；2. 营养费40000元；3. 护理费789862元；4. 误工费107289元；5. 交通费1000元；6. 残疾赔偿金422656元；7. 精神损害抚慰金30000元；8. 残疾辅助器具费2050元；9. 残疾鉴定费2100元；10. 被扶养人生活费11657.88元。

广西壮族自治区南宁市江南区人民法院依照《中华人民共和国民法通则》第一百三十五条，《中华人民共和国侵权责任法》第二条、第二十二条、第三十四条、第四十八条，《中华人民共和国道路交通安全法》第七十六条，《最高人民法院关于审理道路交通事故损害赔偿案件适用法律若干问题的解释》第十六条、第二十二条、第二十七条，《最高人民法院关于审理人身损害赔偿案件适用法律若干问题的解释》第十七条、第十八条、第二十条、第二十一条、第二十二条、第二十三条、第二十四条、第二十五条、第二十六条、第二十八条，《中华人民共和国民事诉讼法》第六十四条第一款、第一百四十四条，《最高人民法院关于民事诉讼证据的若干规定》第二条之规定，判决如下：

一、被告太平保险公司在机动车第三者责任强制保险责任限额内赔偿原告何兆贤住院伙食补助费9438元。

二、被告太平保险公司在机动车第三者责任强制保险责任限额内赔偿原告何兆贤护理费103818元。

三、被告公安江南分局赔偿原告何兆贤住院伙食补助费72762元。

四、被告公安江南分局赔偿原告何兆贤营养费40000元。

五、被告公安江南分局赔偿原告何兆贤护理费 789862 元。

六、被告公安江南分局赔偿原告何兆贤误工费 107289 元。

七、被告公安江南分局赔偿原告何兆贤交通费 1000 元。

八、被告公安江南分局赔偿原告何兆贤残疾赔偿金 422656 元。

九、被告公安江南分局赔偿原告何兆贤精神损害抚慰金 30000 元。

十、被告公安江南分局赔偿原告何兆贤残疾辅助器具费 2050 元。

十一、被告公安江南分局赔偿原告何兆贤残疾鉴定费 2100 元。

十二、被告公安江南分局赔偿原告何兆贤被扶养人生活费 11657.88 元。

十三、驳回原告何兆贤的其他诉讼请求。

## 【法官后语】

本案重点涉及两个问题：第一，在机动车交通事故纠纷中，受害人对保险公司主张权利的诉讼时效如何计算，是适用侵权行为的 1 年特殊诉讼时效，还是适用普通的 2 年诉讼时效？

根据《中华人民共和国民法通则》第一百三十六条的规定，身体受到伤害要求赔偿的，诉讼时效期间为 1 年，这是针对身体受到伤害的侵权行为规定的短期诉讼时效。《中华人民共和国民法通则》第一百三十五条则规定了普通的诉讼时效为 2 年[①]。机动车交通事故纠纷属于侵权责任纠纷，起因属于受害人身体受到伤害要求赔偿的情况。受害人向侵权人主张权利适用短期的诉讼时效，这没有争议。但是，保险公司能否与侵权人一样适用短期诉讼时效进行抗辩？本案中保险公司即主张对保险公司起诉的诉讼时效与侵权人一样适用短期 1 年的诉讼时效。《中华人民共和国民法通则》第一百三十六条的规定应是针对受害人向侵权人主张权利而言。保险公司并非侵权人，其承担赔偿责任系基于法律规定的强制义务和合同的约定，并不符合《中华人民共和国民法通则》第一百三十六条规定的情形。故机动车受害人对保险公司主张权利不适用《中华人民共和国民法通则》第一百三十六条规定的 1 年短期诉讼时效，应适用第一百三十五条规定的 2 年普通诉讼时效。

---

① 民法总则。

第二，对于机动车交通事故中有多个被侵权人的，如何确定赔偿比例？

这问题在实践中比较复杂，处理意见并不一致。一些案件的多个被侵权人起诉时间并不一致，有些无法确定部分被侵权人的身份，有些被侵权人不起诉。例如，本案其他被侵权人未能与侵权人协商解决，又未起诉的，则应如何处理？此情况下各地法院在做法并不完全一致，还须根据各地法院的实践经验予以进一步统一规范处理意见。根据《最高人民法院关于审理道路交通事故损害赔偿案件适用法律若干问题的解释》第二十二条的规定，同一交通事故的多个被侵权人同时起诉的，人民法院应当按照各被侵权人的损失比例确定交强险的赔偿数额。该规定仅是对多个被侵权人同时起诉能够确定各被侵权人的损失数额及比例的情况怎么分配交强险赔偿的问题作出了规定。该种情况下赔偿款分配问题尚好解决。例如，本案中被侵权人为多人，侵权人和其中受伤较轻的几个被侵权人已自行协商解决好赔偿事宜，仅是受伤较重的两个被侵权人提起诉讼，此时交强险的赔偿款只需核算清楚两个起诉人的损失数额及比例，再根据比例分配交强险的赔偿款。

编写人：广西壮族自治区南宁市江南区人民法院　杨长春

## 43

## 受害人单方委托鉴定机构作出鉴定意见书的证据效力问题

——周桂芝诉阳光财产保险股份有限公司滦南支公司等机动车交通事故责任案

【案件基本信息】

1. 裁判书字号

天津市第二中级人民法院（2016）津02民终字第6301号民事判决书

2. 案由：机动车交通事故责任纠纷

3. 当事人

原告（上诉人）：周桂芝

被告（上诉人）：阳光财产保险股份有限公司滦南支公司（以下简称保险公司）

被告（被上诉人）：张春雷、张广孝

### 【基本案情】

2016年3月1日7时10分许，张春雷驾驶牌号冀B1××××号车与周桂芝驾驶电动车发生碰撞，造成周桂芝受伤及双方车损的交通事故。本次事故经交警认定，张春雷承担事故全部责任，周桂芝无责任。事故发生后，周桂芝被送往天津医科大学总医院滨海医院住院治疗97天，诊断伤情为右锁骨粉碎性骨折、右侧动眼神经损伤等，冀B1××××号车在事故发生时在保险公司投保交强险及商业三者险。

周桂芝在本案起诉前单方委托北京中工司法鉴定所对其伤残等级、误工期、护理期、营养期进行鉴定，该所出具的鉴定意见书第三部分"检验过程"记载对周桂芝进行法医临床学查体及阅片记录等。第四部分"分析说明"记载依据《道路交通事故受伤人员伤残评定（GB18667-2002）》（以下简称《伤残评定规范》）之第4.10.10.i条、第4.10.10.f条及附则5.2条规定，周桂芝右肩关节活动障碍的伤残程度属十级、周桂芝右侧动眼神经损伤的伤残程度属十级，并以此作出鉴定意见：一、周桂芝的伤残程度属九级，累计伤残赔偿指数20%；二、周桂芝误工期限可考虑为自受伤之日起至评残前一日止、周桂芝护理期限可考虑为97日、周桂芝营养期限可考虑为97日。周桂芝为此支付鉴定费4500元。本案庭审过程中，三被告均认为该鉴定意见书为周桂芝单方自行委托，对其不予认可。本院向原告释明是否重新鉴定，原告坚持按照该鉴定意见书主张相关经济损失权利。

### 【案件焦点】

交通事故案件中，受害人单方委托鉴定机构作出的鉴定意见书证据效力如何审查认定。

### 【法院裁判要旨】

天津市滨海新区人民法院经审理认为：交通管理部门出具的交通事故认定书予以认定。现被告庭审中提出对周桂芝单方委托作出鉴定意见书的异议。经审查，该鉴定意见书引用《伤残评定规范》的条款与实际鉴定检验过程不符，多处伤残综合计算方法亦不符合规范要求，故对伤残等级鉴定部分不予认可。此外，该鉴定意见书记载周桂芝误工期限、护理期限、营养期限的天数用了"可考虑为"一词,并不具备明确性,不予采信。周桂芝据该鉴定意见书主张的相关经济损失在该案中不予支持,周桂芝可另行主张权利。本次诉讼本院只针对周桂芝实际产生的医疗费、住院伙食补助费、交通费予以认定。

天津市滨海新区人民法院依照《中华人民共和国侵权责任法》第六条第一款、第十六条、第四十八条,《中华人民共和国道路交通安全法》第七十六条第一款之规定,判决如下:

一、被告保险公司在交强险限额内赔偿周桂芝医疗费、交通费共计10400元。

二、被告保险公司在商业三者险限额内赔偿周桂芝医疗费、住院伙食补助费共计52154元。

三、驳回周桂芝的其他诉讼请求。

上述给付款项于本判决生效后十日内给付。

周桂芝、保险公司分别提起上诉。天津市第二中级人民法院经审理认为:周桂芝自行委托作出的鉴定意见书用词模糊,在计算多个伤残等级及伤残系数中没有依据,保险公司上诉主张垫付医疗费事宜可待周桂芝二次手术后一并解决。故原审判决结果正确,应予维持。

天津市第二中级人民法院依照《中华人民共和国民事诉讼法》第一百七十条第一款第(一)项之规定,作出如下判决:

驳回上诉,维持原判。

## 【法官后语】

交通事故审判实务中经常遇到伤者本人自行委托鉴定机构作出的鉴定意见书,赔偿义务人不认可的情形,对此如何把握?2001年《最高人民法院关于民事诉讼证据的若干规定》采用举证责任分配解决。2007年施行的《中华人民共和国民事诉讼法》首次将"鉴定结论"修改为"鉴定意见",突出其证据属性。2014年《最高人民法院关于适用〈中华人民共和国民事诉讼法〉的解释》在上述条文规定基础上,新增规定法官依法全面客观审核证据,公开判断证据证明力的理由和结果。通过上述法律、司法解释不断修改完善,明确了鉴定意见是专业人员对专门问题的事实判断,是查明事实的证据,强化了审判人员对鉴定意见书主动审查力度。

本案审理过程中，被告方提出对原告自行委托作出鉴定意见的异议，审判人员结合异议理由和《伤残评定规范》规定，对鉴定意见书进行比对、审查，最终查明该鉴定意见书下列部分存在明显的问题：第一，伤残等级鉴定意见部分。鉴定过程、伤残等级鉴定意见以及多处伤残综合计算方法均存在明显严重的缺陷。第二，误工期、营养期、护理期鉴定天数用词模糊。鉴于该鉴定意见书对本案事实判断出现错误，如果予以采信将导致案件审理结果错误，最终法院没有采信该鉴定意见书，并驳回了原告依据该鉴定意见书主张护理费、误工费、残疾赔偿金、精神损害抚慰金、营养费、鉴定费的诉讼请求。

编写人：天津市滨海新区人民法院　张艳辉

## 44

## 侵权人诉求的竞合能否在同一案件中合并处理以及处理方式

——王树怀诉曹孔明等机动车交通事故责任案

### 【案件基本信息】

1. 裁判书字号

河南省信阳市淮滨县人民法院（2016）豫1527民初字第1109号民事判决书

2. 案由：机动车交通事故责任纠纷

3. 当事人

原告：王树怀

被告：曹孔明、中国人寿财产保险股份有限公司阜阳市中心支公司（以下简称中财保险阜阳公司）、张亮亮、国元农业保险股份有限公司六安中心支公司（以下简称国元保险公司）

### 【基本案情】

2016年4月1日，原告王树怀驾驶的皖KL××××号车辆与被告张亮亮驾驶的皖NA××××号车辆在固始县马岗乡方堰桥发生交通事故，导致原告受伤住院，本次事故经固始县公安交警大队事故认定书认定，原告负主要责任，被告负事故次要责任。原告受伤住院花费医药费54441.97元。原告受伤后经信阳市楚相法医临床司法鉴定所鉴定为九级伤残，鉴定费600元。另查明，原告王树怀受雇于曹孔明，为曹孔明运输货物。原告诉讼曹孔明、张亮亮、国元保险公司、中财保险阜阳公司赔偿各项损失154923.97元。

**【案件焦点】**

作为雇员的受害人能否在交通事故发生后，在一案中既主张交通事故责任纠纷，又提出提供劳务者受害责任纠纷诉求。

**【法院裁判要旨】**

河南省淮滨县人民法院经审理认为：此次事故的过错责任，固始县公安交警大队已作出责任认定，双方当事人无异议，本院予以确认。两被告保险公司在承保范围内足以弥补原告的损失，且雇员损害与道路交通事故责任纠纷属于不同诉求，侵权竞合不能混合处理。原告合理损失如果在交通事故损害赔偿后仍然得不到足额弥补可就提供劳务者受害诉求另行诉讼，本案不予处理。据此，河南省淮滨县人民法院依照《中华人民共和国保险法》第六十五条，《中华人民共和国侵权责任法》第十六条、第四十八条，《中华人民共和国道路交通安全法》第七十六条和《最高人民法院关于审理人身损害赔偿案件适用法律若干问题的解释》第十七条、第十八条、第十九条、第二十条、第二十一条、第二十二条、第二十三条、第二十四条、第二十五条，《最高人民法院关于审理道路交通事故损害赔偿案件适用法律若干问题的解释》第十六条，《最高人民法院关于确定民事侵权精神损害赔偿责任若干问题的解释》第十条及《中华人民共和国民事诉讼法》第一百四十四条之规定，判决如下：

一、被告国元保险公司自本判决生效之日起十五日内，用皖NA××××号车投保交强险医疗限额赔偿原告王树怀医疗费7600元、住院伙食补助费1200元、营养费1200元；用皖NA××××号车投保交强险伤残限额赔偿原告王树怀精神抚慰金6000元、残疾赔偿金43412元、护理费9276元、交通费3000元、误工费10530.3元；用皖NA××××号车投保三者险限额赔偿原告王树怀剩余医药46841.97元的30%即14052.59元。以上总计96270.89元。

二、被告中国人寿财产保险股份有限公司阜阳市中心支公司自本判决生效之日起十五日内,用皖KL××××号车投保车上人员险赔偿原告王树怀剩余医药费款项32789.38元。

三、驳回原告王树怀的其他诉讼请求。

## 【法官后语】

本案争议的焦点是机动车交通事故发生后,作为雇员的受害人能否在交通事故发生后,在一案中既主张交通事故责任纠纷,又提出提供劳务者受害责任纠纷诉求。

关于雇员在从事提供运输服务活动中因雇佣关系以外的侵权人的侵权造成人身损害,但该第三人或者应担责的保险公司不足以弥补受害人损失时候,雇员能否再向雇主主张权利的问题,存在不同意见:一种认为,在雇佣关系中,雇员遭受人身伤害的,雇员可以向雇主请求赔偿,也可以向侵权人请求赔偿,这是受害人的选择性权利。如果雇员已经起诉要求权利人进行赔偿,法院也受理了案件,支持了雇员的诉讼请求,雇员就不能再就同一损害要求雇主承担连带赔偿责任;另一种观点认为,被侵权人可基于受害者提供劳务关系致害损害再向雇主要求赔偿,人民法院可依照《中华人民共和国侵权责任法》第三十五条之规定根据雇员与雇主的过错来判令雇主是否承担责任以及承担的赔偿责任比例。

笔者认为,雇主与第三人承担责任的归责原因不同,两者责任的原因一个是基于雇员关系,另一个是基于侵权关系,两者发生的原因不同,按照不真正连带债务的理论,一个债务责任人承担责任后,受害人的请求如果无法得到满足,则受害人可以就未得到弥补部分向另一责任人主张权利,以达到受害人损害"填补理论",所以笔者认为应当支持第二种意见(工伤事故处理按照最新高院解释已经如上处理)。

编写人:河南省信阳市淮滨县人民法院 韩卓珂 江法团

## 45

## 法律事实认定中法官的自由裁量权

——肖载而等诉张善久等机动车交通事故责任案

【案件基本信息】

1. 裁判书字号

江西省吉安市万安县人民法院（2016）赣0828民初字第429号民事判决书

2. 案由：机动车交通事故责任纠纷

3. 当事人

原告：肖载而等

被告：张善久、五莲县光辉运输有限公司（以下简称光辉公司）、邯郸县鸿达运输有限公司、中国人民财产保险股份有限公司日照市分公司（以下简称财保日照公司）、江西省高速公路联网管理中心（以下简称高速联网中心）、江西省高速公路投资集团有限责任公司（以下简称高速投资集团）

【基本案情】

2016年3月19日19时20分许，受被告光辉公司雇请，被告张善久驾驶鲁L3××××重型半挂牵引车和冀D××××挂重型半挂车（所有人是光辉公司）行驶至大广高速2929km+624m处时与行人袁玉兰发生碰撞，造成袁玉兰死亡的道路交通事故。经鉴定，袁玉兰因交通事故致严重颅脑损伤合并创伤性休克而死亡。交通认定：张善久负事故的次要责任、袁玉兰负主要责任。鲁L3××××车在被告财保日照公司投保了机动车交强险和第三者责任保险（责任限额50万元），冀D××××挂车投保了第三者责任保险（责任限额50万元）。事故发生均在保险期限内。

另查明，被告高速联网中心负责江西省全省高速公路车辆通行费票据的统一领用、发放、回收、缴销管理。事发路段归属被告高速投资集团管理、运营，万安县收费站为其下属收费站。事发当日凌晨4时起至10时，受大雾天气影响，主线部分车辆在万安收费站分流，岗亭一度出现车多人多、交通秩序混乱现象。

**【案件焦点】**

法院能否认定受害人系从万安收费站进入高速公路这一事实。

**【法院裁判要旨】**

江西省万安县人民法院经审理认为：高速公路作为除收费站出入口外基本全封闭的道路，在高速投资集团无证据证明受害人系非法破除隔离网或翻越网栏等方式进入高速公路的前提下，按一般理性正常人的日常经验法则，受害人只能从收费站进入高速公路。结合本案事发当日大雾天气以及因交通管制导致收费站人车曾一度混乱等实情，受害人从收费站进入高速公路的可能性远远大于其通过其他途径进入高速公路的可能性。高速投资集团虽提出否认，但并未能提出任何证据予以直接排除这一可能。综上，对原告主张受害人袁玉兰系从万安收费站进入高速公路的这一事实，法院予以认定。而作为高速危险活动区域的管理、经营者，高速投资集团疏于管理，未能发现并劝阻受害人从收费站进入高速公路，有一定过错，与张善久的违章驾驶行为偶然结合一起，导致本案事故和受害人死亡结果的发生，符合侵权责任法承担民事责任的条件，对袁玉兰的死亡应承担相应的民事责任。根据原因力，认定高速投资集团负次责，对原告的经济损失，高速投资集团承担15%。依据《最高人民法院关于民事诉讼证据的若干规定》第六十四条之规定，作出判决：

高速投资集团赔付肖载而等经济损失38401.9元。

**【法官后语】**

法官的事实自由裁量应予以规制，并避免恣意裁量。

1. 裁量前须穷尽证据

法官对事实的自由裁量，不能脱离现有证据已构建的事实框架。认定的事实，应合乎有效证据所反映出的基本事实，避免严重脱离。原告主张受害人系从收费站进入高速公路，法官在现有证据不足的情况下，将推翻原告事实主张的举证责任分配给对证据的采集具有相当优势的高速投资集团，遵循了穷尽证据的基本要求。

2. 裁量过程客观、中立

自由裁量权应依循法定程序。自由裁量是个体的独特体验，这就要求法官保持一种谨慎的态度，并尽可能排除主观影响，将裁量行为建立在逻辑和理性的基础上，保证结果的客观性，要应充分保障当事人的辩论权。法官将推翻原告事实主张的证据责任分配给被告高速投资集团时，并由双方对此进行辩论，遵循了程序中立、客观原则。

**3. 裁量应做到有据可循**

事实认定不可避免地渗透着主观色彩。法官在自由裁量结果中应阐述思维过程，以增强合理性和可靠性。自由裁量应当有清晰脉络，并说明现有法律规范与裁量结果之间的内在联系。高速公路系除收费站出入口外基本全封闭的道路，属于常识。在排除非法进入高速公路的前提下，行人只能从收费站进出入。结合实情，再运用日常经验法则进行逻辑推理，法官据此自由裁量认定袁玉兰系从收费站进入高速公路，对该思维过程进行了完整的展示和客观的推理，做到了有据可循。

编写人：江西省吉安市万安县人民法院　钟国华

# 46

## 法院可根据事故具体情况对有争议的交警部门的事故认定书重新认定责任

——刘汉顺等诉王继春机动车交通事故责任案

【案件基本信息】

1. 裁判书字号

山东省章丘市人民法院（2016）鲁0181民初字第1626号民事判决书

2. 案由：机动车交通事故责任纠纷

3. 当事人

原告：刘汉顺、楚圣娟、刘会燚

被告：王继春

## 【基本案情】

2016年1月14日17时30分许，刘兆峰（刘汉顺之子，楚圣娟之夫，刘会燚之父）驾驶鲁AA××××轿车沿章丘市圣井街道办事处一号路由南向北逆向、超速行驶至309国道南3500米处时（距事故现场划痕起点南2950厘米，路东侧有一占地310厘米×370厘米的石粉堆），与由北向南行驶的王继春驾驶的其所有的鲁A7××××三轮汽车（该车没有投保交强险）发生交通事故，造成刘兆峰经医院抢救无效死亡，两车损坏。该事故，经章丘市公安局交警大队认定，刘兆峰之行为违反了《中华人民共和国道路交通安全法》第三十五条、《中华人民共和国道路交通安全法实施条例》第四十五条第一款第（一）项之规定，承担事故的主要责任；王继春之行为违反了《中华人民共和国道路交通安全法》第二十二条第一款之规定，承担事故的次要责任。王继春对该认定有异议，向济南市公安局交警支队申请复核，济南市公安局交警支队于2016年3月9日受理。因三原告向法院起诉，济南市公安局交警支队于3月17日终止复核。事故发生后，刘兆峰在章丘市人民医院治疗，共产生医疗费90元。因此事故，三原告支付交通救援费980元。

## 【案件焦点】

当事人对交警部门作出的事故认定书存在争议，法院能否改变交警部门的责任认定，重新认定当事人的责任。

## 【法院裁判要旨】

山东省章丘市人民法院经审理认为：本案当事人的争议焦点是本次事故发生的原因及当事人应当承担的责任。根据本案证据，在本次事故中，王继春持有合法驾驶证，驾驶已经登记的车辆正常行驶，并无违章、违法之处。根据北京中机车辆司法鉴定中心的鉴定意见书，事故发生时，刘兆峰驾驶轿车的行驶速度不低于86km/h，轿车前部与王继春驾驶的三轮汽车左前部接触碰撞，据此得出的结论是刘兆峰超速行驶时突然驶入逆行线，轿车正面撞到三轮汽车上。综上，本次事故发生的根本原因是刘兆峰超速逆行，其应当承担事故的全部责任；王继春在事故中没有过错，不应当承担事故责任。章丘市公安局交警大队作出的事故认定书，本院不予采信。但因王继春驾驶的汽车没有投保交强险，依照《最高人民法院关于审理道路交通事故损害赔偿案件适用法律若干问题的解释》第十九条第一款之规定，王继春应当在交强险无责赔偿范围内承担赔偿责任，即赔偿三原告救援费100元，赔偿医疗费90元，赔偿死亡赔偿金、丧葬费、交通费、办理丧葬事宜人员误工费、精神损害抚慰金等共1万元（因刘兆峰的损失数额已经超过交强险无责赔偿数额，法院不再详细分项计算）。

山东省章丘市人民法院依照《中华人民共和国道路交通安全法》第七十六条第一款，《中华人民共和国侵权责任法》第六条、第十六条、第十九条，《中华人民共和国民事诉讼法》第六十四条第一款，参照《机动车交通事故责任强制保险条款》第八条之规定，判决如下：

一、被告王继春于本判决生效之日起十日内赔偿原告刘汉顺、楚圣娟、刘会燚救援费、医疗费、死亡赔偿金、丧葬费、交通费、办理丧葬事宜人员误工费等共计10190元。

二、驳回原告刘汉顺、楚圣娟、刘会燚的其他诉讼请求。

## 【法官后语】

目前，机动车交通事故责任纠纷案件在法院中的数量越来越多，且各种类型的案件均有发生，但在事故发生后，当事人往往对交警部门的责任认定存在争议。本案中的交通事故就是如此。王继春对交警部门的责任认定有异议，认为其在事故中不应承担责任，并向上级交警部门申请复核。但根据相关规定，因三原告向法院起诉，上级交警部门终止复核。对此，法院应当如何处理呢？根据《最高人民法院关于审理道路交通事故损害赔偿案件适用法律若干问题的解释》第二十七条之规定，对事故认定书人民法院应依法审查并确认其相应的证明力。根据法院查明的证据，在本次事故中，刘兆峰驾驶轿车超速行驶时突然驶入逆行线（可能是为了躲避路边堆放的石粉堆），轿车正面撞到三轮汽车上，因此，本次事故发生的根本原因是刘兆峰超速、逆行，王继春在事故中并没有违章之处。因此，法院对交警部门的事故认定书没有采信，而是根据当事人在事故中的违法行为和过错，对事故重新作出责任认定，认定刘兆峰承担事故的全部责任，王继春不承担事故责任。但是，王继春虽然在事故中无责任，因其驾驶的三轮汽车没有投保交强险，依照相关规定，其应当在交强险无责赔偿范围内承担赔偿责任。判决后，双方当事人均没有上诉，王继春主动履行了赔偿义务。

编写人：山东省济南市章丘区人民法院　宋伟

## 47

## 刑事案件中止审理的民事部分是否可以不受先刑后民的限制单独进行审理

——黄显书等诉黄河等机动车交通事故责任案

### 【案件基本信息】

1. 裁判书字号

云南省昭通市中级人民法院（2016）云06民终字第198号民事判决书

2. 案由：机动车交通事故责任纠纷

3. 当事人

原告（被上诉人）：黄显书、李甲、李乙、李丙、李晋勇、徐秀英

被告（上诉人）：黄河

被告（被上诉人）：骆怀建、周绪芹、中国人民财产保险股份有限公司昆明市分公司（以下简称中财保昆明市分公司）

### 【基本案情】

2013年11月13日9时2分，骆怀建驾驶的云A6××××号小型普通客车沿凤大线由威信县林凤镇方向往镇雄县罗坎镇方向行驶至凤大线20km+600m处时，遇李申坪驾驶的云CZ××××号普通二轮摩托车对向行驶至此，行人王凤仙对向步行至此，骆怀建所驾车与李申坪所驾车相撞后，又碰撞王凤仙，造成两车不同程度受损，李申坪、王凤仙（另案处理）当场死亡的道路交通事故。2013年12月27日，云南省威信县公安交通警察大队认定骆怀建承担此事故的全部责任，李申坪和王凤仙无责任。事故发生后，骆怀建、黄河以骆怀建的名义支付了李申坪亲属5万元。另查明，李申坪（生于1970年10月3日）系农村居民，生前长期在威信县庙沟镇街上经商、居住生活，与其妻黄显书共同生育了三个子女即李甲（生于1994年12

月14日）、李乙（生于1999年6月18日）、李丙（生于1998年6月5日），李晋勇（生于1945年5月25日）、徐秀英（生于1946年8月7日）系夫妻，共同生育了四个子女即李申忠、李申坪、李申斗、李楷。肇事车辆云A6××××号车系周绪芹所有，该车系骆怀建向周绪芹借用，无偿帮助黄河接新娘才发生此次交通事故。该车已在中财保昆明市分公司投了交强险和限额为50万元的商业第三者责任险（不计免赔），事故发生时均在有效保险期限内。被告人黄河交通肇事致多人死亡，经取保候审，因畏于刑事处罚，在法院开庭审理其交通肇事案件后脱逃，经公安机关追逃，迟迟未能将被告人抓获归案，法院对刑事案件作出中止审理的裁定，被害人家属提起的刑事附带民事诉讼案件一并中止审理。故被害人家属申请撤回刑事附带民事诉讼，转而提起本案民事诉讼。

## 【案件焦点】

刑事附带民事诉讼过程中，被告人在刑事案件审理过程中脱逃致刑事案件中止审理的，民事部分是否可以不受"先刑后民"的限制，单独进行审理。

## 【法院裁判要旨】

云南省昭通市威信县人民法院经审理认为：骆怀建无偿帮助黄河接新娘，而黄河并未提供证据证明骆怀建系其雇请，故认定骆怀建、黄河之间属于无偿帮工与被帮工的关系。法院查明，云南省威信县公安交通警察大队认定骆怀建承担此事故的全部责任，李申坪和王凤仙无责任符合事实，予以采信。《最高人民法院关于审理人身损害赔偿案件适用法律若干问题的解释》第十三条规定为他人无偿提供劳务的帮工人，在从事帮工活动中致人损害的，被帮工人应当承担赔偿责任；被帮工人明确拒绝帮工的，不承担赔偿责任；帮工人存在故意或者重大过失，赔偿权利人请求帮工人和被帮工人承担连带责任的，人民法院应予支持。我国《侵权责任法》第四十九条规定，因租借、借用等情形机动车所有人与使用人不是同一人时，发生交通事故后属于该机动车一方责任的，由保险公司在机动车强制保险责任限额范围内予以赔偿；不足部分，由机动车使用人承担赔偿责任；机动车所有人对损害的发生有过错的，承担相应的赔偿责任的规定。本案中，黄显书等六人及骆怀建、黄河、中财保昆明市分公司均未提供证据证明周绪芹存在过错；骆怀建驾驶云A6××××号车发生事故，致使李申坪、王凤仙当场死亡，对此次事故承担全部责任，骆怀建在此事故中存在重大过失；同时，骆怀建系无偿帮工的帮工人；且黄显书等六人要求周绪芹、骆怀建、黄河承担连带赔偿责任。故此次事故给黄显书等六人造成的损失应由骆怀建、黄河承担全部的连带赔偿责任，周绪芹不承担任何赔偿责任。因云A6××××号车已在中财保昆明市分公司投了交强险和商业险，根据我国《侵权责任法》和《道路交通安全法》及《保险法》之规定，因本次事故给李乙等六人造成的损失，应先由中财保昆明市分公司在云A6××××号车第三者责任强制保险和商业保险限额范围内予以赔偿，不足部分才由骆怀建、黄河连带赔偿。对黄显书等六人主张事故发生后以骆怀建的名义支付的5万元不应抵作本案赔偿款的主张，黄显书与骆怀建虽签订了协议，但黄河不认可，故对黄显书等六人的该主张，本院不予采纳。对中财保昆明市分公司主张死亡赔偿金、被扶养人生活费应按农村居民标准计算的主张，李申坪生前虽属于农村居民，但长期在城镇居住生活，本案中的死亡赔偿金、被扶养人生活费依法应按城镇居民的标准计算，故对中财保昆明市分公司的该主张，不予采纳。法院经审理，确定黄显书等六人因此次事故造成的各项损失共计607827元，均属交强险死亡、伤残赔偿项下的损失。但此次事故致使李申坪死亡的各项损失为607827元，王凤仙死亡的各项损失为561443元，根据《最高人民法院关于审理道路交通事故损害赔偿案件适用法律若干问题的解释》第二十二条的规定，同一交通事故的多个被侵权人同时起诉的，人民法院应当按照各被侵权人的损失比例确定交强险的赔偿数额。故此次事故给黄显书等六人造成的损失607827元，由中财保昆明市分公司在云A6××××号车交强险死亡伤残赔偿限额内赔付黄显书等六人57200元，云A6××××号车商业险限额内赔付黄显书等六人260000元。余下的损失290627元由骆怀建、黄河连带赔付黄显书等六人。骆怀建、黄河垫付的50000元折抵其赔偿款。

云南省昭通市威信县人民法院判决：一、黄显书等六人因李申坪死亡的死亡赔偿金、丧葬费、被扶养人生活费等各项损失共计607827元，由中财保昆明市分公司赔偿黄显书等六人317200元，骆怀建、黄河连带赔偿黄显书等六人290627元，扣除垫付的50000元，实际还应赔偿黄显书等六人240627元（上述费用在本判决生效后十五日内支付）。

二、驳回黄显书等六人的其余诉讼请求。案件受理费3900元，由骆怀建、黄河共同负担。

上诉人黄河上诉请求依法撤销原判,将本案中止审理或驳回黄显书等六人对其的诉讼请求。理由是:1. 骆怀建驾驶机动车肇事致两人死亡且承担全部责任,其行为已经构成了交通肇事罪,根据"先刑后民"原则及《中华人民共和国民事诉讼法》第一百五十条第一款(五)项"有下列情形之一的,中止诉讼:(五)本案必须以另一案的审理结果为依据,而另一案尚未审结的"之规定,因骆怀建涉嫌交通肇事罪一案尚未审结,本案应中止审理,待刑事案件审理结束后再行恢复诉讼;2. 受害人李申坪的死亡赔偿金依法应当按照农村居民收入标准计算。

云南省昭通市中级人民法院经审理认为:一审认定事实恰当,适用法律正确,依法予以维持。

## 【法官后语】

1. 关于黄河认为本案应待骆怀建涉嫌交通肇事罪一案审结后再行审理的主张是否成立的问题

黄河上诉认为骆怀建涉嫌交通肇事罪一案尚未审结,鉴于本案必须以刑事案件的审结结果为依据进行审理,本案应中止审理待骆怀建交通肇事一案审结后再行恢复审理。法院经审理认为,交通肇事造成他人死亡的属于一个行为同时侵犯了公权利和私权利,肇事人的行为违反了两种法律,应当承担两种责任。关于如何主张民事权利的问题,受害人家属在检察机关提起公诉的同时提起刑事附带民事诉讼或径行提起民事诉讼均系受害人家属的诉讼程序选择权,结合本案实际,黄显书等六人在刑事案件中止审理的情况下撤回刑事附带民事诉讼,转而通过民事诉讼主张自身权利系其六人对自身诉讼程序权利的处置,其行为并未违反法律规定。根据《中华人民共和国民事诉讼法》第一百五十条第一款(五)项"有下列情形之一的,中止诉讼:(五)本案必须以另一案的审理结果为依据,而另一案尚未审结的"的规定可知,民事案件因另一案未审结而须中止审理的必须是要以另一案的审理结果为依据,即事实认定或法律适用方面须以另一案的审理结果为依据,结合本案实际,骆怀建驾驶机动车肇事造成李申坪、王凤仙死亡,昭通市威信县公安局交通警察大队《威公交认字[2013]第000030号》道路交通事故认定书认定骆怀建承担该起道路交通事故的全部责任,李申坪和王凤仙无责任,所以,本案作为民事案件在事实认定、责任划分、法律适用方面并非必须以骆怀建涉嫌交通肇事罪一案的审理结果为依据,一审根据黄显书等六人的诉讼请求,结合相关证据和事实径行作出判决并无不当,黄河上诉认为本案应待骆怀建涉嫌交通肇事一案审结后再行审理的主张不能成立,不予支持。

2. 关于一审按城镇居民收入标准计算李申坪的死亡赔偿金是否恰当的问题

李申坪虽系农村户口,但黄显书等六人在一审提交的《个体工商户登记基本信息》、威信县庙沟镇庙沟村民委员会和威信县公安局庙沟派出所共同出具的《证明》等证据均证实李申坪生前长期生活在城镇、收入来源于城镇的事实,一审按照城镇居民收入标准计算其死亡赔偿金恰当,黄河上诉认为李申坪系农村居民而应按农村居民收入标准计算死亡赔偿金的主张不能成立,不予支持。

编写人:云南省昭通市中级人民法院　徐玉龙

# 四、交通事故保险理赔

## 48

### 保险责任中保险标的危险程度显著增加事实的认定
——张爱荣诉刘景然等机动车交通事故责任案

【案件基本信息】

1. 裁判书字号

北京市第三中级人民法院（2016）京03民终字第11238号民事判决书

2. 案由：机动车交通事故责任纠纷

3. 当事人

原告（被上诉人）：张爱荣

被告（上诉人）：中国人寿财产保险股份有限公司北京市分公司（以下简称人寿保险公司）

被告（被上诉人）：刘景然、北京太和顺兴汽车销售有限公司（以下简称太和顺兴公司）、北京太和运通汽车销售服务有限公司（以下简称太和运通公司）

【基本案情】

2015年12月27日18时30分许，在密云区101国道开发区西口，刘景然驾驶小轿车（冀HC××××）由东向南行驶，适与王克金驾驶的小轿车（京PM××××）相撞，致使王克金车上的张爱荣受伤。经北京市密云区交通大队认定，刘景然负事故全部责任。张爱荣被送往医院进行救治，经诊断为脑震荡、额部皮肤裂伤等。

2015年12月27日，刘景然与太和顺兴租赁分公司签订租车协议，承租力帆牌小轿车（冀HC××××）一辆，租期一天，租金120元。该车在人寿保险公司投保了交强险和30万元不计免赔商业三者险，被保险人为太和运通公司，投保单登记的使用性质为家庭自用，投保单特别约定：行驶证登记的车主为何冰，被保险人与车辆系使用关系。

事发时，太和运通公司与太和顺兴公司法定代表人均为张杰，两公司办公地点在一处。太和顺兴租赁分公司系太和顺兴公司的分公司，经营项目为汽车租赁。事发后，太和顺兴公司法定代表人变更为韩冰。

【案件焦点】

1.投保人在投保时是否履行了如实告知义务；2.人寿保险公司是否尽到了足够的提示说明义务；3.肇事车辆（冀HC××××）改变了使用性质是否显著增加了危险程度。

【法院裁判要旨】

北京市密云区人民法院经审理认为：刘景然驾驶肇事车辆与王克金发生交通事故，造成张爱荣受伤，经交警部门认定刘景然负事故全部责任。该院对此依法予以确认。本案中，人寿保险公司辩称，被保险车辆从家庭自用改变为营运车辆，显著增加了车辆的危险程度，属于保险条款中的免责事由，故不同意在商业三者险限额范围内赔付张爱荣车辆损失；但如上文证据认定所述，其提供的《家庭自用车辆保险条款》系格式条款，需对投保人履行提示、说明义务，而其提供的保单仅有投保人盖章，但却没有投保人阅读后抄录的内容，故其提交的证据不足以证明其对投保人已经尽到了提示、说明义务；另，人寿保险公司对肇事车辆改变使用性质导致危险程度显著增加，并未提交证据予以证实。综上，对于人寿保险公司之辩解，该院不予采信。

北京市密云区人民法院依照《中华人民共和国侵权责任法》第六条、第十六条等规定，作出如下判决：

一、被告人寿保险公司于本判决生效之日起十日内在机动车第三者责任强制保险限额内赔付原告张爱荣医疗费8544.55元、精神损害抚慰金5000元、护理费3920元、误工费24120.25元、交通费1000元、伤残赔偿金75959.75元、财产损失200元，合计118744.55元。

二、被告人寿保险公司于本判决生效之日起十日内在第三者责任商业险限额内赔付原告张爱荣医疗费8415.3元、住院伙食补助费1500元、营养费870元、伤残赔偿金57850.45元，共计68635.75元（其中，被告刘景然垫付医疗费15589.32元、住院伙食补助费800元、护理费1800元，合计18189.32元；扣除诉讼费、鉴定费合计14067.32元，由被告人寿保险公司直接赔付给被告刘景然）。

三、鉴定费2250元，由被告刘景然负担（已折抵）。

四、驳回原告张爱荣其他的诉讼请求。

人寿保险公司不服一审判决，提起上诉。北京市第三中级人民法院经审理认为：依据双方诉辩主张及查明的事实，本案二审争议焦点为：人寿保险公司是否应当在商业三者险限额内承担赔偿责任。

关于投保时的如实告知义务。人寿保险公司主张，太和运通公司在投保时明知车辆用于租赁，仍投保家庭自用车辆保险，属于未履行如实告知义务的行为，根据《中华人民共和国保险法》第十六条的规定，保险公司有权解除保险合同，对于合同解除前发生的保险事故不予赔偿。现人寿保险公司并未提交证据证明该车辆在投保时已用于租赁，故对其关于太和运通公司投保时未履行如实告知义务的主张本院不予采信。退一步讲，即使投保人存在未如实告知的情形，根据《最高人民法院关于适用〈中华人民共和国保险法〉若干问题的解释（二）》第八条的规定，保险人未行使合同解除权，而直接以投保人未履行如实告知义务为由拒绝赔偿的人民法院不予支持。现人寿保险公司没有提交证据证明其已与太和运通公司解除了保险合同，故其依据《中华人民共和国保险法》第十六条不予赔偿的理由本院不予支持。

关于提示说明义务。人寿保险公司主张被保险车辆从家庭自用改变为营运车辆，显著增加了车辆的危险程度，属于保险条款中的免责事由，不同意在商业三者险限额范围内承担赔偿责任。根据《中华人民共和国保险法》第十七条的规定，人寿保险公司提供的《家庭自用车辆保险条款》系格式条款，保险公司应当就其中免责条款向投保人进行提示及明确说明。《家庭自用车辆保险条款》中第十八条第二款"在保险期间内，被保险机动车改装、加装或被保险家庭自用汽车、非营业用汽车从事营业运输等，导致被保险机动车危险程度显著增加的，应当及时书面通知保险人。否则，因被保险机动车危险程度显著增加而发生的保险事故，保险人不承担赔偿责任"的规定，字体加粗，且投保人太和运通公司已在投保单上盖章确认。

另，太和运通公司是一家从事汽车销售、汽车租赁的公司，其对订立与车辆相关的保险合同的程序以及对保险合同内容和条款的理解，均应比较熟悉、专业，太和运通公司对其在投保单上所作的意思表示及行为所产生的法律后果应该有清楚认知。综合以上因素，本院认为人寿保险公司在本案中已经尽到了提示说明义务，双方应当按照保险合同的约定进行赔偿。

关于危险程度显著增加的认定。人寿保险公司主张依据《中华人民共和国保险法》第五十二条规定及上述保险条款的约定，保险标的的危险程度显著增加的，被保险人应当及时通知保险人，如被保险人未履行通知义务的，因保险标的的危险程度显著增加而发生的保险事故，保险人不承担赔偿保险金的责任。现太和运通公司以收取租金为目的将车辆出租的行为，与其投保时选择的家庭自用的使用性质明显不同，将车辆租出的行为本身即意味着提高了车辆的出行频率，且将车辆出租给不同驾驶资质的第三人使用，势必会增加出险的概率。故，太和运通公司应就其变更车辆使用性质的情况及时通知人寿保险公司。本案中太和运通公司未履行通知义务，因此人寿保险公司对本交通事故不承担商业险范围内的赔偿责任。太和运通公司主张投保时人寿保险公司已知晓其将车辆用于出租的情况，因其未能提交证据予以证明，本院对此不予采信。

北京市第三中级人民法院依照《中华人民共和国侵权责任法》第六条、第十六条等规定，作出如下判决：

一、维持北京市密云区人民法院（2016）京0118民初字第2573号民事判决第一项。

二、撤销北京市密云区人民法院（2016）京0118民初字第2573号民事判决第二项、第三项、第四项。

三、刘景然于本判决生效之日起十日内赔付张爱荣医疗费8415.3元、住院伙食补助费1500元、营养费870元、伤残赔偿金57850.45元，共计68635.75元。（其中，刘景然已垫付医疗费15589.32元、住院伙食补助费800元、护理费1800元，合计18189.32元，折抵垫付费用后刘景然应支付张爱荣50446.43元。）

四、驳回张爱荣其他的诉讼请求。

## 【法官后语】

本案中，人寿保险公司主张依据《中华人民共和国保险法》第五十二条规定及保险条款的约定，保险标的危险程度显著增加的，被保险人应当及时通知保险人，如被保险人未履行通知义务的，因保险标的危险程度显著增加而发生的保险事故，保险人不承担赔偿保险金的责任。那么，肇事车辆改变了使用性质是否就使得车辆的危险程度显著增加呢？根据保险法的诚实信用原则和公平原则，对于保险标的危险程度增加的，应当向保险人履行如实告知的义务，保险人可以依据合同约定增加保险费或者解除合同。在财产保险合同中，保险标的危险程度增加对保险人具有重大的影响，因为保险人收取的保费是根据保险标的特定情况下的危险程度，按照费率表核定的。而危险程度增加的通知义务系被保险人的法定义务而非约定义务。《中华人民共和国保险法》第五十二条规定的目的就在于保护保险人的合法利益。也就是说，若被保险人在保险标的危险程度增加时，如实告知保险人，而保险人未作出任何意思表示，则视为默认，根据不可抗辩原则，保险人事后不得再主张增加保险费用和解除合同。故对于被保险人的如实告知义务，是保险法诚实信用原则和公平原则的体现。

如何判断危险程度显著增加？新修订的保险法并未对此作出解释，这给司法实践增加了新的困惑。这是一个较为主观的判断，如何让主观的判断更具有客观性，就要从危险程度增加的构成要件进行分析，其构成要件有以下三个方面：第一，显著性。危险增加的显著性须能影响保险人增加保险费或解除合同，轻微的危险程度增加不影响对价平衡原则，不符合危险程度显著增加的构成要件。第二，未曾估计性。未曾估计性是指保险人在保险合同期限内未将该增加的危险程度作为厘定保费的基础。第三，持续性。持续性是指危险状态发生改变后需持续不变一段时间，而不是一时的改变继而又消失恢复原状。在本案来看，肇事车辆从家庭自用改变成对外出租的车辆，出租给社会上不特定的多数人，正如二审所述，作为对外出租的车辆，其出行率大大增加，且其出租给不同驾驶资质的第三人使用，势必也会增加出险的概率。从构成要件上看此行为，具有持续性，且保险公司在承保时并未将此情形作为考量保费的基础，并且此行为的危险程度增加已经超出了轻微的范围，应系显著增加。

编写人：北京市密云区人民法院　孟娜

## 49

## 被侵权人医疗费中超出医保范围用药的赔付问题

——李凤诉卫洪印等机动车交通事故责任案

【案件基本信息】

1. 裁判书字号

北京市第二中级人民法院（2016）京02民终字第3948号民事判决书

2. 案由：机动车交通事故责任纠纷

3. 当事人

原告（被上诉人）：李凤

被告（被上诉人）：卫洪印、北京赛诺硅业有限公司（以下简称赛诺硅业公司）

被告（上诉人）：阳光财产保险股份有限公司北京分公司（以下简称北京分公司）

【基本案情】

2015年2月14日5时40分许，在北京市丰台区新发地天伦锦城南门，李凤由北向南步行至此，适有卫洪印驾驶赛诺硅业公司所有的京Q1××××小型客车由西向东驶来，小型轿车左前部与李凤身体接触，造成李凤受伤，小型轿车受损。卫洪印驾驶小型轿车未做到安全驾驶，是发生事故的原因。李凤横过道路未走人行横道是发生事故的原因。此次事故经北京市公安局公安交通管理局丰台交通支队大红门大队认定，卫洪印负事故的主要责任，李凤负次要责任。事故发生后，李凤被送往北京丰台右安门医院住院治疗，住院共计67天。李凤共花费医药费166369.89元，其中卫洪印支付40427.71元。另李凤支付7140元护理费及残疾辅助器具费4800元。另查：事故发生时，京Q1××××车辆在北京分公司投保了机动车强制保险（以下简称交强险）及额度为500000元的含有不计免赔条款的商业三者险，事故发生在保险期间内。

庭审中，李凤提交证明、工资条、劳动合同，意在证明其因此次交通事故造成收入受损的情况。北京分公司提交医疗费审核结果的回执，意在证明医药费中的自费药情况，主张自费药部分不属于保险赔偿范围。卫洪印不认可北京分公司的主张，提出自费药应在保险赔偿范围，根据回执显示该审核结果仅供参考。北京分公司提交投保单，意在证明其已尽到解释说明的义务，赛诺硅业公司表示该单位仅在投保单上加盖了公章，但并未对其进行免责条款的解释说明。

## 【案件焦点】

本案的处理重点便是交强险与三者险一并处理时，被侵权人医疗费中超出医保范围用药的部分是否应当赔付，赔付顺序如何。

## 【法院裁判要旨】

北京市丰台区法院经审理认为：卫洪印与李凤发生交通事故，致使李凤受伤，卫洪印负事故的主要责任。卫洪印所驾车辆在北京分公司投保交强险及商业三者险，故北京分公司应当在保险限额内对李凤的损失承担保险责任，超过保险范围的由本院根据事故情况确定由卫洪印承担70%的赔偿责任，此部分损失先行在商业三者险范围内由北京分公司承担，超过保险范围的由卫洪印承担。鉴于并无证据显示赛诺硅业公司在本次事故中有过错，李凤要求赛诺硅业公司承担赔偿责任的主张缺乏依据，本院不予支持。关于北京分公司主张只赔付医保范围内的医疗费，对于医保范围外的数额不予赔付，卫洪印对此不予认可，赛诺硅业公司主张北京分公司并未对其进行免责条款的解释说明。本院认为，在商业保险合同关系中，保险公司已根据保险限额的约定确定了承担赔偿范围的上限，其欲再通过限定伤者用药范围来减轻其责任显然有失公平。如果医疗机构因此在伤者的治疗中确需要用超出医保范围的药品而不用，明显不利于伤者的治疗，违反以人为本、救死扶伤的理念，不利于伤者的健康权益，亦不利于交通事故纠纷的及时化解。且医保范围外数额不予理赔属于减轻或免除保险公司保险责任的情形，保险公司未就免责条款向投保人进行明确说明。故北京分公司的抗辩意见，本院不予采信。

北京市丰台区人民法院依照《中华人民共和国侵权责任法》第十五条、第十六条，《中华人民共和国道路交通安全法》第七十六条，《中华人民共和国保险法》

第六十五条之规定,判决如下:

一、被告北京分公司于本判决生效后七日内在交强险限额内赔偿原告李凤住院伙食补助费6700元、营养费3300元。

二、被告北京分公司于本判决生效后七日内在交强险限额内赔偿原告李凤交通费200元、误工费20160元、护理费10180元、残疾赔偿金67660元、残疾辅助器具费4800元、精神损害抚慰金7000元。

三、被告北京分公司于本判决生效后七日内在商业三者险限额内赔偿原告李凤医疗费76031.21元。

四、被告北京分公司于本判决生效后七日内在商业三者险限额内赔偿原告李凤残疾赔偿金57143.8元。

五、被告卫洪印于本判决生效后七日内赔偿原告李凤鉴定费2765元。

六、驳回原告李凤的其他诉讼请求。

北京分公司对于一审判决不服,提起上诉。北京市第二中级人民法院经审理认为:卫洪印与李凤之间发生交通事故,事故致使李凤受伤。经公安交通管理部门认定,卫洪印负事故的主要责任,李凤负次要责任。基于卫洪印所驾车辆在北京分公司投保交强险及商业三者险,故北京分公司应当先行在交强险限额内对李凤的损失承担赔偿责任,不足部分由北京分公司在商业三者险范围内承担,超过保险范围的由卫洪印承担。鉴于并无证据显示赛诺硅业公司在本次事故中有过错,李凤要求赛诺硅业公司承担赔偿责任的主张缺乏依据。故原审法院综合考虑事故中双方的责任、实际情况予以确定并做出的处理适当。基于原审法院查明的事实可以证实事故受害方确有相关的损失费用,且原判所做的处理亦符合立法本意,并不违背相关规定,故北京分公司上诉所持理由缺乏依据,且亦无其他有利依据佐证,故本院对其上诉请求不予采信及支持。综上所述,原判正确,应予维持。依据《中华人民共和国民事诉讼法》第一百七十条第一款第(一)项之规定,本院判决如下:

驳回上诉,维持原判。

【法官后语】

本案的处理重点便是被侵权人医疗费中超出医保范围用药的赔付问题。

首先,从我国交强险制度设置的目的看,交强险将对事故受害人进行及时有效的救治作为首要目标，具有一定的社会保障功能和强制性，其理赔显然无区分是否自费用药的必要。治疗疾病需用何种药物由医生根据病情决定，并非患者所能绝对控制。保险公司欲通过限定患者用药范围来减轻其责任显然有失公平。

其次，从超出医保范围用药的具体赔付上来看，在交强险与商业三者险一并处理时，被侵权人医疗费中超医保范围用药的部分不超过交强险医疗费用赔偿限额一万元时，为使得伤者能够及时得到治疗和赔付，人民法院应在充分释明且当事人主张的情况下根据案件情况将"超医保用药"的医疗费在交强险医疗费用赔偿限额项下优先赔付；超出交强险医疗费用赔偿限额一万元的部分，法院将审查保险人是否对"超医保不赔"条款履行了充分的提示及明确说明义务，如果保险人履行了提示及明确说明义务，则保险人有权拒绝理赔，反之则保险人需在商业三者险范围内予以赔偿。①

最后，从保险合同免责条款的提示说明义务来看，根据《中华人民共和国保险法》第十七条的规定可以看出，对于免责条款的提示说明义务采用实质说的判断标准。医保范围外数额不予理赔属于减轻或免除保险公司保险责任的情形，本案中，赛诺硅业公司表示保险公司仅在投保单上加盖了公章，北京分公司提交投保单，意在证明其已尽到解释说明的义务，但未就免责条款概念、内容及其法律后果等以书面或口头形式向投保人作出解释说明，未使投保人认知该条款的真实含义及法律后果，故免责条款不发生法律效力。

需要注意的是，基于遵循法律规定、实现投保人与保险人间利益平衡和实践中操作的可行性因素的综合考量，对于判断标准应该灵活掌握，法官对于个案有一定的自由裁量权，具体来说，如果免责条款概念清楚、含义清晰确切、语言通俗易懂，或投保人或被保险人为保险专家或律师时，不须过多解说或无须解说投保人或被保险人即可尽知其义，则保险人只需尽到提示注意的义务，客户在投保单上签名即可认定其尽到了明确说明义务；对于免责条款中的专业术语，通常人难以理解的，则不仅应提示注意阅读，还须解释其概念、内容及其法律后果。

编写人：北京市丰台区人民法院　陆宋宁　张馨天

---

① 参见北京法院机动车交通事故责任纠纷案件审理疑难问题研究综述。

## 50

## 侵权人驾驶证过期保险公司是否应当赔偿商业险

——吕国珠、孙翠红诉王红彬、中国人民财产保险股份有限公司如皋支公司机动车交通事故责任案

### 【案件基本信息】

1. 裁判书字号

江苏省南通市中级人民法院（2016）苏06民终字第139号民事判决书

2. 案由：机动车交通事故责任纠纷
3. 当事人

原告（被上诉人）：吕国珠、孙翠红

被告（上诉人）：中国人民财产保险股份有限公司如皋支公司（以下简称人保公司）

被告（被上诉人）：王红彬

### 【基本案情】

2015年2月9日17时15分左右，王红彬驾驶苏F3××××号小型普通客车沿如皋市长江镇纬一路由东向西行至永平居十组路段，碰撞对向左转弯由孙鹤南驾驶的如皋Z08××××号电动自行车，致孙鹤南受伤，抢救无效于2015年2月12日死亡，两车损坏。孙鹤南符合交通事故致严重颅脑损伤死亡。本起事故经如皋市交警部门认定，王红彬负此事故的主要责任，孙鹤南负此事故的次要责任。事故发生当日，孙鹤南被送往如皋市长江医院救治，当天转至南通市第一人民医院住院治疗，后因治疗无效于2015年2月12日死亡。

另查明：吕国珠与孙鹤南系夫妻关系，双方育有一女孙翠红。孙鹤南的父母均已故去。苏F3××××号小型普通客车登记所有人为王红彬。王红彬驾驶证有效期至2014年12月12日，其驾驶证状态为逾期未换证。苏F3××××号小型普通客车

在人保公司投保有机动车第三者责任强制保险和责任限额为 500000 元的不计免赔商业三者险。事故发生后，王红彬垫付 40000 元。人保公司于 2015 年 2 月 12 日向南通市第一人民医院汇款 10000 元。该 10000 元至今仍在南通市第一人民医院账户上，人保公司表示将自行取回该 10000 元。吕国珠、孙翠红向法院起诉要求王红彬、人保公司共同赔偿交通事故各项损失 562134.75 元。王红彬认为因本起事故造成的各项损失应由人保公司赔偿。人保公司认为王红彬在事故发生时驾驶证超过有效期，人保公司对交强险的赔偿责任保留对王红彬的追偿权，对商业险部分，不承担赔偿责任。

**【案件焦点】**

驾驶证过期，保险公司是否应当赔偿商业险。

**【法院裁判要旨】**

如皋市人民法院经审理认为：对保险合同中免除保险人责任的条款，保险人在订立合同时应当在投保单、保险单或者其他保险凭证上作出足以引起投保人注意的提示，并对该条款的内容以书面或者口头形式向投保人作出明确说明；未作提示或者明确说明的，该条款不产生效力。本案中，人保公司在保险条款中约定"无驾驶证或驾驶证有效期已届满，保险人不负责赔偿"，该条款系免责条款；人保公司在保险条款中虽然对该条款内容进行了加黑印刷，但该条款的字体与其他的条款的字体大小无异，且字体较小，难以识别，不能足以引起投保人的注意；人保公司亦未能举证其已经对保险合同中有关免责条款的概念、内容及其法律后果以书面或者口头形式向投保人作出常人能够理解的解释说明。综上，该免责条款对王红彬不产生法律效力，人保公司应当在商业险范围内承担赔偿责任。据此，如皋市人民法院判决如下：

一、被告人保公司在交强险责任限额范围内赔偿原告吕国珠、孙翠红因孙鹤南交通事故死亡造成的损失 120000 元（含精神损害抚慰金）；在商业第三者责任险限额范围内赔偿原告吕国珠、孙翠红 463595.78 元，合计 583595.78 元。

二、原告吕国珠、孙翠红返还被告王红彬 40000 元。

三、驳回原告吕国珠、孙翠红在本案中的其他诉讼请求。

人保公司不服提起上诉。南通市中级人民法院经审理认为：保险人将法律、行政法规中的禁止性规定情形作为保险合同免责条款的免责事由，保险人对该条款作出提示后，投保人、被保险人或者受益人以保险人未履行明确说明义务为由主张该条款不生效的，人民法院不予支持。故保险合同将法律禁止性规定作为免责事由，保险公司仍需履行提示义务，只是明确说明义务的责任可以减轻。否则，投保人即使知道禁止性规定的内容，也无从知悉违反禁止性规定将导致保险人免责。案涉商业三者险保险条款中关于驾驶人驾驶证有效期已届满则保险人不负责赔偿的条款系免责条款。人保公司虽对该条款进行加黑印刷，但该条款字体与其他条款的字体大小无异，且字体较小，难以识别，不足以引起投保人注意。王红彬虽在投保单的"投保人声明"处签名，但在人保公司未提供已进行提示及明确说明相关细节的其他证据的情况下，难以认定人保公司已尽到提示义务。故上述免责条款对王红彬不具有约束力，人保公司仍应在商业三者险责任限额内承担赔偿责任。综上，人保公司的上诉理由不能成立，本院不予支持。原审认定事实清楚，适用法律正确，应予维持。据此，南通市中级人民法院判决：维持原判。

## 【法官后语】

本案的争议焦点在于驾驶证过期的情况下，保险公司是否应当在商业险范围内进行赔偿。

1. 一般免责条款的提示和明确说明义务

《中华人民共和国保险法》第十七条规定，订立保险合同，采用保险人提供的格式条款的，保险人向投保人提供的投保单应当附格式条款，保险人应当向投保人说明合同的内容。对保险合同中免除保险人责任的条款，保险人在订立合同时应当在投保单、保险单或者其他保险凭证上作出足以引起投保人注意的提示，并对该条款的内容以书面或者口头形式向投保人作出明确说明；未作提示或者明确说明的，该条款不产生效力。

也就是说，对于一般免责条款，保险公司必须尽到提示和明确说明两个义务，缺一不可，否则免责条款不生效。

2. 特殊免责条款的提示义务

《最高人民法院关于适用〈中华人民共和国保险法〉若干问题的解释（二）》第十条规定，保险人将法律、行政法规中的禁止性规定情形作为保险合同免责条款的免责事由，保险人对该条款作出提示后，投保人、被保险人或者受益人以保险人未履行明确说明义务为由主张该条款不生效的，人民法院不予支持。也就是说，对于保险合同所约定的投保人或者保险人违反法律禁止性条款将导致保险公司免除或者减轻责任的条款，保险公司仍需负有提示义务，但对明确说明的举证责任可以适当减轻。也即，无证驾驶等行为虽系众所周知的违法行为，但并不当然对私法上基于意思自治的民事合同产生影响，更不会直接导致免除保险责任的法律后果。

3. 本案应认定保险公司未尽提示义务

对照《最高人民法院关于适用〈中华人民共和国保险法〉若干问题的解释（二）》第十一条第一款规定，本案中，保险公司虽对免责条款进行加黑印刷，但该条款字体与其他条款的字体大小无异，且字体较小，难以识别，不足以引起投保人注意；被告王红彬虽在投保单的"投保人声明"处签名，但在人保公司未提供其他证据的情况下，难以认定人保公司已尽到提示义务。正是基于此，二审法院维持了一审法院的裁判。

事实上，对于有无"足以引起投保人注意"，也是仁者见仁，智者见智，存在很大的主观性。实践中，对于"提示义务"的履行标准，各地法院的裁判尺度也仍然存在差别。就笔者所在地区，市中院与市保协联合发布会议纪要，在保险公司提供了投保人签字的《保险合同确认书》等可以证明投保人知晓该违法行为属于免责范围的，视为已尽到提示义务，得以免除保险公司商业险范围内的保险责任。该做法在一定程度上规范了保险公司的操作，也为法院裁判降低了难度，统一了尺度。

编写人：江苏省南通市如皋市人民法院　刘玉蓉

## 51

# 未投保交强险机动车发生交通事故时登记车主的责任认定
## ——佟雪竹等诉王连智等机动车交通事故责任案

【案件基本信息】

1. 裁判书字号

北京市大兴区人民法院（2015）大民初字第12307号民事判决书

2. 案由：机动车交通事故责任纠纷

3. 当事人

原告：佟雪竹、佟雪松、佟延安、王进举

被告：王连智、刘鑫、洪俊杰

**【基本案情】**

佟雪竹、佟雪松系王永华之子，佟延安系王永华之夫，王进举系王永华之父。2015年6月15日13时22分，王连智驾驶车牌号为京FZ××××号小客车由东向西行驶至北京市大兴区刘田路11公里处西侧，与同向王永华驾驶的三轮摩托车（无号牌）相撞，造成王永华当场死亡，车辆损坏。王连智驾驶的车牌号为京FZ××××号小客车系登记在刘鑫名下。2003年11月，洪俊杰借用刘鑫身份证购买了该肇事车辆，2004年1月10日洪俊杰与刘鑫签订《协议》，约定：洪俊杰借用刘鑫身份证复印件购买别克凯越汽车一辆，车牌号为FZ××××。该车虽然购买落户在刘鑫名下，但双方一致确认该车的所有权、使用权、处分权均归属于洪俊杰。此后，洪俊杰实际使用该车辆，并为该车辆投保交强险。2015年3月，洪俊杰因借款将京FZ××××小客车质押给案外人王兴。2015年4月，王连智自案外人王兴同事翟利峰处借用该车辆。2015年6月9日，该小客车投保的交强险保险期限届满。原告佟雪竹、佟雪松、佟延安、王进举诉至法院，要求三被告连带赔偿丧葬费、车辆损失、死亡赔偿金等损失。

**【案件焦点】**

登记车主刘鑫是否应在交强险责任限额范围内与侵权人王连智承担连带赔偿责任。

**【法院裁判要旨】**

北京市大兴区人民法院经审理认为：根据《中华人民共和国道路交通安全法》和《最高人民法院关于审理道路交通事故损害赔偿案件适用法律若干问题解释》的有关规定，未依法投保交强险的机动车发生交通事故造成损害，当事人请求投保义务人在交强险责任限额范围内予以赔偿的，人民法院应予支持。投保义务人和侵权人不是同一人，当事人请求投保义务人和侵权人在交强险责任限额范围内承担连带责任的，人民法院应予支持。本案中，被告洪俊杰购买肇事车辆后实际控制使用该车辆，并一直由其投保交强险，洪俊杰应对肇事车辆的保险情况最为了解，故其作为肇事车辆的投保义务人，未依法投保交强险，对此事故给原告造成的损失应当承担赔偿责任。被告王连智作为侵权人未尽到审核所驾驶小客车是否投保交强险的注意义务，应当在交强险责任限额内与洪俊杰承担连带责任。本案系机动车交通事故责任纠纷，洪俊杰主张质押权人王兴擅自处分质押物造成损害应由其承担赔偿责任的主张属于质押合同纠纷，应另案解决为宜。关于佟雪竹、佟雪松、佟延安、王进举要求刘鑫承担连带赔偿责任的诉讼请求，因刘鑫在此事故中不存在过错，亦并非车辆控制人，故对此诉讼请求，法院不予支持。

北京市大兴区人民法院依照《中华人民共和国侵权责任法》第十六条、第十八条、第二十二条，《中华人民共和国道路交通安全法》第七十六条之规定，作出如下判决：

一、被告王连智赔偿原告佟雪竹、佟雪松、佟延安、王进举死亡赔偿金110000元、财产损失1000元，被告洪俊杰对于上述赔偿义务承担连带责任。

二、被告王连智赔偿原告佟雪竹、佟雪松、佟延安、王进举死亡赔偿金181042.05元、丧葬费27144.6元、交通费560元、精神损害抚慰金35000元、误工损失1331.87元。

三、驳回原告佟雪竹、佟雪松、佟延安、王进举的其他诉讼请求。

【法官后语】

借名买车的通常情形是借名人本身没有购车上牌的资格，与拥有购车资格的出名人签订借名购车合同，约定由借名人支付购车费用，以出名人之名义购买机动车并予登记，购买的车辆由借名人实际使用，由此出名人成为登记车主、借名人成为实际车主。借名买车是新时代背景下的产物，我国法律中尚且没有规制借名买车这种行为的条文。2012年11月27日公布的《最高人民法院关于审理道路交通事故损害赔偿案件适用法律若干问题的解释》（法释〔2012〕19号）（以下简称：《解释》）第十九条规定："未依法投保交强险的机动车发生交通事故造成损害，当事人请求投保义务人在交强险责任限额范围内予以赔偿的，人民法院应予支持。投保义务人和侵权人不是同一人，当事人请求投保义务人和侵权人在交强险责任限额范围内承担连带责任的，人民法院应予支持。"该规定明确了投保义务人和侵权人在交强险责任限额范围内是承担连带责任的。但是，条文并没有对投保义务人的内涵进行明确，在未投保交强险的情况，登记车主是否应在交强险责任限额范围内承担连带赔偿责任亦未有定论。

1. 投保义务人的内涵分析

《解释》第十九条规定明确了投保义务人和侵权人在交强险责任限额范围内的连带责任。《机动车交通事故责任强制保险条例》第二条第一款规定："在中华人民共和国境内道路上行驶的机动车的所有人或者管理人，应当按照《中华人民共和国道路交通安全法》的规定投保机动车交通事故责任强制保险。"这一规定将交强险投保义务人确定为机动车的所有人或者管理人。那么，登记车主是否属于机动车所有人或管理人？

机动车作为动产，其所有权的变更系以交付占有为标志。但是机动车又作为一种特殊的动产，实行行车注册、过户转移、变更改装等登记制度，不登记的不能对抗善意第三人并应给予相应的行政处罚。也就是说，机动车物权的设立采登记对抗而非登记设权原则。机动车所有权变动的登记，更大程度上是一种行政管理措施，而非所有权变动的公示方式。限购政策下，机动车由实际出资人购买并实际占有使用，登记车主一般对机动车仅享有登记形式上的"所有权"，实质所有权仍归机动车的实际出资人所有，因此登记车主并非法律意义上的机动车所有人，其不应就此承担投保交强险义务。

2. 过错责任理论下登记车主的赔偿责任认定

从《中华人民共和国侵权责任法》第四十九条的规定可以看出，在所有人与驾驶人分离的情况下，我国立法对机动车所有人采用的是"过错责任"原则。在借名买车情形下，判断登记车主是否存在过错前提在于确定其是否为肇事车辆的运行供用者。运行供用者标准有二，即是否取得机动车的运行支配与运行利益。运行支配通常指可以在事实上支配管领机动车之运行的地位，即能够以自己的计划而自由处分（使用、不使用以及如何使用）机动车的权利，且这种支配与是否具有所有权并无直接联系，运行支配者仅需从事实上或者经济上的关系考量。运行利益，一般认为仅限于因运行本身而生的利益，这种利益既包括因机动车运行而取得的单纯观念上的经济利益，在某些情况下还包括间接利益以及基于心理感情的理由而发生的利益（如精神之满足、快乐、人际关系的和谐等）。

借名买车情形下，登记车主的责任应区分两种情况进行认定：

其一为登记车主基于其出借名义的行为取得利益，如获得车辆使用权（运行支配）、租用车牌取得租金（运行利益），那么登记车主可被认为是运行支配者和运行利益分享者，在未投保交强险的情形下，其首先应作为机动车的管理人与实际车主在交强险责任限额内承担连带赔偿责任，在交强险责任限额以外按照其过错责任程度承担相应赔偿责任。

其二为登记车主基于情谊无偿向实际车主出借名义，由实际车主实际控制车辆。在此情形下，登记车主对肇事车辆仅有形式上的所有权，其既不能支配该车的营运对该车无管理上的要件，也不能从该车的营运中获得利益。且登记车主对交通事故的发生亦无法防范控制，在此情形下，若要让登记车主就车辆运行中的侵权行为承担连带责任，有违权利义务相一致原则。因此，登记车主不应对未投保交强险的肇事车辆造成的损害在交强险责任限额内承担赔偿责任。

编写人：北京市大兴区人民法院　刘璨

## 52

## 保险公司格式条款效力及解释

——赵林飞等人诉中国人寿财产保险股份有限公司阜阳市中心支公司机动车交通事故责任案

### 【案件基本信息】

1. 裁判书字号

广东省广州市中级人民法院（2017）粤01民终字第3678号民事判决书

2. 案由：机动车交通事故责任纠纷

3. 当事人

原告（上诉人）：张保新、贺秀英、赵林飞、赵申奥、赵奥倩、赵奥迪被告（被上诉人）：中国人寿财产保险股份有限公司阜阳市中心支公司（以下简称人寿保险公司）、中华联合财产保险股份有限公司阜阳中心支公司

【基本案情】

2016年7月9日04时25分，原告赵林飞驾驶制动系统、灯光系统均不合格且超过核载质量的皖KK××××号重型半挂牵引车牵引皖K××××挂号重型平板半挂车（该牵引车牵引质量超出准牵引质量10.6%，挂车超出其核载质量39.1%）在白云区庆槎路通利物流中心对出空地由西南往东北倒车时，碰撞在车尾部活动的行人张秀荣及事前由张洪银驾驶并停放在此的皖K6××××号重型半挂牵引车牵引皖K××××挂号重型仓栅式半挂车车尾，造成行人张秀荣现场死亡的交通事故。2016年8月24日，广州市公安局交通警察支队白云二大队作出《道路交通事故认定书》，认定赵林飞驾驶机件不符合技术标准、载货汽车牵引挂车的载质量超过汽车本身核载质量的机动车倒车时没有察明车后情况，确认安全后倒车，其过错行为是导致事故发生的全部原因，认定由赵林飞承担此事故的全部责任，张洪银无责任，张秀荣无责任。事故中，原告赵林飞驾驶的牌号为皖KK××××号重型半挂牵引车登记车主为阜阳市明盛运输有限公司。原告赵林飞主张其与阜阳市明盛运输有限公司之间为车辆挂靠关系，车辆实际使用人为原告赵林飞及其妻子张秀荣。阜阳市瑞迪汽车销售有限公司就皖KK××××号重型半挂牵引车向被告人寿保险公司投保了机动车交通事故责任强制保险及限额为500000元的商业第三者责任险（已投保了不计免赔险），保险期限自2015年11月28日起至2016年11月27日止。原告赵林飞驾驶的牌号为皖KK××××号重型半挂牵引车牵引的皖K××××挂号重型平板半挂车登记车主为安徽天润物流有限公司，原告赵林飞主张其与安徽天润物流有限公司之间为车辆挂靠关系，车辆实际使用人为原告赵林飞。安徽天润物流有限公司就皖K××××挂号重型平板半挂车向被告人寿保险公司投保了商业第三者责任险，责任限额为50000元（已投保了不计免赔险）。

另，皖KK××××号重型半挂牵引车的交强险及商业险投保单显示投保人为阜阳市瑞迪汽车销售有限公司，该公司盖章确认保险人已将免除保险人责任、投保人及包保险人权利的条款的内容和法律后果向其进行了明确说明，其对保险条款已认真阅读并充分理解。保险责任免责告知书第六条规定：第三者责任险种，被保险人

或保险车辆驾驶员及其他们的家庭成员的人身伤亡，保险人不负责赔偿，投保人阜阳市瑞迪汽车销售有限公司在该告知书上盖章确认。机动车第三者责任保险条款第五条中黑色加粗字体约定："被保险机动车造成下列人身伤亡或财产损失，不论在法律上是否应当由被保险人承担赔偿责任，保险人均不负责赔偿：……（二）被保险机动车本车驾驶人及其家庭成员的人身伤亡、所有或代管的财产的损失；……"第十二条约定："主车和挂车连接使用时视为一体，发生保险事故时，由主车保险人和挂车保险人按照保险单上载明的机动车第三者责任保险责任限额的比例，在各自的责任限额内承担赔偿责任，但赔偿金额总和以主车的责任限额为限。"

## 【案件焦点】

1. 商业三者险保险合同中约定被保险机动车驾驶人家庭成员的人身伤亡保险合同免赔的条款是否有效；2. 商业三者险合同约定的主车和挂车的赔偿总和以主车的责任限额为限是否有效。

## 【法院裁判要旨】

广东省广州市白云区法院一审认为：皖KK××××号重型半挂牵引车的投保人阜阳市瑞迪汽车销售有限公司在投保单上盖章确认保险人已将免除保险人责任、投保人及保险人权利的条款的内容和法律后果向其进行了明确说明，其对保险条款已认真阅读并充分理解，并在保险责任免责告知书上盖章确认，而保险责任免责告知书已明确"第三者责任险种，被保险人或保险车辆驾驶员及其他们的家庭成员的人身伤亡，保险人不负责赔偿"，可以以此认定被告人寿保险公司已履行了对免责条款的"明确说明"义务，且该条款内容未违反法律及行政法规的强制性规定，条款内容合法有效，故被告人寿保险以死者张秀荣与被保险车辆的驾驶员赵林飞为夫妻关系为由主张在皖KK××××号重型半挂牵引车的商业第三者责任险限额内免赔符合约定，该法院对保险公司抗辩意见予以采纳。

判后赵林飞等人不服提起上诉。广州市中级人民法院经审理认为：人寿保险公司是否在皖KK××××号牵引车商业第三者责任险承担赔偿责任问题，机动车第三者责任保险条款第三条约定的免责内容，根据《中华人民共和国保险法》第十九条规定，采用保险人提供的格式条款订立的保险合同中的下列条款无效：（一）免除保险人依法应承担的义务或者加重投保人、被保险人责任的；（二）排除投保人、被保险人或者受益人依法享有的权利的。本案中，机动车第三者责任保险条款是人寿保险公司提供、制定的格式条款，对家庭成员免赔的格式条款缩小了第三者的范围，免除了人寿保险公司对作为家庭成员第三者的赔偿责任，排除了作为家庭成员的第三者的赔偿请求权，属于免除人寿保险公司依法应承担的义务、排除被保险人依法享有的权利的情形，根据上述法律规定，该条款应认定为无效条款。人寿保险公司不能依据该无效条款主张在商业第三者责任险内免赔，张保新等人的上诉理由成立，本院予以采纳。原审对此认定错误，应予更正。

另，关于人寿保险公司在商业第三者责任险限额内的赔偿数额的问题，人寿保险公司认为根据机动车第三者责任保险条款第十二条约定，赔偿金额总和以主车的责任限额为限，但是，人寿保险公司分别收取了皖KK××××号牵引车和皖K××××挂号挂车的商业第三者责任险的保险费，享有合同权利就应当承担合同义务，而该第十二条约定违反了公平合理、等价有偿原则，同样应为无效，故人寿保险公司应在皖KK××××号牵引车的50万元商业第三者责任险限额内和皖K××××挂号挂车的5万元商业第三者责任险限额内承担赔偿责任。

广东省广州市中级人民法院依照《中华人民共和国保险法》第十九条、《中华人民共和国民事诉讼法》第一百七十条第一款第（二）项的规定，判决如下：

一、维持广州市白云区人民法院（2016）粤0111民初字第12788号民事判决第一项、第二项、第四项；

二、变更广州市白云区人民法院（2016）粤0111民初字第12788号民事判决第三项为：在本判决生效之日起三日内，人寿保险公司在承保的商业第三者责任保险限额内赔偿张保新、贺秀英、赵林飞、赵申奥、赵奥倩、赵奥迪丧葬费、死亡赔偿金、被抚养人生活费、住宿费、交通费、误工费，合计495000元。

## 【法官后语】

本案的争议焦点是：1. 商业三者险合同约定"被保险机动车驾驶人家庭成员的人身伤亡保险合同免赔"的条款是否有效；2. 商业三者险合同约定的"主车和挂车的赔偿金额总和以主车的责任限额为限"是否有效。本案中由于一审、二审法院对涉案保险合同中的免责条款效力认定不同，以致两审法院判决结果相差较大。一审法院认为根据《中华人民共和国保险法》第十七条认定人寿保险公司已履行了对免责条款的"明确说明"义务，且条款内容合法有效，故人寿保险公司可以在商业三者险内免赔。二审法院认为人寿保险公司虽然将免责条款向投保人履行了提示、说明的义务，但该免责条款本身是无效的。在免责条款本身无效的情况下，无从谈起合同格式条款是否发生法律效率的问题。根据《中华人民共和国保险法》第十九条的规定，采用保险人提供的格式条款订立的保险合同中的下列条款无效：（一）免除保险人依法应承担的义务或者加重投保人、被保险人责任的；（二）排除投保人、被保险人或者受益人依法享有的权利的。本案中，机动车第三者责任保险条款是人寿保险公司提供、制定的格式条款，对家庭成员免赔的格式条款缩小了第三者的范围，免除了人寿保险公司对作为家庭成员第三者的赔偿责任，排除了作为家庭成员的第三者的赔偿请求权，属于免除人寿保险公司依法应承担的义务、排除被保险人依法享有的权利的情形，根据上述法律规定，该条款应认定为无效条款。人寿保险公司不能依据该无效条款主张在商业第三者责任险内免赔。据此，二审法院支持了涉案车辆投保的商业三者险的赔付。对于本案第二个争议焦点，一审法院虽然认为该免责条款是无效的，但其依据并不正确，不是因为保险合同具有相对性，主车和挂车的投保主体不是同一主体才认为无效，而应依据民法诚实信用及等价有偿的民法原则来认定，人寿保险公司分别收取了皖KK××××号牵引车和皖K××××挂号挂车的商业第三者责任险的保险费，享有合同权利就应当承担合同义务，而该第十二条约定违反了公平合理、等价有偿原则，同样应为无效，故人寿保险公司应在皖KK××××号牵引车的50万元商业第三者责任险限额内承担赔偿责任。

编写人：广东省广州市中级人民法院　李洁

## 53

# 交通肇事后逃逸能否成为保险公司绝对免责事由

——林秋凤诉浙商财产保险股份有限公司揭阳中心支公司等机动车交通事故责任案

**【案件基本信息】**

1. 裁判书字号

广东省揭阳市中级人民法院（2016）粤52民终字第20号民事判决书

2. 案由：机动车交通事故责任纠纷

3. 当事人

原告（被上诉人）：林秋凤

被告（上诉人）：浙商财产保险股份有限公司揭阳中心支公司（以下简称浙商财保揭阳支公司）

被告（被上诉人）：林焕扬、林丽贞

**【基本案情】**

2015年1月24日13时50分许，林焕扬驾驶小型普通客车（新车未入户）途经揭西县钱坑镇钱坑桥头路段时，与对向驶来由林秋琴驾驶的普通二轮摩托车（载林秋凤，女）会车时采取措施不当致使摩托车及车上两人倒地，导致小型普通客车碾轧乘车人林秋凤的左大腿，造成林秋凤受伤的道路交通事故，事故发生后林焕扬驾驶肇事车辆逃逸。揭西县公安局交通警察大队于2015年5月29日重新作出揭西公交认字〔2015〕第B0150124号《道路交通事故认定书》，认定林焕扬驾驶小型号普通客车（新车未入户）途经复杂路段未确保安全行驶，对路面的交通环境观察不周而肇事，发生事故后驾驶肇事车辆逃逸，违反了《中华人民共和国道路交通安全法》第三十八条、第七十条有关规定。根据《广东省道路交通安全条例》第四十五条的规定，林焕扬发生交通事故后，驾驶车辆逃离交通事故现场应承担本事故的全部责任,林秋琴、林秋凤不承担本事故的责任。林秋凤受伤后即被送往揭西县第二人民医院救治,医疗费共897.17元。2015年1月24日林秋凤转到普宁华侨医院治疗,后于2015年5月18日办理出院,其间共住院114天,医疗费共66881.63元。林焕扬父亲在事故发生后垫付给林秋凤医疗费20000元。在诉讼阶段,经林秋凤申请,林焕扬、浙商财保揭阳支公司、林丽贞共同委托原审法院指定广东韩江法医临床司法鉴定所对林秋凤进行伤残鉴定。林秋凤先垫付上述伤残鉴定费3300元。

## 【案件焦点】

驾驶人交通肇事后逃逸的,保险公司的免责条款是否可以生效。

## 【法院裁判要旨】

广东省揭阳市揭西县人民法院经审理认为:经揭西县公安局交通警察大队揭西公交认字[2015]第B00017号《道路交通事故认定书》认定,林焕扬发生交通事故后,驾驶车辆逃离交通事故现场应承担本事故的全部责任,林秋琴、林秋凤不承担本事故的责任。该事故认定事实清楚,程序合法,定性准确,本院予以采信。原告作为本起交通事故的受害人,有权请求赔偿义务人赔偿其因此受到的损失。被告浙商财保揭阳支公司作为上述肇事车辆的保险人,应按规定在交强险赔偿责任限额内对原告因本次交通事故造成的损害予以赔偿。浙商财保揭阳支公司认为原告请求赔偿的医疗费应剔除10%非医保用药的意见,但浙商财保揭阳支公司未能提供证实非基本医保用药费用的证据予以佐证,故对上述意见,本院不予采纳。事故发生时肇事车辆系新车,无证据证明该机动车存在缺陷,也无证据证明发生事故时,被告林焕扬有饮酒、服用国家管制的精神药品或者麻醉药品,或者患有妨碍安全驾驶机动车的疾病等依法不能驾驶机动车的事实,且被告林焕扬在事故发生时已具有驾驶资格。被告林丽贞虽为上述肇事车辆的所有人,但无证据证明林丽贞存在法定过错,故被告林丽贞不承担责任,超出第三者商业责任保险的责任限额部分的损失,由侵权人林焕扬承担。

广东省揭阳市揭西县人民法院依法作出如下判决:

一、浙商财保揭阳支公司应于本判决生效之日起十日内在交强险责任限额内赔偿林秋凤损失100803.32元。

二、浙商财保揭阳支公司应于本判决生效之日起十日内在商业三者险的责任限额内赔偿林秋凤损失 68078.8 元。

三、浙商财保揭阳支公司应于本判决生效之日起十日内返还林焕扬垫付的医疗费 20000 元。

四、林焕扬应于本判决生效之日起十日内付还林秋凤垫付的肇事车辆施救费及停车费 4300 元。

五、驳回林秋凤的其他诉讼请求。

宣判后，浙商财保揭阳支公司提起上诉。揭阳市中级人民法院经审理认为：1. 原审法院采纳证明力较大的《道路交通事故认定书》对本案交通事故的事实予以认定正确，本院予以维持。2. 本案事故发生后林焕扬逃逸的事实，有涉案《道路交通事故认定书》予以证明，应予认定。交通肇事后逃逸是法律禁止的行为，保险人将肇事后逃逸作为保险合同免责条款的免责事由，保险人对该条款作出提示后该条款即生效。林焕扬、林丽贞提供的机动车辆保险单（正本）在"重要提示"部分记载了该保险合同系由保险单、保险条款等组成，并提示收到承保险种对应的保险条款后请立即核对，详细阅读承保险种对应的保险条款，特别是责任免除等部分。据此，本院认定浙商财保揭阳支公司的相关主张成立，即涉案商业三者险合同确系将肇事后逃逸作为免责条款的免责事由。没有证据证明林丽贞对本案损害的发生有过错，故林丽贞不承担本案赔偿责任。

广东省揭阳市中级人民法院依法作出如下判决：

一、维持揭西县人民法院（2015）揭西法钱民初字第 22 号民事判决第一项、第四项、第五项。

二、撤销揭西县人民法院（2015）揭西法钱民初字第 22 号民事判决第三项。

三、变更揭西县人民法院（2015）揭西法钱民初字第 22 号民事判决第二项为：林焕扬应于本判决生效之日起十日内赔偿林秋凤损失 68078.8 元。

四、驳回浙商财保揭阳支公司的其他上诉请求。

【法官后语】

笔者认为，肇事逃逸是法律、行政法规的一项禁止性规定，保险公司依法只需举证已对该免责条款作出提示，该免责条款即可生效，保险公司在商业三者险责任限额内免责。

1. 交通肇事逃逸属法律、行政法规禁止性行为。理论上一般将命令性规范分为义务性规范和禁止性规范。禁止性规范是指命令行为人不得为一定行为之法律规定。禁止性规范根据否定性评价的不同分为效力规范与取缔规范。所谓效力规范，是指法律对私法主体从事的法律行为效力进行评价的规范，违反该种规范为无效。取缔规范是指行为人如有违反将被取缔其行为的禁止规范，违反该种规范的法律行为并不无效，但会导致法律制裁的发生。《中华人民共和国道路交通安全法》第一百零一条第二款规定："造成交通事故后逃逸的，由公安机关交通管理部门吊销机动车驾驶证，且终生不得重新取得机动车驾驶证。"刑法规定因肇事逃逸致受害人死亡的甚至构成刑事犯罪。从性质上分析，上述规定属取缔规范。交通肇事逃逸是一种性质十分恶劣、情节非常严重的违法行为，为此当事人要承担不利的法律后果。交通肇事后不得逃逸也属于公众应当知悉且遵守的公共秩序。我国法律法规对交通肇事后的逃逸行为作出了禁止性规定。本案中林焕扬交通肇事后逃逸属于我国道路交通安全法规定的禁止性规定情形。

2. 关于保险公司是否对该免责条款作出了提示的问题，综合本案实际，从两个方面分析：（1）本案中，投保人虽否认有收到保险条款，但投保人提供的保险单显示在"重要提示"部分记载了该保险合同系由保险单、保险条款等组成，并提示收到承保险种对应的保险条款后请立即核对，详细阅读承保险种对应的保险条款，特别是责任免除等部分。依据保险单上述记载内容足以认定投保人投保时，保险公司已经将保险合同送达投保人林丽贞，林丽贞已收到商业三者险的保险条款。（2）保险公司是否履行了对免责事由的提示义务。根据《最高人民法院关于适用〈中华人民共和国保险法〉若干问题的解释（二）》第十一条"保险合同订立时，保险人在投保单或者保险单等其他保险凭证上，对保险合同中免除保险人责任的条款，以足以引起投保人注意的文字、字体、符号或者其他明显标志作出提示的，人民法院应当认定其履行了保险法第十七条第二款规定的提示义务"之规定，本案中林焕扬交通肇事后逃逸属于我国道路交通安全法规定的禁止性规定情形。保险公司提供的保险条款显示已使用明显区别于合同其他条款的黑体字，并有专门章节在保险单中对免责条款作"重要提示"，足以认定保险公司履行了法定提示义务，投保人无法举证证明投保人所持保险条款的字体、章节等与保险公司主张的保险条款不一致，因此，免责条款已生效。

编写人：广东省揭阳市中级人民法院　卢树君　郑宋玲

## 54

## 保险公司能否以车主雇佣的司机没有营运资格证为由拒绝在商业险范围内赔偿

——高福生、林辉诉王淑艳等机动车交通事故责任案

【案件基本信息】

1. 裁判书字号

黑龙江省齐齐哈尔市富裕县人民法院（2016）黑 0227 民初字第 828 号民事判决书

2. 案由：机动车交通事故责任纠纷

3. 当事人

原告：高福生、林辉

被告：王淑艳、曹德强、中国人寿财产保险股份有限公司齐齐哈尔中心支公司（以下简称人寿财产保险公司）、富运出租车有限公司

【基本案情】

2015 年 10 月 30 日上午 10 时许，被告王淑艳驾驶黑 BFD×××号小型轿车，沿富裕镇中心街由南向北行驶，行驶至事故地点时，与由西向东横过机动车道的高福生驾驶的两轮电动车相撞，造成原告高福生及林辉受伤、两轮电动车损坏的交通事故。经富裕县交警大队认定，被告王淑艳负事故的全部责任，高福生、林辉不负事故责任。原告高福生所受伤经富裕县人民医院诊断为：头面部挫擦伤、颈部搓擦伤、左侧硬膜下水肿、蛛网膜下腔出血、左侧筛骨骨折、腔隙性脑梗死。原告高福生经住院治疗 14 天好转出院，原告高福生共花费医药费 12308 元。原告林辉所受伤经富裕县人民医院诊断为：右胫腓骨下段粉碎性骨折、右肩关节脱位、右肱骨大结节撕裂骨折。原告林辉经住院治疗 124 天好转出院，原告林辉共花费医药费 41226.25 元。

另查明，王淑艳驾驶的黑 BFD×××号小型轿车为挂靠在被告富运出租车有限公司的出租车，该车实际车主为被告曹德强。该车在大地财产保险公司投保了交强险，在被告人寿财产保险公司投保了第三者责任险。事故发生后，大地财产保险公司已在交强险限额内，分别赔偿了二原告医药费 5000 元，总额 10000 元；同时赔偿了二原告误工费、护理费等其他费用；对二原告超出交强险限额的医药费、伙食补助费未赔偿。

【案件焦点】

富运出租车公司以实际车主曹德强的名义在被告人寿财产保险公司投保了第三者责任险，人寿财产保险公司能否以驾驶员王淑艳没有营运资格为由拒绝在第三者责任险范围内赔偿。

【法院裁判要旨】

黑龙江省富裕县人民法院经审理认为：机动车发生交通事故造成人身伤亡、财产损失的，先由承保机动车第三者责任强制保险的保险公司在责任限额范围内予以赔偿，不足部分，由承保第三者责任商业保险的保险公司根据保险合同予以赔偿。被告王淑艳在本案的交通事故中负事故的全部责任，其驾驶的肇事车辆已于事故发生前，向大地财产保险公司投保机动车第三者责任强制保险，向人寿财产保险公司投保第三者责任商业保险，且事故发生时正在保险期限内。事故发生后，大地财产保险公司已在交强险限额内对二原告的医药费、护理费等进行了赔偿。强险限额外的医药费、伙食补助费被告人寿财产保险公司应依第三者责任险限额对二原告承担赔偿责任。二原告起诉时主张住院期间每天伙食补助费 100 元较为适宜，故原告高福生伙食补助费应为 1400 元，原告林辉伙食补助费应为 12400 元；

关于被告人寿财产保险公司在庭审答辩、质证中称，肇事的车辆驾驶员王淑艳未取得上岗证，按照保险合同的约定，应当属于免责范围的主张。首先，因保险人无法证明车主曹德强、驾驶员王淑艳在肇事车辆投保时，知道第三者责任保险条款中的责任免除条款的具体内容，因此即使保险合同中有免责条款，该条款也不能对保险合同以外的第三人产生效力。其次，驾驶资格与从业资格的概念截然不同。《道路运输从业人员管理规定》第六条第二款规定，从业资格是对从业人员所从事的特定岗位职业素质的基本评价，其不涉及对驾驶员驾驶能力的考核。驾驶资格按通常意义理解指的应是驾驶机动车的能力或资格。因此，从业资格的有无与能否驾驶机动车无必然联系，也与是否发生交通事故没有必然联系，取得机动车驾驶证后即使无从业资格也可驾驶与准驾车型相符的机动车。故在风险水平相当的情况下，保险公司若依据驾驶员未取得从业资格证而免责，有违公平原则。本案中被告王淑艳持有准驾车型为 C1 的机动车驾驶证，表明其具有驾驶员资格，尽管其无从业资格证，但并不代表其失去了驾驶车辆的资格，因此，对被告人寿财产保险公司在第三者责任险内拒赔的主张，不予支持。

黑龙江省齐齐哈尔市富裕县人民法院依照《中华人民共和国侵权责任法》第十六条，《中华人民共和国道路交通安全法》第七十六条，《最高人民法院关于审理人身损害赔偿案件适用法律若干问题的解释》第十九条、第二十三条，《最高人民法院关于审理道路交通事故损害赔偿案件适用法律若干问题的解释》第二十五条和《中华人民共和国民事诉讼法》第一百四十四条之规定，判决如下：

一、人寿财产保险公司在第三者责任险限额内赔偿高福生医疗费 7308 元、伙食补助费 1400 元，合计人民币 8708 元。此款于本判决书发生法律效力后十日内履行。

二、人寿财产保险公司在第三者责任险限额内赔偿林辉医疗费 23826.25 元、伙食补助费 12400 元，合计人民币 36226.25 元。此款于本判决发生法律效力后十日内履行。

三、王淑艳不承担赔偿责任。

四、曹德强不承担赔偿责任。

五、齐齐哈尔市富运出租车有限公司不承担赔偿责任。

**【法官后语】**

本案的焦点在于，驾驶出租车肇事的司机并没有取得从业资格证，保险公司据此拒绝在第三者责任险限额内进行赔偿。理由是在出租车投保第三者责任险时，保险公司与出租车公司就免责条款进行了特殊约定，此免责条款是否对驾驶出租车的第三人有效。首先，因保险人无法证明车主曹德强、驾驶员王淑艳在肇事车辆投保时，知道第三者责任保险条款中的责任免除条款的具体内容，因此即使保险合同中有免责条款，该条款也不能对保险合同以外的第三人产生效力。其次，驾驶资格与从业资格的概念截然不同。《道路运输从业人员管理规定》第六条第二款规定，从业资格是对从业人员所从事的特定岗位职业素质的基本评价，其不涉及对驾驶员驾驶能力的考核。驾驶资格按通常意义理解指的应是驾驶机动车的能力或资格。因此，从业资格的有无与能否驾驶机动车无必然联系，也与是否发生交通事故没有必然联系，取得机动车驾驶证后即使无从业资格证也可驾驶与准驾车型相符的机动车。故在风险水平相当的情况下，保险公司若依据驾驶员未取得从业资格证而免责，有违公平原则。本案中被告王淑艳持有准驾车型为C1的机动车驾驶证，表明其具有驾驶员资格，尽管其无从业资格证，但并不代表其失去了驾驶车辆的资格，因此，对被告人寿财产保险公司在第三者责任险内拒赔的主张，不予支持。

编写人：黑龙江省齐齐哈尔市富裕县人民法院　姜霖

# 55

## 责任保险中保险公司在责任人未向受害人理赔的情况下不能将保险理赔款直接支付被保险人

——刘杰诉中国人民财产保险股份有限公司宜昌市分公司营业部等机动车交通事故责任案

【案件基本信息】

1. 裁判书字号

湖北省宜昌市中级人民法院（2016）鄂05民终字第1599号民事判决书

2. 案由：机动车交通事故责任纠纷

3. 当事人

原告（被上诉人）：刘杰

被告（上诉人）：中国人民财产保险股份有限公司宜昌市分公司营业部（以下简称人民保险宜昌营业部）

被告（被上诉人）：王龙、周爽

## 【基本案情】

经审理查明：2015年2月15日16时55分许，被告王龙驾驶鄂ENS×××号大众牌小型客车（车辆登记所有人为被告周爽）在猇亭区迎宾大道、金岭路交叉路口，与原告刘杰驾驶的鄂A18×××号奥迪牌小型客车碰撞发生交通事故，致两车受损。交警部门认定王龙负主要责任、刘杰负次要责任。2014年10月23日，周爽为鄂ENS×××号小型客车在被告人民保险宜昌营业部处投保了机动车交通事故责任强制险，投保了第三者责任险、机动车损失险、不计免赔险等险种，第三者责任险责任限额50万元，机动车损失保险金额231800元。前述各险种的保险期间均为自2014年10月24日零时起至2015年10月23日24时止。本案涉及的交通事故发生在保险期间。交通事故发生后，人民保险宜昌营业部于事发同日对刘杰的鄂A18×××号小型客车核定损失为52168.32元、残值为1200元，扣除车辆残值后核定车辆损失为50968.32元。定损后刘杰于同日将车辆置于人民保险宜昌营业部指定的宜昌奥龙汽车销售服务有限公司进行维修，花去修理费52168元，该公司于2015年3月16日给刘杰出具了增值税发票。

同时查明，2015年4月8日，被告人民保险宜昌营业部将事故车辆ENS×××号小型客车和鄂A18×××号小型客车的商业保险理赔款53052.30元（其中为原告刘杰鄂A18×××号小型客车计算的理赔金额为29135.97元、为被告周爽ENS×××号小型客车计算的理赔款为23916.33元）、鄂A18×××号小型客车的交强险赔款2000元均转账至被告周爽个人银行账户。周爽未将刘杰事故车辆的理赔款交付刘杰。周爽和王龙未向刘杰支付修理费。

## 【案件焦点】

1. 被告人民保险宜昌营业部将原告刘杰鄂A18×××号小型客车的保险理赔款直接支付给投保人周爽是否符合法律规定；2. 刘杰能否再向保险公司主张权利。

## 【法院裁判要旨】

湖北省宜昌市猇亭区人民法院经审理认为：在被保险人周爽和肇事者王龙对第三者刘杰应负的赔偿责任确定后，保险人人民保险宜昌营业部在未核实被保险人周爽和肇事者王龙对第三者刘杰是否进行赔偿的情况下，就直接将刘杰因交通事故应获得的保险理赔款支付给周爽，违反了法律规定，刘杰向人民保险宜昌营业部主张权利并无不当。人民保险宜昌营业部未提供周爽或者王龙已经将修理费支付给刘杰的证据，应承担举证不能的责任，其答辩意见本院不予采纳。根据法律规定，刘杰的损失52168元由人民保险宜昌营业部在交强险财产损失限额内先行赔偿2000元。余款50168元再由刘杰和王龙按照过错责任分担。根据交通事故的责任认定，王龙承担70%的责任为宜，即赔偿刘杰35117.60元。王龙应赔偿的35117.60元未超过肇事车辆鄂ENS×××号小型客车第三者责任险的理赔限额，且该肇事车辆办理有不计免赔险，故该35117.60元应由人民保险宜昌营业部在第三者责任险的限额内全部予以理赔。人民保险宜昌营业部共计应向刘杰支付保险理赔款37117.60元，原告主张的36517元未超过该理赔款范围，应予支持。

湖北省宜昌市猇亭区人民法院依照《中华人民共和国道路交通安全法》第七十六条第一款第（一）项、《中华人民共和国保险法》第六十五条、《中华人民共和国民事诉讼法》第一百四十四条之规定，作出如下判决：

一、被告人民保险宜昌营业部自本判决生效之日起十五日内赔偿原告刘杰修理费36517元。

二、驳回原告刘杰的其他诉讼请求。

被告人民保险宜昌营业部提起上诉。宜昌市中级人民法院经审理认为：保险公司在责任保险中承担的是替代责任。即在保险事由发生时，根据法律规定和合同约定，代替被保险人向受害人履行赔偿责任；在被保险人未向受害人赔偿时，不得向被保险人赔偿保险金。在机动车交通事故责任纠纷中，被保险的机动车发生交通事故后，被保险人与实际责任人（机动车所有人允许的驾驶人）往往不是同一人。在此情况下，保险公司应当依照法律规定直接向受害人赔偿，或者向已经履行了赔偿义务的实际责任人支付赔偿款。在没有证据证明被保险人是否将赔偿款支付给受害人，或者被保险人接受受害人、实际赔付人委托领取赔偿款的情况下，保险人向被保险人支付赔偿款没有法律依据。湖北省宜昌市中级人民法院依照《中华人民共和国民事诉讼法》第一百七十条第一款第（一）项之规定，判决：

驳回上诉，维持原判。

【法官后语】

本案争议的主要焦点在于责任保险理赔中保险公司在被保险人未赔付受害人的

情况下能否将理赔款直接支付被保险人？

所谓责任保险，是指以被保险人对第三者依法应负的赔偿责任为保险标的的保险［见《中华人民共和国保险法》（以下简称《保险法》）第六十五条第四款］。我国保险法对责任保险没有专章规定，而是在财产保险合同一章中设置了专门条款。《保险法》第六十五条规定："保险人对责任保险的被保险人给第三者造成的损害，可以依照法律的规定或者合同的约定，直接向该第三者赔偿保险金。责任保险的被保险人给第三者造成损害，被保险人对第三者应负的赔偿责任确定的，根据被保险人的请求，保险人应当直接向该第三者赔偿保险金。被保险人怠于请求的，第三者有权就其应获赔偿部分直接向保险人请求赔偿保险金。责任保险的被保险人给第三者造成损害，被保险人未向该第三者赔偿的，保险人不得向被保险人赔偿保险金……"该规定第三款对保险人向被保险人理赔设置了前置条件，只有被保险人向第三者赔偿后，保险人才能向被保险人直接赔付保险金。但保险公司对向被保险人还是向受害第三者理赔的顺序理解不一，在理赔过程中也存在审查不严的问题，遂导致本案讼争的出现。

通过分析《保险法》第六十五条的规定，显然保险公司在被保险人未能提供证据证实已经赔付受害第三者的前提下不能将保险金赔付被保险人。《保险法》第六十五条第三款设立了限制被保险人领取保险金制度，保证受害人获得有效赔偿，这无疑是保险立法的重大进步。由于第三款规定实际增设了保险人对被保险人是否已经向受害人实际赔偿的审查义务，将被保险人向受害第三者实际赔偿作为保险人向被保险人支付赔偿金的前置条件，若保险公司怠于审查，自然要承担对己不利的法律后果，在受害第三者没有实际获得被完全赔偿的情况下，保险人向被保险人支付交强险和商业险理赔金的行为不能对抗受害第三者享有的对该笔赔偿款的直接请求权，仍应承担赔偿责任。本案一二审法院的裁判结果无疑应当引起保险公司的重视，在责任保险理赔中严格审查证据，以确保对受害第三者损害后果的弥补。

编写人：湖北省宜昌市猇亭区人民法院　宁晓云

## 56

# 以家庭自用名义投保的车辆从事网约车活动的保险赔偿问题

——程春颖诉张涛、中国人民财产保险股份有限公司南京市分公司机动车交通事故责任案

【案件基本信息】

1. 裁判书字号

江苏省南京市江宁区人民法院（2016）苏0115民初字第5756号民事判决书

2. 案由：机动车交通事故责任纠纷

3. 当事人

原告：程春颖

被告：张涛、中国人民财产保险股份有限公司南京市分公司（以下简称人保南京分公司）

【基本案情】

2015年7月28日下午，张涛通过打车软件接到网约车订单一份，订单内容为将乘客从南瑞集团送至恒大绿洲小区。17时5分许，张涛驾驶苏AT××××号轿车搭载着网约车乘客，沿前庄路由西向东行驶至清水亭东路丁字路口往南右转弯过程中，遇原告程春颖驾驶电动自行车沿清水亭东路由北向南通过该路口，两车碰撞，致程春颖受伤、车辆损坏。南京市公安局江宁分局交通警察大队以无法查清程春颖是否遵守交通信号灯的情况为由，出具宁公交证字［2015］第0018号道路交通事故证明。

苏AT××××号轿车所有人为张涛，行驶证上的使用性质为"非营运"，该车在被告人保南京分公司投保了交强险、保额为100万元的商业三者险及不计免赔率险，保险期间均自2015年3月28日起至2016年3月27日止。保单上的使用性质为"家庭自用汽车"。张涛在从事网约车载客行为之前未通知过人保南京分公司。

程春颖受伤后入南京同仁医院治疗，医院诊断其急性闭合性重型颅脑损伤；右颞及额顶硬膜外血肿；左颞脑挫裂伤；右颞骨骨折及冠状缝分离；右额颞顶部头皮血肿；右侧颧弓骨折。南京金陵司法鉴定所于2016年3月8日出具司法鉴定意见书，意见为程春颖颅脑损伤所致轻度精神障碍，日常活动能力部分受限构成九级伤残；颅骨缺损6平方厘米以上构成十级伤残。程春颖产生医疗费99122.26元（其中张涛垫付59321元，人保南京分公司垫付10000元）、住院伙食补助费560元、营养费1350元、误工费3427.48元、护理费7650元、残疾赔偿金156126.6元、精神损害抚慰金10500元、交通费500元，合计279236.34元。

【案件焦点】

1. 张涛从事网约车载客行为是否显著增加了车辆的风险程度；2. 人保南京分公司是否可以在商业三者险范围内免赔。

【法院裁判要旨】

江苏省南京市江宁区人民法院经审理认为：被告张涛驾驶机动车向右转弯，原告程春颖驾驶非机动车直行，转弯应当避让直行，张涛未能避让存在过错。被告不能证明原告程春颖存在闯红灯等过错行为，故张涛应负事故全部责任，程春颖因本次交通事故产生的损失首先由被告人保南京分公司在交强险责任限额内赔偿。

张涛从事网约车载客的行为使被保险车辆危险程度显著增加，张涛应当及时通知人保南京分公司，人保南京分公司可以增加保费或者解除合同并返还剩余保费。张涛未履行通知义务，且其营运行为导致了本次交通事故的发生，人保南京分公司在商业三者险内不负赔偿责任。

江苏省南京市江宁区人民法院依照《中华人民共和国侵权责任法》第六条第一款、第四十八条，《中华人民共和国道路交通安全法》第七十六条第一款，《中华人民共和国保险法》第五十二条之规定，作出如下判决：

一、被告人保南京分公司赔偿原告程春颖110000元，被告张涛赔偿原告程春颖99915.34元，均于本判决发生法律效力之日起十日内付清。

二、驳回原告程春颖其他诉讼请求。

## 【法官后语】

《中华人民共和国保险法》第五十二条规定,"在合同有效期内,保险标的的危险程度显著增加的,被保险人应当按照合同约定及时通知保险人,保险人可以按照合同约定增加保险费或者解除合同。……被保险人未履行前款规定的通知义务的,因保险标的的危险程度显著增加而发生的保险事故,保险人不承担赔偿保险金的责任。"保险合同是双务合同,保险费与保险赔偿金为对价关系,保险人依据投保人告知的情况,评估危险程度而决定是否承保以及收取多少保险费。保险合同订立后,如果危险程度显著增加,保险事故发生的概率超过了保险人在订立保险合同时对事故发生的合理预估,如果仍然按照之前保险合同的约定要求保险人承担保险责任,对保险人显失公平。

在当前车辆保险领域中,保险公司根据被保险车辆的用途,将其分为家庭自用和营运车辆两种,并设置了不同的保险费率,营运车辆的保费接近家庭自用的两倍。车辆的危险程度与保费是对价关系,家庭自用车辆的风险小,支付的保费低;营运车辆风险大,支付的保费高。以家庭自用名义投保的车辆,从事营运活动,车辆的风险显著增加,投保人应当及时通知保险公司,保险公司可以增加保费或者解除合同并返还剩余保费,投保人未通知保险公司而要求保险公司赔偿营运造成的事故损失,显失公平。

网约车满足了社会公众多样化出行需求,但由于尚处起步阶段,相关配套制度并未健全,网约车参与人的权利义务缺乏清晰界定,一定程度上影响了行业的健康发展。本案中,人民法院在现有法律框架内积极探索纠纷解决方案,对交强险和商业三者险进行区分处理,并认定由于以家庭自用名义投保的车辆从事网约车载客活动增加了车辆的风险,被保险人应当及时通知保险公司,被保险人未通知的,因载客活动发生的交通事故,保险公司在商业三者险内不负赔偿责任。该裁判规则基于对各方合法权益的平等保护,体现了对保险法基本原则的贯彻,对于规范网约车保险行为、促进网约车行业和保险业的健康持续发展,具有积极意义。

编写人:江苏省南京市江宁区人民法院 王云峰

## 57

## 保险条款中零时生效法律效力问题之分析

——吴本勤诉邬光明、中国平安财产保险股份有限公司枝江支公司机动车交通事故责任案

### 【案件基本信息】

1. 裁判书字号

湖北省枝江市人民法院（2016）鄂0583民初字第75号民事判决书

2. 案由：机动车交通事故责任纠纷

3. 当事人

原告：吴本勤

被告：邬光明、中国平安财产保险股份有限公司枝江支公司（以下简称保险公司）

### 【基本案情】

2014年10月20日19时10分许，原告吴本勤驾驶的无号牌两轮摩托车与被告邬光明驾驶的鄂EV××××轿车在枝江市问石路七支渠路段会车时发生碰撞，造成原告吴本勤受伤、两车受损的交通事故。经枝江市公安局交通警察大队认定：被告邬光明负事故的主要责任，原告吴本勤负事故的次要责任。原告吴本勤受伤后，当日被送往枝江市人民医院住院治疗1天，花费医疗费2384.58元，出院医嘱为：转上级医院进行治疗。次日原告吴本勤转至宜昌市第一人民医院住院治疗49天，花费医疗费22684.3元。2015年8月17日，原告吴本勤再次到宜昌市人民医院住院治疗10天，花费医疗费9892.74元，出院医嘱为：1.手术伤口未拆线，术后2周拆线；2.左下肢适度功能锻炼，禁止负重；3.不适随诊。2015年3月12日，原告吴本勤进行了伤残程度等鉴定，宜昌大公法医司法鉴定所的鉴定意见为：吴本勤因车祸受伤不构成伤残，其误工损失为150日。

另查明，被告邬光明自2012年起就在被告保险公司购买保险，往年购买保险的保险期限为2012年10月20日至2013年10月19日，2013年10月20日至2014年10月19日。2014年10月19日，被告邬光明前往被告保险公司欲购买保险，但因当日系星期天该公司无人办理业务，被告邬光明于次日在该公司购买了交强险和商业三者险，两份保险单的收费确认时间为2014年10月20日11时22分，保险单载明的保险期限为2014年10月21日0时至2015年10月20日24时，但对于保险合同中约定的保险期限，被告保险公司未提供任何证据证明其已尽到特别说明或提示义务。

【案件焦点】

被保险人邬光明与被告保险公司签订的"零时生效"保险合同是否成立并生效，保险公司是否应承担赔偿责任。

【法院裁判要旨】

湖北省枝江市人民法院经审理认为：被告保险公司辩称，被告邬光明投保的保险合同中约定的保险期限为2014年10月21日0时至2015年10月20日24时，而交通事故发生在2014年10月20日19时10分，虽然相差4个小时，但不在保险期限内，因此不属于被告保险公司的赔偿范围。被告邬光明认为，被告邬光明支付保险费的时间为2014年10月20日11时22分，交费后保险公司交付了保险单，在此之后发生交通事故，就应由保险公司承担保险责任。本院认为，依照《最高人民法院关于适用〈中华人民共和国保险法〉若干问题的解释（二）》第四条的规定，"保险人接受了投保人提交的投保单并收取了保险费，尚未作出是否承保的意思表示，发生保险事故，被保险人或者受益人请求保险人按照保险合同承担赔偿或者给付保险金责任，符合承保条件的，人民法院应予支持"。显然在本案中被告保险公司已接受被告邬光明的投保申请，收取了保险费并给付了保险单，被告保险公司就应承担保险责任。被告邬光明交纳保险费的目的就是为了在投保后发生交通事故时，能及时由保险公司承担赔偿责任。公民的健康权受法律保护，原告吴本勤因交通事故受伤，依法有权获得赔偿。事故发生后原告吴本勤与被告邬光明达成调解协议后未履行，原告吴本勤有权起诉本案中的二被告。因被告邬光明在被告保险公司购买了交强险和保险金额为500000元的商业三者险，被告保险公司应首先在交强险责任限额内对原告吴本勤的损失进行赔偿,原告吴本勤的第 1~2 项损失,共计 37961.62 元,由被告中国人民财产保险股份有限公司枝江支公司在交强险医疗责任类别中赔偿 10000 元;第 3~5 项损失,共计 16710 元,由被告中国人民财产保险股份有限公司枝江支公司在交强险伤残责任类别中赔偿 16710 元,被告中国人民财产保险股份有限公司枝江支公司在交强险限额内赔偿原告吴本勤 26710 元。第 1~2 项余下的损失 27961.62 元,因被告邬光明负事故的主要责任,被告中国人民财产保险股份有限公司枝江支公司在商业三者险限额内赔偿原告吴本勤 19573.13 元(27961.62 元×70%)。综合上述赔偿项目,被告保险公司应赔偿原告吴本勤 46283.13 元。

湖北省枝江市人民法院依照《中华人民共和国侵权责任法》第十六条、《中华人民共和国道路交通安全法》第七十六条、《最高人民法院关于审理道路交通事故损害赔偿案件适用法律若干问题的解释》第十六条、《最高人民法院关于适用〈中华人民共和国保险法〉若干问题的解释(二)》第四条的规定,判决如下:

一、被告保险公司赔偿原告吴本勤 46283.13 元,在判决生效后十五日内履行;

二、原告吴本勤返还被告邬光明垫付款 23000 元,在判决生效后十五日内履行;

三、综合第一项、第二项,被告保险公司直接向原告吴本勤支付 23283.13 元,直接向被告邬光明支付 23000 元。

【法官后语】

实践中,在机动车投保人签署的投保险单上,通常对保险期间一项仅具体到"日",而并未具体到"时"。在保险公司打印的保险单上,对保险期间一项,有的是在制式表格中已经事先拟定了"零时起"的字样,生成保险单时,再将具体日期打印到表格中;有的是制式表格中日期全部空缺,在保险公司打印保险单时,计算机系统自动生成的保险期间以次日零时为始点,即我们所称的"零时生效"保险条款。

《中华人民共和国合同法》第三十九条规定,"格式条款是当事人为了重复使用而预先拟定,并在订立合同时未与对方协商的条款"。投保人在投保时签署的投保险单上并没有关于保险合同具体生效时间的明确约定。保险合同中的"次日零时生效条款"是由保险公司为了重复使用而事先拟定的,而且将该条加入保险合同的行为并未与投保人协商,是由保险公司单方确定的,因此,该条款性质上属于格式条款。根据《中华人民共和国保险法》(以下简称《保险法》)第十七条第一款规定:"订立保险合同,采用保险人提供的格式条款的,保险人向投保人提供的投保险单应当附格式条款,保险人应当向投保人说明合同的内容。"《保险法》规定了保险人负有订约说明义务,保险人在订立保险合同之前或当时,应当将保险合同中格式条款的真实含义和法律后果明确向投保人进行说明。这是因为,保险行业具有极强的专业性和技术性,作为合同相对人的普通投保人,通常对保险合同中的一些格式条款的含义和后果缺乏了解。如果保险公司未明确解释和说明后果,投保人通常可能会误以为投保后立即获得了保险的保障,进而基于误解降低了对风险的注意。例如,在上述案例中,如果保险公司向投保人充分解释了"次日零时生效"的后果,使投保人意识到在投保后至次日零时前的一段时间内,其投保的车辆尚未受到保险合同的保护,如果发生风险,需要由投保人自负全责,则投保人完全可以在这段时间内不上路行驶,从而避免事故的发生。因此,只有保险公司对格式条款尽到说明义务,才能对投保人的行为起到指引作用,使其避免发生不利于自己的风险事故。从"次日零时生效"条款的内容看,该条款所确定的保险期间虽然导致出现保险标的在一定时间内可能处于脱保状态,不利于被保险人和保险事故受害人的利益,但是,"次日零时生效"条款所指向的保险期间整体周期并没有缩减,只是整体向后发生了延迟,因此"次日零时生效"条款并非免责条款。

　　本案保险合同已经成立并生效。根据《保险法》第十四条的规定,保险合同成立后,投保人按照约定交付保险费,保险人按照约定的时间开始承担保险责任。对于交强险合同,保险公司没有缔约选择权,其收取保险费的行为即是做出了承保的意思表示,合同自保险公司收取保险费时已生效。另外,本案的当事人在缴纳保费时保险公司并未履行合理的说明和提示义务,使一般人误以为投保后就应由保险公司承担责任,对于"零时生效"格式条款应作不利于保险公司的解释,应认定保险合同成立时即生效。

　　与交强险不同,商业险是当事人自行任意选择的保险,当事人可以选择是否投保商业险,也可以仅在一定期间内投保商业险,保险公司也有权选择是否承保,法律没有强制性规定。因此,商业险合同更强调当事人的意思自治。对于商业险合同条款的效力，审查重点在于该条款是否系双方当事人的真实意思表示，是否符合合同法基本原则。根据《保险法》第十三条的规定，投保人和保险人可以对合同的效力约定附条件或者附期限。商业险合同中关于"次日零时生效"的约定，是关于保险合同生效时间的约定，属于"附生效期限"的条款。保险期间属于保险合同的重要记载事项，投保人有权利就保险期间与保险公司协商确定。保险公司主张商业险合同"次日零时生效"条款有效，应对已与投保人就保险期间进行协商承担举证责任。保险人能够证明该条款是由双方当事人协商确定，符合投保人真实意思表示的，法院可以认定该条款有效，并据此确定保险期间。保险人不能证明双方当事人在保险合同订立前或订立时已就保险期间进行了协商，则不能证明该条款是投保人的真实意思表示，"次日零时生效"条款不应被纳入保险合同内容，仍应根据法律规定的合同生效要件来确定保险期间。有的保险公司抗辩称，投保人在收到保险单后，对保险单记载的保险期间未提出异议，视为对"次日零时生效"条款的认可。笔者认为，考察合同条款的效力应当根据当事人在合同订立当时的真实意思表示确定，协商行为应发生在合同成立之前。投保人在收到保险单后是否提出异议不影响对该条款效力的认定。除非有证据证明保险公司在保险合同成立后，就"次日零时生效"条款向投保人进行了提示和说明，并得到投保人的明确追认，否则，不能以"默认"方式推定投保人认可该条款的效力。认定"次日零时生效"条款无效的，商业险合同保险期间的确定方式与交强险合同相同。

编写人：湖北省枝江市人民法院江口法庭　陈超

## 58

# 交通事故发生在投保人缴费之后和保险合同约定的保险期间之前保险公司应否承担保险赔偿责任

——李爱秀诉中华联合财产保险股份有限公司淄博中心支公司、孙飞机动车交通事故责任案

## 【案件基本信息】

1. 裁判书字号

山东省淄博市中级人民法院（2016）鲁03民终字第1744号民事判决书

2. 案由：机动车交通事故责任纠纷

3. 当事人

原告（被上诉人）：李爱秀

被告（上诉人）：中华联合财产保险股份有限公司淄博中心支公司（以下简称中华联合财保）

被告：孙飞

## 【基本案情】

2015年5月5日15时30分左右，被告孙飞驾驶鲁C0××××号（临时车牌）轿车转弯时与步行的原告李爱秀相撞，造成李爱秀受伤的交通事故。淄博市公安局交警支队张店大队认定孙飞负事故全部责任。事故发生后，孙飞为李爱秀垫付医疗费2353.8元（该费用不在李爱秀诉求中）、2015年5月5日至5月8日共计四天的护理费500元。鲁C0××××号（临时车牌）轿车在被告中华联合财保投保机动车交通事故责任强制保险、赔偿限额为500000元的第三者责任商业保险并投保不计免赔险；2015年5月5日12时2分26秒，中华联合财保为孙飞出具机动车交通事故责任强制保险单、机动车辆保险单，孙飞向中华联合财保交纳保险费用。李爱秀

起诉要求被告赔偿损失 35090.58 元，要求中华联合财保在交强险和商业险范围内承担赔偿责任，超出部分由孙飞按照 100% 比例承担赔偿责任。中华联合财保辩称事故属实并同意在交强险范围内承担赔偿责任，因本次事故发生的时间不在商业险保险期间内，对超出交强险部分其不予承担；诉讼费、鉴定费等间接费用其不予承担。孙飞辩称事故属实，其商业险是 2015 年 5 月 5 日上午 12 点 02 分缴费的，限额为 50 万元并投保不计免赔，故应由中华联合财保承担赔偿责任。

【案件焦点】

中华联合财保在本案中是否应承担商业三者险的赔偿责任。

【法院裁判要旨】

山东省淄博市张店区人民法院经审理认为：公民的生命健康权受法律保护。淄博市公安局交警支队张店大队认定孙飞负本次交通事故全部责任，事实清楚，程序合法，责任划分符合法律规定，依法予以确认。该肇事车辆在中华联合财保投保了强制保险、赔偿限额为 500000 元的第三者责任商业保险并投保不计免赔险，保险公司应在交强险的限额内先行赔偿；中华联合财保主张商业险部分不予赔偿，因保险合同属诺成合同，依据《中华人民共和国保险法》之规定，依法成立的保险合同，自成立时生效，且本案孙飞已实际履行保险合同约定的义务即按约定交纳了保险费用，故中华联合财保的该项主张，依法不能成立；不足部分，由中华联合财保根据保险合同予以赔偿；仍有不足的，由孙飞予以赔偿。根据机动车交通事故责任强制保险的责任限额及赔偿范围，依法确认中华联合财保在本案中应当承担的强制保险赔偿款为 20050 元。中华联合财保在第三者责任商业保险范围内应承担余款，故中华联合财保应承担余款 14434.08 元；孙飞应承担 6.50 元。据此，一审判决：

一、中华联合财保于本判决生效后十日内，在第三者责任强制保险范围内向李爱秀赔偿因此次交通事故造成的经济损失 20050 元。

二、中华联合财保于本判决生效后十日内，在第三者责任商业保险范围内向李爱秀赔偿因此次交通事故造成的经济损失 14434.08 元。

三、孙飞于本判决生效后十日内向李爱秀赔偿因此次交通事故造成的经济损失 6.50 元。

四、驳回李爱秀的其他诉讼请求。

中华联合财保不服一审判决提起上诉称：孙飞在我公司投保的交强险与商业三者险，其约定的保险期间不同，商业三者险约定的保险期间是自2015年5月6日00：00：00至2016年5月5日23：59：59，上述保险生效期间有孙飞的签字确认，故涉案事故发生时，只有交强险已经生效，而商业三者险未生效，其不应承担商业三者险赔偿责任。

山东省淄博市中级人民法院经审理认为：关于中华联合财保在本案中应否承担商业三者险赔偿责任的问题。依据《中华人民共和国保险法》的相关规定，保险合同成立后，投保人按照约定交付保险费，保险人按照约定的时间开始承担保险责任。根据孙飞提供的商业三者险保险单以及中华联合财保提交的商业三者险投保单记载，涉案车辆的商业三者险保险期间为2015年5月6日00：00：00起至2016年5月5日23：59：59，孙飞并在投保单上签字认可，确认已阅读保险条款，对保险合同和特别约定中有关免除保险人责任的条款已经知悉并同意。故中华联合财保应当自保险合同约定的时间开始承担保险责任，而涉案事故发生在2015年5月5日15时30分，并不在被上诉人孙飞投保的商业三者险保险期间内，故一审认定中华联合财保在本案中承担商业三者险的赔偿责任不当，依法应予纠正。据此，二审判决：

一、维持一审民事判决第一项，即中华联合财保于本判决生效后十日内，在第三者责任强制保险范围内向李爱秀赔偿因此次交通事故造成的经济损失20050元。

二、撤销一审民事判决第二项、第四项。

三、变更一审民事判决第三项为：孙飞于本判决生效后十日内向李爱秀赔偿因此次交通事故造成的经济损失14440.58元。

四、驳回李爱秀的其他诉讼请求。

【法官后语】

本案涉及的主要问题在于，交通事故发生在投保人缴费之后和保险合同约定的保险期间之前时，保险公司是否应承担保险赔偿责任。对于该问题，应区分交强险和商业三者险分别进行处理。

对交强险而言，交强险的立法目的在于机动车道路交通事故的受害人能够得到有效保障，故对机动车辆实行强制保险制度。这就要求保险人对机动车辆的强制保险不得拒绝和拖延，保险人在接受投保人投保交强险时，有义务了解机动车辆交强险的投保情况。且根据2009年3月25日《中国保险监督管理委员会关于加强机动车交强险承保工作管理的通知》（保监厅函〔2009〕91号）的规定，交强险可以选择即时生效或者约定具体时点生效，保险公司就此向投保人负有明确告知义务。从交强险建立的目的和形式上来看，已经突破了民事合同的相对性，交强险中的投保人和保险公司之间不是基于双方协议而是基于法律的强制性规定建立法律关系，所以，机动车交通事故责任强制保险合同和商业保险合同是不同性质的两类保险合同。保险公司在交强险保单中规定次日零时生效的规定，有悖于交强险设立之目的，也不能使机动车交通事故的受害人得到有效保障。因此，除了法律规定的免责事由外，只要肇事车辆投保了交强险，车辆的所有人或受害人就可以在交强险限额范围内向保险公司主张保险赔偿金。

而就商业第三者责任保险合同而言，其与交强险具有法律强制性不同，其属于完全意义上的民事合同，其应当遵循合同法上的意思自治原则。即商业第三者责任保险合同的订立和履行应当根据合同双方的约定。而保险期间作为商业第三者责任保险合同中的重要内容之一，需要由双方在订立保险合同时明确约定。当然实践中对此通常都是在商业三者险的投保单上明确写明。在此情况下，因投保单上已对保险期间进行约定，如投保人亦在投保单上签字，应视为双方当事人协商确定该保险期限，因此该约定对双方当事人均具有效力即合同约束力。在商业三者险合同约定保险人应自保险合同生效后开始承担保险责任的情况下，交通事故发生在保险合同约定的生效时间之前的，因双方签订的商业第三者责任保险合同并未生效，因此保险公司无须在商业第三者责任保险限额内承担保险责任。

由此可见，就交强险而言，其合同生效应遵循"即时生效"原则；商业三者险则尊重当事人的意思自治，其合同生效时间应当依照双方合同约定的保险期间确定。二者对此具有明确的区分。而本案中一审法院对二者并未进行区分，而是将商业三者险的生效时间与交强险的生效时间等同对待，显然不当。二审法院对此依法予以纠正无疑是正确的。

编写人：山东省淄博市中级人民法院　荣明潇　胡晓梅

## 59

## 特种机动车作业时发生事故造成损害保险公司应否在交强险限额内承担赔偿责任

——李洪伟诉安邦财产保险股份有限公司淄博中心支公司等机动车交通事故责任案

【案件基本信息】

1. 裁判书字号

山东省淄博市中级人民法院（2016）鲁03民终字第719号民事判决书

2. 案由：机动车交通事故责任纠纷

3. 当事人

原告（被上诉人）：李洪伟

被告（上诉人）：安邦财产保险股份有限公司淄博中心支公司（以下简称安邦财险）

被告：中国人民财产保险股份有限公司淄博市分公司（以下简称人保财险）、李成永

【基本案情】

高青县常家社区建筑工地在打桩测压阶段时需用重物测压，李成永自带鲁C7×××号吊车及缆绳承揽了重物（H型钢材）的卸货工作。2015年3月12日，李成永操作吊车将H开型钢材吊下车尚未解缆绳时，将帮助卸货的李洪伟砸伤。鲁C7×××号吊车主要由功能相对独立的运行部分与吊装部分组成，该车在安邦财险投有交强险，在人保财险投保商业三者险及吊装险，吊装险的责任限额为100000元。李洪伟起诉要求判令被告赔偿各项损失共计138240.31元并由两保险公司在保险责任限额内承担赔偿责任。安邦财险辩称涉案事故不属于交通事故，属于安全责任生

产事故，不属其赔偿范围。人保财险辩称涉案事故首先应参照交通事故处理，由交强险先行赔偿，不足部分由其在商业险范围内依法承担。李洪伟因本案事故造成的损失如下：医疗费26738.78元、后续治疗费7500元、住院伙食补助费660元、误工费14971.27元、护理费7320元、伤残赔偿金70353.95元、精神损害抚慰金2000元、鉴定费3100元，共计132644元。

【案件焦点】

特种机动车作业时发生事故造成损害的，保险公司是否应在交强险限额内承担赔偿责任。

【法院裁判要旨】

山东省高青县人民法院经审理认为：李成永承揽的吊装货物操作可分为三个阶段，一是货物的捆绑固定，二是货物的吊运，三是对捆绑解脱。本案事故系鲁C7×××号吊车吊装的货物在缆绳解脱前突然散落造成李洪伟受伤，属于吊车在作业过程中致人损害的情形，中国保险监督管理委员会办公厅"保监厅函〔2008〕345号"《关于交强险条例适用问题的复函》中对起重的特种机动车在进行作业时的责任事故作出明确答复，认定该种情况下可以比照《机动车交通事故责任强制保险条例》第四十四条适用。保监会系保险业的监督管理机关，保险公司应当按照保监会的要求开展业务，因此安邦财险应首先在交强险责任限额内承担责任，包括医疗费、后续治疗费、住院伙食补助费计10000元，误工费14971.27元，护理费7320元，伤残赔偿金70353.95元，精神损害抚慰金2000元，共计104645.22元。李成永在承揽过程中致人受伤，应承担事故责任，但李洪伟作为完全民事行为能力人，应对自身的安全负有注意义务，也应自负一定责任。根据本案案情确定李成永承担交强险之外损失90%的赔偿责任。交强险之外的损失包括医疗费、后续治疗费、住院伙食补助费24898.78元，鉴定费3100元，李成永承担其中的90%。因涉案吊车已投保吊装险且李成永承担的责任未超出其责任限额，故李成永承担的上述责任（鉴定费除外）转由人保财险在吊装责任险限额内承担。据此一审判决：

一、安邦财险在交强险责任限额内赔偿李洪伟医疗费、后续治疗费、住院伙食补助费计10000元、误工费14971.27元、护理费7320元、伤残赔偿金70353.95元、精神损害抚慰金2000元，共计104645.22元。

二、人保财险在吊装险责任险限额内赔偿李洪伟医疗费、后续治疗费、住院伙食补助费共计22408.90元。

三、李成永赔偿李洪伟鉴定费2790元。

四、驳回李洪伟的其他诉讼请求。

安邦财险不服一审判决提起上诉主张本案事故不属于交通事故，不应比照适用《机动车交通事故责任强制保险条例》第四十四条的规定，该条适用的前提是机动车在通行状态下造成的损害，而本案机动车系固定于地面从事吊装作业状态，并非通行状态，因此不能适用交强险的规定。原审判决其在交强险范围内赔偿损失系适用法律错误。

山东省淄博市中级人民法院经审理认为：关于特种机动车作业时发生事故造成人身财产损害，保险公司应否在交强险限额内赔偿的问题，根据中国保险管理监督委员会保监厅函〔2008〕345号《关于交强险条例适用问题的复函》精神，用于起重的特种机动车在进行作业时的责任事故，可以比照适用《机动车交通事故责任强制保险条例》第四十三条的规定："机动车在道路以外的地方通行时发生事故，造成人身伤亡、财产损失的赔偿，比照适用本条例。"因此特种机动车在作业时造成他人损害的，可以比照适用机动车在道路通行时发生交通事故有关规定，故该情形下保险公司应在交强险范围内承担赔偿责任。安邦财险主张涉案吊车并非在通行状态下造成损害，其在交强险限额内不应赔偿的上诉理由与上述复函精神不符，不予支持。据此二审判决：

驳回上诉，维持原判。

## 【法官后语】

本案涉及的主要问题在于，特种机动车在作业时发生事故造成人身财产损害的，保险公司应否在交强险限额内承担赔偿责任。

特种车辆是指外廓尺寸、重量等方面超过设计车辆限界的及特种用途的车辆，经特制或专门改装，配有固定的装置设备，主要功能不是用于载人或运货的机动车辆。本案谈到的特种车辆主要是用于牵引、清障、清扫、起重、装卸、升降、搅拌、挖掘、推土、轧路等的各种轮式或者履带式专用车辆。该类车辆属于机动车的范畴，应投保交强险，车辆在道路通行时发生交通事故，毋庸置疑交强险应承担赔偿责任,但该类车辆在工地作业时发生交通事故,交强险应否赔付及如何赔付,实践中存在较大分歧。一种意见认为,特种机动车作业时造成第三人人身损害、财产损失,不属于交通事故。《中华人民共和国道路交通安全法》第一百一十九条规定:"道路",是指公路、城市道路和虽在单位管辖范围但允许社会机动车通行的地方,包括广场、公共停车场等用于公众通行的场所;"交通事故",是指车辆在道路上因过错或者意外造成的人身伤亡或者财产损失的事件。因此,特种机动车作业的区域一般属于封闭的场所,不属于公众通行的场所,不属于道路交通安全法规定的"道路";而且,该种车辆作业时在固定地点,不处于通行状态,也不符合法律规定"交通事故",因此该类车辆作业时造成第三人人身伤亡、财产损失的,不符合交强险赔偿的情形,交强险不应承担赔偿责任。另一种意见认为,特种车作业时造成人身损害、财产损失,虽然不属于交通事故,但在特种车投保交强险的情况下,可比照交通事故进行处理,因为交强险不同于其他的商业性保险,其具有一定的社会功能,确保受害人及时获得有效赔偿,因此交强险应当予以赔偿。

从司法实践来看,笔者同意第二种意见,理由如下:第一,从交强险的设立目的看,设立交强险是为了保障机动车道路交通事故受害人依法得到赔偿,促进道路交通安全。交强险具有国家强制性、广覆盖性、公益性的特点,纳入机动车管理范畴的车辆均应投保交强险,交强险遵循不亏损、不盈利的原则,国家对交强险单独进行管理和核算。因此,交强险制度的设立在于为受害人提供基本保障,及时、合理地弥补受害人的损失。第二,特种机动车不同于普通车辆,其功能不是用于载人或者载货,而是用于专业作业,分为轮式和履带式,该类车辆很少在公共道路上单独行使,特别是履带式特种车,一般是通过大型载货车辆将其运输至目的地直接进行作业,作业完毕后在将其运回,因此该类车辆极少在道路行驶过程中发生交通事故,多数情况下是在作业过程中造成事故,因此严格要求该类车辆在发生交通事故时交强险才承担赔偿责任,明显背离了投保的初衷,无法实现投保目的,导致权利义务失衡,显失公平。第三,中国保险监督管理委员会办公厅于2008年12月5日就交强险条例适用问题复函江苏省徐州市九里区人民法院,复函内容为:"根据《机动车交通事故责任强制保险条例》第四十三条(修订前)的立法精神,用于起重的特种机动车辆在进行作业时发生的责任事故,可以比照适用该条例。"该复函意见中特指的即是特种机动车在作业时发生的责任事故,而非一般的交通事故,在此情形下应比照《机动车交通事故责任强制保险条例》第四十三条进行处理，即比照机动车在道路以外的地方通行时发生事故的情形处理，也即应适用交强险条例的规定，由保险公司在交强险限额内予以赔偿。

具体到本案中，李成永操作吊车在装卸钢材时将李洪伟砸伤，属于特种机动车在作业时造成的责任事故，不属于一般的交通事故，按照保监会的复函精神，吊车投保交强险的保险公司应比照交强险的规定，承担赔偿责任。安邦财险以本案事故不属于交通事故为由，主张交强险不应承担赔偿责任，与交强险的立法目的及保监会的复函精神不符，依法不应予以支持。

编写人：山东省淄博市中级人民法院　荣明潇　郭鹏

# 60

## 无法查明死因的交通事故保险公司是否应免责

——伍汉英等诉丁科文等机动车交通事故责任案

【案件基本信息】

1. 裁判书字号

四川省乐山市中级人民法院（2016）川1124民终字第424号民事判决书

2. 案由：机动车交通事故责任纠纷

3. 当事人

原告（上诉人）：伍汉英、伍文娟、朱素君

被告（被上诉人）：中国人民财产保险股份有限公司井研支公司（以下简称人民财险井研公司）、丁科文、井研县全顺运输有限公司（以下简称全顺运输公司）

【基本案情】

被告丁科文系川L5××××号中型自卸货车实际车主，被告全顺运输公司系该车登记车主，被告丁科文将该车挂靠在全顺运输公司经营。川L5××××号中型自卸货车在被告人民财险井研公司投保交强险和商业第三者责任险和不计免赔险。2015年4月14日，伍康成醉酒后驾驶川LC××××号普通二轮摩托车，从井研县三江镇往井研县城区方向行驶。22时25分许，当车行驶至国道213线1155km+200m处时，伍康成摔坠于道路行车道上。后被告丁科文驾驶川L5××××号中型自卸货车从井研县三江镇往井研县城区方向行驶至该处，碾轧摔倒在地的伍康成。乐山科信司法鉴定中心于2015年5月4日作出乐科司法鉴定中心［2015］病鉴字第128号司法鉴定意见书，鉴定意见为：伍康成系交通事故致脑碎裂死亡。井研县公安局交通警察大队于2015年10月28日出具乐公交证字［2015］第0004号《道路交通事故证明》，载明："1. 乐科司法鉴定中心［2015］毒鉴字第164号鉴定意见为伍康成血液中检查出乙醇成分240.40mg/100ml；2. 伍康成醉酒驾驶至事发地摔坠倒地，造成脑部及四肢有撞击伤，丁科文未确保夜间安全行车，碾轧了倒于道路的伍康成，无法查清伍康成死亡后果是由伍康成摔坠造成还是由丁科文碾轧造成。"被告人民财险井研公司认为伍康成并非由被告丁科文驾车碾轧致死，乐山科信司法鉴定中心的鉴定报告载明伍康成有两种可能致死的情况，死者伍康成属于严重醉酒，且当时伍康成没有戴安全头盔，极有可能是其自行摔倒致死，所以被告丁科文碾轧伍康成的行为与伍康成的死亡没有直接的因果关系，不应由该公司承担赔偿责任。

【案件焦点】

1. 原告的各项损失如何计算；2. 伍康成的死亡结果与被告丁科文的碾轧行为是否具有因果关系；3. 被告人民财险井研县公司是否应在保险限额内承担赔偿责任。

【法院裁判要旨】

四川省乐山市井研县人民法院经审理认为：由于井研县公安局交警大队无法查清伍康成的死亡后果是由伍康成摔坠造成还是由丁科文碾轧造成，故未对本案事故死者和肇事车辆驾驶员丁科文进行责任划分。三原告主张伍康成系被告丁科文碾轧头部致死，被告人民财险井研公司主张伍康成在被告丁科文碾轧前有可能已经死亡。从双方的举证情况来看，可以确认的事实为：1. 丁科文所驾驶的肇事车辆后轮碾轧到伍康成头部；2. 伍康成的死亡原因系交通事故致脑碎裂死亡。肇事车辆碾轧伍康成的身体部位与致伍康成死亡后果的身体部位基本吻合,被告丁科文驾驶车辆碾轧伍康成的头部并造成伍康成死亡具有高度盖然性。结合双方的举证能力强弱来看,伍康成已经死亡,无法对其被碾轧前是否处于存活状态承担举证责任,被告人民财险井研公司如果主张伍康成在被丁科文碾轧前有可能已经死亡,则应提交证据予以证明,由于被告均未举证证明伍康成在被碾轧前已死亡,故本院对被告的抗辩理由不予支持。本次交通事故中死者伍康成与被告丁科文之间应如何划分责任。1. 关于丁科文的过错问题。本案所涉交通事故发生在夜间,有少量的降雨,能见度较低,被告丁科文作为货车的驾驶人,在此种情况下驾驶车辆时应尽到高度注意义务,谨慎驾驶,将车速控制在合理范围内,避免事故的发生,但被告丁科文驾驶制动与前照灯光远光光照度技术性能不符合机动车运行安全技术条件的车辆上路行驶,且在夜间行车时超速行驶,未确保夜间安全行车,未尽到足够注意义务,致使未能及时发现躺在道路上的伍康成,对交通事故的发生具有较大过错,应当承担侵权责任。2. 关于死者伍康成在本次交通事故中是否应承担责任的问题。伍康成作为成年人,且持有驾驶证上路行驶,应当知道在酒后不得上路行驶,但伍康成不仅酒后驾车,甚至在醉酒状态下驾驶二轮驶摩托车上路行驶,导致其摔坠于道路行车道上,其行为严重违反交通规则规定,对损害的发生具有过错,根据《中华人民共和国侵权责任法》第二十六条"被侵权人对损害的发生也有过错的,可以减轻侵权人的责任"之规定,伍康成自身在本次交通事故中也应当承担一定的责任。结合本案伍康成和被告丁科文的过错程度,该院确定被告丁科文在本次交通事故中应当承担60%的责任,死者伍康成承担40%的责任。由于被告丁科文在被告人民财险井研公司投保交强险和商业险,故被告丁科文的赔偿责任应由被告人民财险井研公司在保险限额内予以赔偿。

四川省乐山市井研县人民法院依照《中华人民共和国道路交通安全法》第二十一条、第二十二条、第四十二条,《中华人民共和国侵权责任法》第二十六条规定,作出如下判决:

一、被告人民财产井研公司在本判决生效之日起十日内赔偿原告伍汉英、朱素君、伍文娟各项损失共计363459.04元;

二、被告人民财产井研公司在本判决生效之日起十日内支付被告丁科文26879.50元;

三、驳回原告伍汉英、朱素君、伍文娟的其他诉讼请求。

宣判后,原告向乐山市中级人民法院提起上诉,乐山市中级人民法院经审理认定事实与一审认定的事实一致,对一审判决予以维持。

## 【法官后语】

本案处理的重点是举证责任的分配问题。近年来,在许多交通事故中由于事实不清或者其他原因造成交通事故责任无法认定,公安交警部门仅根据基本事实进行交通事故证明,载明交通事故发生的时间、地点以及能调查到的基本情况。之后当事人根据交通事故证明提起诉讼,由法官在审理过程中根据双方对事实的陈述和提供的证据综合进行判断。本案中,死者伍康成醉酒后驾驶二轮摩托车行驶至事故路段摔倒在地,先后有数辆车辆经过,但均绕道而行,最后在本案被告丁科文驾车经过该路段时将伍康成碾轧,最终造成伍康成死亡的后果。被告抗辩称司法鉴定意见书中载明伍康成有多处碾轧伤的痕迹,无法确认丁科文碾轧的是尸体还是具有生命特征的人,所以不应由被告丁科文承担侵权责任。笔者认为,在本案中应适用"优者危险负担"的原则,在事实认定中注重证据的高度盖然性。所谓优者自负原则是指在道路交通事故中,在加害人和受害人都具有过失的情况下,考虑到双方对道路交通法规注重义务的轻重,按机动车危险性大小及危险回避能力的优劣,分配交通事故的损害后果。机动车作为一种现代化的交通工具由于本身质量、体积及动力等影响,即使较慢的速度行驶也会对周围造成影响,因此,在交通事故中无法确定死亡原因的情况下由风险大的一方承担举证责任更为妥当。因此由于被告未提供充分证据证明伍康成在被丁科文碾轧前已经死亡,结合死者被碾轧部位与死亡原因的高度盖然性,本院认定由丁科文承担主要责任,并据此对原告的损失依法进行计算,最终判决由被告人民财险井研公司在保险限额内按肇事者丁科文的责任比例承担赔偿责任。是对过错原则下的利益平衡,充分彰显"优者危险负担"的原则。

编写人:四川省乐山市井研县人民法院　王嘉梅

## 61

## 保险公司查勘定损数额的证据效力问题
——胡明飞诉柏树彬等机动车交通事故责任案

【案件基本信息】

1. 裁判书字号

天津市滨海新区人民法院（2016）津0116民初字第48849号民事判决书

2. 案由：机动车交通事故责任纠纷

3. 当事人

原告：胡明飞

被告：柏树彬、海城市正弘运输有限公司（以下简称海城公司）、中国人寿财产保险股份有限公司鞍山市中心支公司（以下简称人寿鞍山公司）

【基本案情】

2016年1月14日02时10分许，原告胡明飞驾驶牌号皖A7L×××、皖A7×××挂重型货车在长深高速行驶时与因故障停驶的由被告柏树彬驾驶辽CE2×××、辽CF×××挂重型货车的后尾部发生碰撞，胡明飞车辆右侧部又撞到道路隔离护栏，造成两车、车上所载货物及道路交通设施损坏的交通事故。此次事故责任经交警部门认定：原告胡明飞负事故主要责任，被告柏树彬负事故次要责任。被告柏树彬驾驶辽CE2×××、辽CF×××挂车登记所有人为被告海城公司，主车在被告人寿鞍山公司投保交强险一份，商业三者险1000000元，附带不计免赔，事故发生在保险期间。

皖A7L×××、皖A7×××挂重型货车登记为案外人合肥强盛物流有限公司，原告胡明飞系该车实际所有人。事故发生时，原告实际所有的皖A7L×××号车在中国人民财产保险股份有限公司合肥市分公司（以下简称人保合肥公司）投保"机动车损失保险"，保险限额为270000元，该车所载电器同样在人保合肥公司投保

"公路货物运输保险",保险标的金额为家用电器1000000元,该"公路货物运输保险"的被保险人是案外人合肥市荣泰物流有限公司(以下简称合肥荣泰公司),该批电器是合肥荣泰公司交由原告运输的。本次事故发生后,原告所有的皖A7L×××号车车辆损失经人保合肥公司查勘定损数额为88000元,该车所载电器损失经人保合肥分公司查勘定损数额为358286.8元,对上述损失以及原告实际支付的其他施救费、吊装费、倒货费、高速公路设施损失费,人保合肥分公司均按照本次交通事故责任比例70%赔偿完毕。胡明飞与合肥荣泰公司就货物损失已经解决完毕,同意由原告行使相应货物损失赔偿款追索权利。原、被告双方因剩余的30%经济损失赔偿事宜协商未果,遂成诉。

【案件焦点】

发生交通事故后,原告驾驶的车辆及车载货物分别在案外的保险公司投保"机动车损失保险""公路货物运输保险",该保险公司基于上述保险合同关系所作出的查勘定损数额,在赔偿义务主体不认可的情况下,其证据效力如何把握。

【法院裁判要旨】

天津市滨海新区人民法院经审理认为:本院根据交通事故认定书认定被告柏树彬的责任比例为30%。被告柏树彬驾驶车辆在被告人寿鞍山公司投保交强险及商业三者险,因此由被告人寿鞍山公司在交强险及商业三者险限额内承担相应赔偿责任。

被告人寿鞍山公司主张人保合肥公司查勘定损数额系单方作出,对其不予认可。经审查,人保合肥公司作为专业从事保险活动的保险公司,办作为皖A7L×××号车及该车所载货物的保险人,其可以依照《中华人民共和国保险法》第二十三条、第五十五条的规定,对被保险标的的损失进行核定理赔,且人保合肥分公司已经将理赔款项履行完毕,被保险人也无异议。被告人寿鞍山公司也未提交证据证明人保合肥公司查勘定损数额存在不合理之处,对原告提交的人保合肥公司查勘定损数额予以认定。据此,依照《中华人民共和国侵权责任法》第六条第 款、第十九条、第四十八条,《中华人民共和国道路交通安全法》第七十六条第一款,《中华人民共和国民事诉讼法》第一百四十四条之规定的规定,作出如下判决:

一、被告人寿鞍山公司于本判决生效后十日内在交强险及商业三者险限额内赔偿胡明飞各项经济损失共计 145000 元。

二、驳回原告胡明飞的其他诉讼请求。

**【法官后语】**

本案重点在于如何把握保险公司查勘定损数额的证据效力问题。审判实务中往往认为这属于保险公司单方作出从而不予认定，进而通过重新评估等途径再次确定损失。其实这种做法比较容易增加当事人诉累、浪费司法资源，且与保险法有关理赔的规定相违背。《中华人民共和国保险法》第二十三条、第二十四条、第五十五条、第七十二条等条文规定了保险公司严格的成立经营条件和专业资格，并由此赋予了保险公司查勘定损及理赔的权利义务，保险公司查勘定损数额在一定意义上也是具有相应法律效力的。在诉讼过程中，如果当事人对查勘定损提出异议，根据民事诉讼法规定"谁主张，谁举证"的内容，应当由提出异议的当事人对保险公司查勘定损数额所依据的证据材料存在不真实客观、定损数额存在不合理之处进行相应的举证责任，法院并予以审查评判。

具体到本案中，原告实际所有的车辆及车载货物在人保合肥公司投保相应的商业财产保险，保险合同已经生效。交通事故发生后，人保合肥公司基于保险合同对保险标的进行查勘定损，被保险人对定损数额无异议，人保合肥公司后根据被保险车辆驾驶人在交通事故中负主要责任的事实，按照保险合同约定将查勘定损数额 70% 的保险赔偿金予以赔付。赔偿权利人就未获得赔偿 30% 部分向负有交通事故次要责任的侵权人及其驾驶车辆承保交强险、商业三者险的保险公司主张权利，在承保交强险及商业三者险的人寿鞍山公司未提交证据足以推翻人保合肥公司查勘定损数额的前提下，法院对该查勘定损数额予以认定，并依此作出判决。

编写人：天津市滨海新区人民法院　张艳辉

## 图书在版编目（CIP）数据

中国法院2018年度案例．道路交通纠纷／国家法官学院案例开发研究中心编．—北京：中国法制出版社，2018.3

ISBN 978 – 7 – 5093 – 9130 – 3

Ⅰ.①中… Ⅱ.①国… Ⅲ.①公路运输 – 交通运输事故 – 民事纠纷 – 案例 – 汇编 – 中国 Ⅳ.①D920.5

中国版本图书馆 CIP 数据核字（2018）第 028799 号

策划编辑：李小草（lixiaocao2008@sina.cn）
责任编辑：韩璐玮（hanluwei666@163.com） 封面设计：温培英、李宁

### 中国法院2018年度案例·道路交通纠纷
ZHONGGUO FAYUAN 2018 NIANDU ANLI · DAOLU JIAOTONG JIUFEN

编者／国家法官学院案例开发研究中心
经销／新华书店
印刷／三河市紫恒印装有限公司
开本／730 毫米×1030 毫米 16 开　　　　印张／15.75　字数／209 千
版次／2018 年 3 月第 1 版　　　　　　　　2018 年 3 月第 1 次印刷

中国法制出版社出版
书号 ISBN 978 – 7 – 5093 – 9130 – 3　　　　　　　　　　　定价：48.00 元

北京西单横二条2号
邮政编码100031　　　　　　　　　　　　　　　　　传真：66031119
网址：http://www.zgfzs.com　　　　　　　　　　编辑部电话：66070084
市场营销部电话：66033393　　　　　　　　　　　邮购部电话：66033288

（如有印装质量问题，请与本社编务印务管理部联系调换。电话：010 – 66032926）